KB047399

아세안 중심성

ISEAS(전 동남아시아연구소)는 1968년 설립된 자율기구로 동남아시아 지역의 사회·정치와 안보, 경제 동향과 발전을 포함해 광범위한 지정학적·경제적 연구를 전담하고 있는 지역학 센터다. 지역 경제 연구(RES), 지역 전략 및 정치 연구(RSPS), 지역 사회 및 문화 연구(RSCS) 프로그램을 운용하고 있으며, 부속기관으로는 아세안연구소(ASC), 싱가포르 APEC 연구소, 테마섹 역사연구소(THRC)가 있다.

ISEAS 출판사는 가장 규모가 큰 동남아시아 지역 연구 전문 출판사로, 지금까지 2,000권 이상의 단행본과 학술지를 발간했다. 다른 학술 및 상업 출판사들, 배급업자들과 연계하여 동남아시아에 관한 중요한 연구와 분석 결과를 전 세계에 제공하고 있다.

First published in English by ISEAS Publishing under the title
ASEAN Centrality: An Autoethnographic Account by a Philippine Diplomat by Elizabeth Buensuceso
(Singapore: ISEAS-Yusof Ishak Institute, 2021). Translated with the kind permission of the publisher.

This Korean edition was published by Munhaksasang, Inc. in 2024 by arrangement with
ISEAS-Yusof Ishak Institute(ISEAS) through KCC(Korea Copyright Center Inc.), Seoul.

아세안 중심성

ASEAN Centrality

엘리자베스 P. 부엔수세소 지음 | 우진하 옮김

어느 필리핀 외교관의
자문화기술지적 연구

문학사상

■ **일러두기**

• 본 출판물에 수록된 내용은 저자의 개인적인 견해이며, 한-아세안센터(ASEAN-Korea Centre)의 공식적인 견해가 아님을 밝힙니다.

• 원문 및 옮긴이 주 병기는 본문 안에 작은 글씨로 처리했습니다. 인명 및 지명은 국립국어원의 외래어 표기법에 따라 표기했으며, 규정에 없는 경우는 현지음에 가깝게 표기했습니다.

모든 선하고 완전한 것들의 근원이 되시며
또한 모든 지혜의 근원이신 전능하신 하느님께 모든 영광과 존귀를 돌립니다.
기술 지원과 연구 지원을 아낌없이 해주었던 클레어에게 감사의 마음을 전합니다.
또한 필리핀국립개방대학교의 부총장이자 연구위원장인 진 살루다데즈 박사와
필리핀대학교 아시아연구소의 조에페 산타리타 소장,
그리고 그레이스 알폰소 박사에게도 감사드립니다.
이 책을 특별히 2013년에서 2019년까지 인도네시아 자카르타에서
아세안 관련 업무를 위해 근무했던 필리핀 외교부 직원들과
그 가족들에게 바치려 합니다. 또 그곳에서 언제나 나를 위해 힘써준
카렌과 사브에게도 감사의 마음을 전합니다.

한국과 아세안의 관계 발전에 대한 새로운 통찰력을 위해

2023년 3월, 저는 주한 필리핀 대사인 마리아 테레사 B. 디존 데 베가의 주선으로 한국을 공식 방문했습니다. 필리핀과 한국 간의 관계를 보다 깊게 연결하기 위한 노력의 일환이었지요. 이 방문 일정에는 강연과 대담 등이 포함되어 있었는데 그중에서도 특히 중요했던 것은 한-아세안센터 방문 및 김해용 사무총장과의 만남이었습니다. 김해용 사무총장을 만난 자리에서 그는 아세안 각 회원국들의 다양한 문화를 소개하고 한국이 아세안 대외 관계의 중요한 구성원이 된 과정을 강조했는데, 그가 보여준 뜨거운 관심에 저는 깜짝 놀랐습니다. 제가 쓴 이 책을 건네자, 그는 한국어 번역에 즉각 관심을 보였습니다. 그를 통해 한-아세안센터가 아세안과 한국의 관계 증진을 위해 얼마나 열심히 노력하는지 알 수 있어서 큰 감동을 받았습니다.

아세안은 자주 오해받기도 하는 지역 기구로, '아세안 중심성ASEAN Centrality' 또한 외교관계에서 적용되는 진정한 의미를 이해하지 못하는 사람들이 자주 언급하는 원칙입니다. 저는 이 책을 통해 이런 오해를 풀고 자문화기술지autoethnography, 중립적이고 객관적인 입장에서 벗어나 자신의 경험을 반성과 성찰을 통해 연구하여 기록하는 연구 방법라는 독특한 방법론을 사용하여 아세안 중심성에 대해 새롭고 구체적인 정의를 제시하고자 합니다.

아세안 중심성은 다자간 협력에서 한쪽이 다른 한쪽을 좌지우지하는 것이 아닙니다. 아세안이 해당 지역에 가장 큰 영향을 미치는 문제에 대해 의제, 과정, 절차, 원칙, 협력 및 용어, 분위기를 결정하는 역할을 한다는 개념입니다. 또한 아세안 의장국이 이런 다자간 구조에서 달성할 수 있는 중요한 성과를 이해할 수 있는 원칙이기도 합니다.

양자간 혹은 다자간 협력은 상호 존중과 상대 국가에 대한 주권 존중을 바탕으로 이루어져야 합니다. 한국은 그동안 지역 기구는 물론, 상대 국가들에 대한 깊은 이해를 바탕으로 대외 관계를 이끌어왔으며 국가 간 협력의 원칙을 지키겠다는 의지와 능력을 일관되게 보여주었습니다. 이 책의 한국어 번역 작업은 외교관 인생의 대부분을 아세안 외교에 헌신해온 저자의 입장에서 볼 때, 한국이 아세안을 이해하려는 의지를 보여주는 것이라고 생각합니다. 이런 중요한 작업을 이끈 한-아세안센터에 깊은 감사의 마음을 전합니다.

한국은 아세안과의 관계에서 개별 회원국들과의 관계 외에도 1989년 부분대화상대국 관계를 시작으로 1991년 완전대화상대국 관계를 수립하고 2010년에는 전략적 동반자 관계로 승격한 아세안의 주요 파트너 중 하나입니다. '전략적 동반자'가 무엇인지에 대한 공식적인 정의는 아직 없지만 정치·안보, 경제, 사회문화, 개발과 협력 등 모든 분야에서 아세안과 실질적 협력을 지속해서 이어가는 국가로 이해할 수 있습니다. 또한 한국은 아세안 지역안보포럼ARF, 아세안 확대국방장관회의

ADMM-Plus, 동아시아 정상회의EAS, 아세안+3APT를 포함한 모든 종류의 아세안 주도 협력관계에 적극적으로 참여하고 있습니다. 여기에는 이 책에서 소개하는 아세안 사무국 소재지인 자카르타를 중심으로 한 고위 관리와 장관, 그리고 각국 정상들과의 회담이나 회의도 포함됩니다. 또한 수도 서울에는 한-아세안센터가, 부산에는 아세안문화원이 있을 정도로 아세안에 대한 한국의 관심은 뜨겁습니다.

저는 아세안 상주대표위원회CPR와 고위관리회의SOM의 필리핀 대표로 활동하면서 자카르타에 파견된 한국 외교관들과 많은 교류를 가졌는데, 그들에게서 어떤 공통된 특징을 발견했습니다. 그들은 전통과 혁신을 넘나들며 협력 가능한 모든 영역을 적극 탐색하고, 그 노력을 성과로 이어가기 위해 최선을 다하고 있었습니다. 한국이 2021년 기준으로 교역 규모가 1,895억 5,000만 달러를 넘는 아세안의 최대 교역 상대국 중 하나가 된 것은 그리 놀라운 일이 아닙니다. 규모로만 보면 5대 교역 상대국 안에 들어갑니다. 또한 외국인 직접투자 부문에서도 그 규모가 71억 달러에 달해, 다섯 번째로 규모가 큰 직접투자국이 되었습니다.

한국은 한반도 문제를 넘어서 수많은 분야에서 정치 및 안보 문제를 함께 해결해나가는 아세안의 주요 파트너이기도 합니다. 여기에는 인도적 지원 및 재난 구조, 해양 안보, 테러 대응과 같은 7대 중점 분야도 포함되어 있습니다.

한국은 사회문화 분야에서 사람 중심의 관계를 강조하고 있는데 아세안은 이를 위한 이상적 상대국, 혹은 협력국이라고 할 수 있습니다. 특히 이러한 측면에서 아세안을 이해하는 데 있어 아세안 중심성은 새롭고 실용적인 함의를 가지고 있습니다.

저는 이 책을 마무리하면서 아세안과 관련된 모든 이해당사자나 국가들이 이 책을 통해 아세안이 어떻게 움직이는지 깊게 이해하고 분석함으로써 아세안과의 관계를 최대한 이용하기를 권했습니다. 물론 이를 위해서는 관계 유지 방식의 문화적 맥락이나 아세안 운영 원칙을 이해하는 일도 중요합니다. 또한 외교란 국가 방어의 최전선이며, 눈에 보이지 않는 노력조차 중요한 성과로 인정해야 한다는 사실도 명심해야 합니다.

이 책의 한국어판을 통해 한국의 많은 독자들이 한국과 아세안의 관계 발전에 대한 새로운 통찰력을 얻어 세계 평화와 번영, 그리고 국민의 존엄과 정체성 확립에 기여할 수 있기를 간절히 바랍니다.

엘리자베스 P. 부엔수세소

아세안 중심성과 한-아세안의 미래

김해용(한-아세안센터 사무총장)

2024년 한국과 아세안은 대화관계 수립 35주년을 맞이했다. 1989년 관계 수립 이후 35년 동안 한국과 아세안은 전 분야에서 핵심적인 파트너가 되어왔다. 팬데믹 발생으로 교역이 소폭 감소한 후 2년 연속 사상 최대 규모의 교역(2021년 1,765억 달러, 2022년 2,074억 달러)을 갱신했고, 2022년 2월 역내포괄적경제동반자협정RCEP 체결 및 한-아세안 FTA 업그레이드 추진을 통해 경제협력의 고도화를 꾀하고 있다. 국경 간 이동과 협력이 제한된 상황 속에서도 한국을 찾는 유학생 규모는 꾸준히 늘었다. 인적 교류가 다시 활발해지고 있어 아세안을 찾는 한국 관광객도 코로나 이전 수준으로 회복될 것으로 기대되고 있다.

복잡해지는 역내 정치 지형 속에서 아세안의 전략적 중요성은 더욱 심화되고 있다. 한국 정부는 2022년 대아세안 정책인 한-아세안 연대구상Korea-ASEAN Solidarity Initiative: KASI을 발표하며 아세안과의 협력의 중요성을 분명히 했다. 특히, 2024년에는 한-아세안 관계를 아세안이 대화상대국과 맺는 최고 단계 파트너십인 포괄적전략적동반자관계 Comprehensive Strategic Partnership: CSP로 격상시킬 것을 제안했다.

2009년 설립된 정부 간 국제기구 한-아세안센터는 이러한 한-아세안 관계의 눈부신 발전의 최첨단에 있어왔다. 올해로 설립 15주년을 맞는 한-아세안센터는 무역, 투자, 문화, 관광, 인적 교류 등 여러 분야에서 양 지역의 호혜적이고 지속 가능한 협력을 위한 다양한 활동을 수행해왔다. 특히, 아세안에 대한 우리 국민들의 인식을 개선하고 이해를 확장하기 위한 노력을 경주해왔다. 엘리자베스 P. 부엔수세소 전 필리핀 외교부 차관의 저서 『아세안 중심성』의 한국어판은 이러한 노력의 일환으로 발간하게 되었다.

이 책은 부엔수세소 전 차관이 40년 넘게 필리핀 외교 최전선에서 활약했던 경험을 녹여낸 자문화기술지적 연구다. 저자가 주아세안 필리핀 대표부 대사로 근무했던 2017년은 아세안 창설 50주년을 기념하고 필리핀이 아세안 의장국을 수임한 특별한 해였다. 그해 저자는 의장국 대사로서 아세안 상주대표위원회CPR 등 아세안 주요 기구의 의장직을 맡으며 아세안의 실질적이고 다양한 현안을 이끌었다. 저자는 여러 악기가 조화로운 음을 내도록 이끄는 오케스트라 지휘자로 자신을 빗댄 것과 같이, 전통적인 양자 외교에서 벗어난 다채로운 아세안 다자 외교의 현장으로 독자들을 안내한다.

아세안은 1967년 동남아시아 5개국(인도네시아, 태국, 말레이시아, 필리핀, 싱가포르) 외교장관회의의 결과인 아세안 선언에 따라 창설되었다. 아세안 중심성ASEAN Centrality이라는 표현이 등장하게 된 것은 그로부터 40년이 지난 2007년 아세안 헌장에서였다. 이후 아세안 중심성은 아세안 주요 문서 및 회의에서 강조되기 시작했으나, 저자에 따르면 정작 아세안 중심성이 무엇인가에 대한 아세안의 공식적인 정의는 아직 없는 상황이다. 저자는 아세안 창설 5개 회원국 및 2017년 아세안 의장국을 대표했던 필리핀 대사로서, 때로는 외부자의 입장과 시선으로 달라지는 아세안 중심성의 정의를 명확히 내리고자 했다. 독자들은 베테랑 외교관이 유려한 스토리텔링으로 써내려간 경험담을 통해 아세안 역내외 국가들과의 논의, 한국을 포함한 동아시아 정상회의 대사회의, 그리고 동아시아 정상회의 의장성명 조율 과정 등 생생하고 내밀한 외교 현장을 간접 체험할 수 있을 것이다. 동시에 아세안이 주도하는 원칙과 규범으로 형성된 아세안 중심성이 한국을 포함한 지역 다자 협력의 핵심 근간임을 이해하게 될 것이다.

한국 정부의 대아세안 외교정책과 한-아세안 대화관계 수립 35주년을 계기로 더욱 깊어질 양 지역 관계를 기대하며, 이 책이 많은 이들에게 아세안을 바로 알리는 계기가 되기를 바란다. 한-아세안센터 또한 한국과 아세안의 다양한 기관들과의 협력을 통해 센터의 활동 영역을 확장하고 협력을 가속화하여 한-아세안 간 지속 가능하고 동등한 파트너십을 지원해나갈 것이다.

마지막으로 한국 독자들에게 가까이 다가가기 위해 국내 출판을 허락해준 부엔수세소 전 차관에게 깊은 감사 인사를 전한다. 감수를 맡아준 정해문 대사, 한동만 대사, 고려대학교 신재혁 교수, 번역에 참여한 한-아세안센터 직원들, 그리고 무엇보다 이 책을 읽어주신 여러분께 감사드린다.

| 추천의 말 |

노련한 외교관의 실제 경험과 학술적 관점의 아름다운 조화

테오도로 록신 주니어(전 필리핀 외교부 장관, 현 주영 필리핀 대사)

필리핀 외교부 외교관 출신으로 아세안 문제 전문가인 엘리자베스 P. 부엔수세소가 저술한 『아세안 중심성』은 외교관과 학계 전문가가 모두 힘을 합쳐 이 세상을 보다 응집되어 친절하게 서로를 돕는, 그런 곳으로 만들어야 한다는 의지를 보여주고 있습니다.

부엔수세소의 직접적이면서 영감을 주는, 또 간결하면서도 격식을 갖춘 문체는 아세안 관련 보고서나 보도문과 전혀 다른 새로운 모습을 보여주며, 동시에 애초부터 왜곡된 관점으로 외교 문제를 해석하려 하는 일부 학자들의 납득할 수 없는 진부함과도 큰 차이가 있습니다. 아세안 사무총장을 역임했던 로돌포 세베리노 이후 우리는 부엔수세소처럼 노련한 외교관의 실제 경험과 학술적인 관점이 아름답게 조화를 이룬 글을 처음 접하는 듯합니다.

아세안 중심성이란 몇 차례의 시행착오를 거쳐 어렵게 정립된 개념입니다. 다시 한번, 전 세계는 강대국들과 여타 국가들 사이에서 극심한 양극화를 경험하고 있습니다. 또한 예전에도 그랬던 것처럼 이번에도 강대국들이 선택한 전장은 지구상에서 가장 불안정한 화약고라고 할 수 있는 한반도와 남중국해를 중심으로 하는 지역입니다. 그리고 그 안에는 바로 아세안 회원국들도 있습니다. 1994년 처음 이 지역이 중요하게 떠오르기 시작했을 때 임시로 붙여졌던 인도-태평양이라는 명칭은 이제 완전히 공식적인 명칭으로 굳어졌습니다. 강대국들은 이 지역에서의 동맹과 협력을 위해 아세안 국가들과 조금씩 접촉하고 있습니다. 따라서 이런 새로운 관심이라는 기회를 활용하고 불필요한 경쟁의 흐름에 휩쓸리지 않으려는 노력을 통해 아세안 국가들은 아세안 중심성을 전면에 내세울 수 있는 가장 큰 시험을 맞이하게 될 것입니다. 현재 미얀마 등지에서 벌어지고 있는 위기 같은 회원국 간의 정치적 갈등조차도 어쩌면 아세안 중심성이 그 맡은 바 역할을 수행하고 처음의 단순한 의도를 넘어 실질적인 의미를 확보해야 한다는 분명한 요구일 수 있습니다.

부엔수세소는 아세안 중심성에 대한 다양한 정의와 관점을 정리하고 자신의 해석과 나란히 비교하여 결국 이를 경험하고 실천하는 사람들의 관점에서 이해되어야 한다는 결론을 내립니다. 그런 그녀의 정의는 사실에 근거한, 실질적인 결론이라고 할 수 있습니다. 무엇보다 관찰과 확인이 쉽고 또 현실에 적용하는 것이 가능하기 때문입니다. 부엔수세소가 생각하는 아세안 중심성은 보다 실질적인 방식으로 아세안의 이익에 기여할 수 있을 뿐만 아니라, 좀 더 흥미롭고 유익한 방향으로 이해할 수 있도록 아세안 중심성의 구성 요소들을 정의할 수도 있습니다.

마침 필리핀 외교부 장관으로 재직하고 있을 때 이 책의 출간을 볼 수 있게 되어 영광으로 생각합니다. 아세안 회원국들의 외교 전공 학생들과 실무자들, 특히 필리핀을 비롯한 아세안 회원국들의 외교관이라면 반드시 이 책을 읽고 그 독특한 접근방식과 문체를 음미해볼 것을 권합니다. 이 책은 단순히 정보만을 제공하는 것이 아니라 많은 가르침과 영감, 그리고 즐거움을 전해줄 것입니다.

차례

| 제3장 |

아세안 외교와 아세안 중심성

| 제4장 |

역내 아세안 리더십을 보여주는 아세안 중심성: 2017년 아세안 의장국 필리핀

| 제5장 |

아세안 회원국 간 외교 원칙으로서의 아세안 중심성

| 제6장 |

아세안 대외 파트너들과의 외교 원칙으로서의 아세안 중심성

| 표, 그림, 사진 목록 |

| 축약어 목록 |

AADCP II	아세안-호주 개발협력계획 II(ASEAN-Australia Development Cooperation Program II)
ACC	아세안 조정이사회(ASEAN Coordinating Council)
ACCC	아세안 연계성조정위원회(ASEAN Connectivity Coordinating Committee)
ACCWG	아세안 조정이사회 실무그룹(ASEAN Coordinating Council Working Group)
ACTIP	아세안 여성 및 아동 인신매매 방지에 관한 협약(ASEAN Convention Against Trafficking in Persons, Especially Women and Children)
ADF	아세안 장애포럼(ASEAN Disability Forum)
ADMM-Plus	아세안 확대국방장관회의(ASEAN Defense Ministers' Meeting Plus)
AEC	아세안 경제공동체(ASEAN Economic Community)
AEMM	아세안 경제장관회의(ASEAN Economic Ministers' Meeting)
AFTA	아세안 자유무역지대(ASEAN Free Trade Area)
AFRP	아세안 사무국 재무 규정 및 절차(ASEAN Secretariat Financial Rules and Procedures)
AICHR	아세안 정부간인권위원회(ASEAN Intergovernmental Commission on Human Rights)
AIIB	아시아인프라투자은행(Asian Infrastructure Investment Bank)
AMF	아세안 시장포럼(ASEAN Mayors' Forum)
AMM	아세안 외교장관회의(ASEAN Foreign Ministers' Meeting)
AMRI	아세안 정보장관회의(ASEAN Ministers Responsible for Information)
AMS	아세안 회원국(ASEAN Member States)
AOIP	인도-태평양 지역에 대한 아세안의 전망(ASEAN Outlook on the Indo-Pacific)
APCSS	아시아태평양안보연구소(Asia-Pacific Center for Security Studies)
APSC	아세안 정치안보공동체(ASEAN Political-Security Community)
APT	아세안+3(ASEAN Plus Three)
ARF	아세안 지역안보포럼(ASEAN Regional Forum)

ASA	동남아시아연합(Association of Southeast Asia)
ASCC	아세안 사회문화공동체(ASEAN Socio-Cultural Community)
ASEAN-IPR	아세안 평화화해연구소(ASEAN Institute for Peace and Reconciliation)
ASEAN	아세안(Association of Southeast Asian Nations)
ASEM	아시아유럽정상회의(Asia-Europe Meeting)
ASRR	아세안 사무국 직원 규정(ASEAN Secretariat Staff Rules and Regulations)
AWPR	아세안 여성평화등록위원회(ASEAN Women for Peace Registry)
BRI	일대일로(Belt and Road Initiative)
CACJ	아세안 대법원장회의(Council of ASEAN Chief Justices)
CELAC	라틴아메리카-카리브국가공동체(Community of Latin America and Caribbean States)
CEPT	공동유효특혜관세(Common Effective Preferential Tariff)
CLMV	캄보디아, 라오스, 미얀마, 베트남(Cambodia, Laos, Myanmar, Viet Nam)
COC	남중국해 행동규칙(Code of Conduct in the South China Sea)
CPR	상주대표위원회(Committee of Permanent Representatives)
DOC	남중국해 행동선언(Declaration on the Conduct of the Parties in the South China Sea)
DPs	대화상대국(Dialogue Partners)
EAMJ	동아시아 정상회의 자카르타 대사회의(EAS Ambassadors' Meeting in Jakarta)
EAS	동아시아 정상회의(East Asia Summit)
ECO	경제협력기구(Economic Cooperation Organization)
ERIA	아세안·동아시아경제연구소(Economic Research Institute for ASEAN and East Asia)
EU	유럽연합(European Union)
FOIPS	자유롭고 개방적인 인도-태평양 전략(Free and Open Indo-Pacific Strategy)
GAM	자유아체운동(Gerakan Aceh Merdeka)
GCC	걸프협력회의(Gulf Cooperation Council)
GMM	세계온건주의운동(Global Movement of Moderates)
GMMF	세계온건주의운동재단(Global Movement of Moderates Foundation)
IAI	아세안 통합 이니셔티브(Initiative for ASEAN Integration)
ICJ	국제사법재판소(International Court of Justice)
IHL	국제인도법(International Humanitarian Law)
ILEA	국제법집행학회(International Law Enforcement Academy)

IPS	인도-태평양 전략(Indo-Pacific Strategy)
IRRI	국제미작연구소(International Rice Research Institute)
IUUF	불법·비보고·비규제어업(Illegal, Unreported and Unregulated Fishing)
JBIC	일본국제협력은행(Japan Bank for International Cooperation)
JCC	공동협력위원회(Joint Cooperation Committee)
JCLEC	자카르타법집행협력센터(Jakarta Centre for Law Enforcement Cooperation)
JCM	공동자문회의(Joint Consultative Meeting)
JOIN	일본해외인프라투자공사(Japan Overseas Infrastructure Investment Corporation)
JPM	공동준비회의(Joint Preparatory Meeting)
JPM	자카르타 아세안 주재 필리핀 대표부(Philippine Mission to ASEAN)
JSCC	공동부분협력위원회(Joint Sectoral Cooperation Committee)
LIB	이행주도기관(Lead Implementing Body)
MAPHILINDO	동남아시아 3개국연합(Malaysia-the Philippines-Indonesia Organization)
MERCOSUR	남미공동시장(Mercado Común del Sur)
MOU	양해각서(Memorandum of Understanding)
MPAC	아세안 연계성기본계획(Master Plan on ASEAN Connectivity)
NAM	비동맹운동(Non-Aligned Movement)
NEXI	일본수출투자보험(Nippon Export and Investment Insurance)
ODA	공적개발원조(Official Development Assistance)
OPCW	화학무기금지기구(Organization for the Prohibition of Chemical Weapons)
PCA	상설중재재판소(Permanent Court of Arbitration)
PPP	민관협력(Public-Private Partnership)
PR	상주대표(Permanent Representative)
Quad	쿼드(Quadrilateral Security Dialogue)
RCEP	역내포괄적경제동반자협정(Regional Comprehensive Economic Partnership)
RSA	역내안보설계(Regional Security Architecture)
SAARC	남아시아지역협력연합(South Asian Association for Regional Cooperation)
SDGs	지속가능발전목표(Sustainable Development Goals)
SDPs	부분대화상대국(Sectoral Dialogue Partners)
SEARCCT	동남아지역대테러센터(Southeast Asia Regional Centre for Counter-Terrorism)
SEATO	동남아시아조약기구(Southeast Asia Treaty Organization)
SEOM	고위경제관리회의(Senior Economic Officials' Meeting)

SOCA	아세안 사회문화공동체위원회(Socio-Cultural Community Council)
SOM	고위관리회의(Senior Officials' Meeting)
SOMSWD	사회복지 및 개발에 관한 고위급회의(Senior Officials Meeting on Social Welfare and Development)
TAC	우호협력조약(Treaty of Amity and Cooperation)
TOR	운영세칙(Terms of Reference)
TVET	기술직업교육훈련(Technical and Vocational Education and Training)
UCLG ASPAC	세계지방정부연합 아시아태평양지부(United Cities and Local Governments Asia-Pacific)
UN	유엔(United Nations)
UNCLOS	유엔 해양법협약(United Nations Convention on the Law of the Sea)
UNESCAP	유엔 아시아태평양경제사회위원회(United Nations Economic and Social Commission for Asia and the Pacific)
VAP	비엔티안 행동계획(Vientiane Action Programme)

제1장

들어가는 글

ASEAN Centrality

왜 이 책을 썼는가

2019년 3월 20일, 나는 레트노 마르수디 인도네시아 외교부 장관의 주최로 자카르타에서 열린 인도-태평양 협력 고위급회담에 필리핀 대표로 참석했다. 이 자리에는 동아시아 정상회의EAS 소속 18개국의 장관과 고위 관료들 그리고 대사들이 대거 참석했다. 그보다 이전인 2017년 11월, 필리핀 마닐라에서 열린 아세안 정상회의에서 도널드 트럼프 미국 대통령은 자유롭고 개방적인 인도-태평양 전략FOIPS이라는 개념을 처음으로 언급했다. 그리고 얼마 지나지 않아 미국과 인도, 일본, 호주로 이루어진 4개국 안보회의체인 쿼드Quad에서도 이 전략에 대한 이야기가 나왔는데, 해당 지역의 정치 및 안보 구조에서 새로운 강대국으로 떠오른 중국을 억제하기 위한 일종의 고립주의적 전략이라는 인상을 줄 수도 있는 어떤 적대적 함의도 언급하지 않도록 노력했다. 그후부터 인도-태평양 전략IPS에 대한 많은 논의와 추측이 이어졌고, 스스로 아세안 지도국이라 생각하는 인도네시아는 부상하는 지역 안보 구조에서 아세안 중심성ASEAN Centrality이라는 개념을 드러내기 위한 노력을 아끼지 않았다. 자카르타에서 열린 고위급회담 역시 그러한 노력의 일환이었다.[1] 동아시아 정상회의 18개 회원국의 고위급 대표단이 회담에 참석했다. 이 회의는 이 새로운 협력 분야에 대해 의견을 나누기 위한 최초의 장관급 포럼으로, 거의 모든 대표단이 아세안 회원국들을 포함하여 인도양과 태평양에 걸쳐 있는 이 지역의 진화하는 정치·안보 및 경제 구조에서 아세안 중심성의 중요성과 그에 대한 지지를 강조했다.

그러나 아세안 비회원국 국가들은 아세안 중심성에 대해 지지를 표명하면서도 각국의 다양한 인도-태평양 접근법, 전략, 또는 개념에 대한 구체적인 이니셔티브를 설명했다. 여기에는 미국의 자유롭고 개방적인 인도-태평양 전략FOIPS, 중국의 일대일로BRI, 일본의 인프라파트너십 프로그램Quality Infrastructure Program, 호주의 인도-태평양 외교정책Indo-Pacific Foreign Policy 등이 포함된다. 이에 나는 아세안 중심성이 무엇을 의미하고 어떻게 구현되어야 하는지에 대해 이들이 나와 같은 생각을 하고 있지 않다는 인상을 받았다. 물론, 여기서 중요한 함의는 그들 각자의 인도-태평양 전략이나 개념이 이 지역의 정치적 안정과 경제적 번영을 보장하기 위해 따라야 할 기준이 될 것이라는 점이다.

모든 참석자가 발언하고 나니 형식상 서열이 가장 낮은 러시아 대사와 내가 남았는데, 어찌 된 영문인지 러시아 대사에게 먼저 발언권이 주어졌다. 러시아 대사의 등장으로 인해 어째서 인도-태평양 전략에 대한 논의가 있어야 하는지, 심지어는 왜 우리가 이런 회담을 열고 있는지와 같은 여러 수사학적 질문이 떠오를 정도로 분위기는 가라앉고 말았다. 나는 내가 들은 것에 대해 대답하기 위해 미리 준비해둔 내용을 잠시 뒤로 미루고 우선 이번 회담에 대한 필리핀의 입장을 간략하게 전달했다. 나는 러시아 대사의 발언에 대한 일종의 응답으로, 아세안 중심성이 무엇인지에 대한 명확한 이해를 돕기 위해서는 실질적인 회의가 필요하다고 말했다. 그리고 인도-태평양 전략에 대한 논의가 계속되려면 아세안 중심성이 그 기본 원칙이 되어야 한다고 역설했다. 아세안 중심성이란 결국 아세안이 주도하는 메커니즘을 의미한다. 그리고 관련된 원칙들은 아세안 헌장 같은 아세안의 주요 문서에 명시되어 있어야 하며, 거기에 담긴 어조나 분위기는 지금까지 아세안이 수행해온 협력관계와 같이 우호적이면서 갈등이 없는 '가족 같은 모습'의 아세안 방식ASEAN Way과 어울려야 한다. 또한 인도-태평양 전략과 관련된 주제나 의제 역시 아세안에 의해 이미 명시된 내용과 일맥상통해야 한다. 내가 발언을 끝내자 마르수디 외교부 장관을 비롯한 아세안의 모든 대표가 박수를 보냈다.

당시에도 그랬지만 나는 많은 경험을 통해 다른 국가와 외교관들이 아세안 중심성에 대한 '지지'를 분명히 표명하면서도 정작 이 아세안 중심성에 대한 정확한 정의는 없다는 사실을 깊이 생각해보게 되었다. 다시 말해, 아세안 중심성이라는 표현 혹은 용어는 누가 언급하느냐에 따라 그 의미가 크게 바뀔 수 있다. 이 책에서 계속 언급하겠지만 다른 관련 저자들이 제시한 아세안 중심성에 대한 정의 역시 내가 직접 경험했던 것과 똑같은 현실을 반영하지는 않는다. 이러한 의견 불일치 때문에, 아세안 창설 5개 회원국 중 하나인 필리핀 외교관으로서, 실질적으로 아세안에 개입해 있는 나의 관점과 경험에 따라 아세안 중심성의 진정한 의미가 무엇인지를 좀 더 생각할 수 있는 저술을 집필하기로 결심했다. 이렇게 내려진 아세안 중심성에 대한 정의가 아세안과 관련된 학생이나 실무자들 사이에 존재하는 이해의 격차를 해소하고 아세안에 대한 보다 깊은 현실적 이해와 더 나아가 관련된 국가들 사이에서 더욱 생산적인 관계가 이어지기를 희망해본다.

개인적으로는 무엇보다 말단 여성 외교관부터 시작된 나의 삶에 관한 이야기를 하고 싶었다. 나에게는 해외 이주노동자를 배신했다는 누명을 쓰고 필리핀의 외교정책 수행 방식을 뒤흔든 사건부터, 처음에는 따르기를 거부했던 노벨평화상 시상식 보이콧 지시, 벨기에 공관과 자카르타 공관 매입 등 외교부에서 최초로 한 많은 일들이 있었다. 이렇게 내가 국내외에서 국가와 국민을 위해 가장 다채롭고 도전적이며 극적인 경력을 쌓았다는 사실을 필리핀 외교부 동료들이 증언해줄 것이다. 나의 화려한 경력의 정점은 아세안 창설 50주년 기념행사 중 6개 아세안 기구의 의장직을 맡은 것이었는데, 이는 외교관에게 일생일대의 기회라 할 수 있다. 그런데 나로서는 일반적인 형식의 회고록을 통해서는 이런 경험을 솔직하게 다 기록할 수 없었다. 솔직히 말하면 나는 회고록을 쓰고 싶지 않았다. 회고록은 학문적 정합성이 결여된 탓에 오랫동안 나와 관계를 맺어온 사람들의 기분을 상하게 할 수 있었다. 필리핀 밖에서 외교 활동을 하는 동안, 나는 우리 같은 사람들이 의식하지 못하는 사이에 가하는 비난이나 모욕을 대부분의 경우 필리핀의 가난하고 소외된 사람들이 받게 된다는 사실을 목격해왔다. 나는 그들에겐 더더욱 마음의 상처를 주고 싶지 않았다. 그들의 이야기는 그들 스스로 해야 하리라. 그렇지만 나로서는 다른 형식을 통해서라도 나의 경험을 알리고 싶다는 마음이 간절했다. 그리하여 얼마간의 망설임 끝에 이른바 '자문화기술지autoethnography'라는 방식에 매력을 느끼게 되었는데, 이 방식이야말로 내 인생의 작은 부분을 들려주는 데 아주 안성맞춤이라는 생각이 들었다.

이제 스물다섯 살이 된 조카 파올로가 어느 해 생일에 나에게 동영상을 보낸 적이 있다. 나는 그 동영상을 보면서 어떤 깨달음을 얻었다. "생일 축하드립니다. 우리 가족의 이야기꾼님! 저는 우리 가족의 이야기꾼이 전해주는 책 이야기, 외교관 이야기, 어린 시절의 이야기 그리고 여행 이야기를 듣고 배우면서 지금까지 즐겁게 자라왔어요." 그렇다. 나는 이야기꾼이었다. 사실 나는 대학에서 문학을 전공했고 마치 저 옛날의 바이킹들처럼 한 종족의 민속학자로서 마음속 깊은 곳에 이야기를 간직하는 동시에 가족과 친구들에게 그 이야기를 들려주는 꿈을 항상 가지고 있었다. 이제 북유럽의 바이킹이 아닌 필리핀의 민속학자로서 아세안과 관련된 내 이야기를 들려줄 때가 되었다고 느꼈다.

이 책은 아세안 중심성이라는 개념을 문제화하면서, 외교관 세계의 한 구성원으로서 그 세계와 아세안의 상호 관계 안에서 이러한 원칙을 실천해온 나의 경험을 바탕으로 이와 관련된 새로운 정의를 만들어내기 위해 기획되었다. 또한 아세안 중심성이라는 정의가 아세안공동체 및 기타 외교관계에 어떻게 영향을 미치는지에 대해서도 살펴볼 것이다. 그리고 당연한 말이지만, 이 연구는 아세안 외교와 같은 주제가 앞서 언급했던 자문화기술지라는 다소 이례적인 방식을 통해 연구될 수도 있다는 사실을 아울러 보여줄 것이다.

자문화기술지는 진실에 도달하는 비전통적인 연구 방식이다. 이를 통해 아세안 안팎의 공동체에 참여하는 필리핀 외교관(나 자신)의 독특한 관점을 담고, 생생한 경험담을 말하면서 아세안 중심성에 대한 정의를 내린다. 이에 나는 아세안 외교술에 관한 연구와 타당한 조사 방식으로서 자문화기술지에 대한 활용이 새로운 학문에 기여할 수 있기를 바란다.

또한 내가 아세안 중심성의 정의를 어떻게 내리게 되었는지에 대한 배경을 이야기할 것인데, 이는 특히 필리핀이 아세안을 이끄는 역할을 맡아 역내 이익을 위한 중요 성과를 내는 아세안 의장국의 역량을 통해 설명할 것이다. 물론 그런 복잡한 상황 속에서 필리핀 외교관으로서 내가 해야 했던 역할도 중요하지만 말이다.

나는 이 공동체에 직접 참여한 당사자이자 다양한 소그룹의 의장으로서 아세안 관련 문제를 논의하는 특이한 외교관 공동체의 내밀한 요소들(형식, 어조와 언어, 의제, 과정, 절차 등)을 어떻게 이용했는지 나의 업적을 통해 자세히 설명할 것이다. 이 공동체에는 앞에서도 언급했지만 다양한 이름의 산하 모임과 기관들이 속해 있다. 바로 상주대표위원회CPR, 아세안 연계성조정위원회ACCC, 아세안 평화화해연구소ASEAN-IPR, 아세안+1(공동협력위원회와 공동부분협력위원회), 아세안+3APT, 그리고 동아시아 정상회의 자카르타 대사회의EAMJ 등이다. 나는 관련 설명을 통해 아세안 중심성이 자카르타에 기반을 둔 아세안 주도의 기구들에 의해 실행되고 있는 외교 원칙으로 아세안의 주도하에 관련 의제를 논의하고 발전시키는 역할을 한다고 정의한다. 이 외교 원칙은 아세안에서 인정하는 형식과 절차, 과정을 따르며, 서로 대립하지 않고 우호적으로 대하는 아세안의 방식, 이른바 '가족 같은 모습' 속에서 공격적이지 않은 언어나 분위기를 통해서만 발현될 수 있다.

아세안 중심성에 대한 나의 정의에는 사실 아세안에 대한 세간의 인식 수준을 높이고자 하는 열망이 포함되어 있다. 나는 이번 연구에서 아세안에 관해 이야기했던 여러 포럼에 참여한 경험을 이야기하는 동시에, 오랫동안 아세안 외교정책과 관련된 실무자였던 내가 어느덧 60

세가 넘은 지금 다시 아세안을 연구하는 학생이자 연사가 되어 아세안의 정체성과 구조, 목표, 열망, 성취, 그리고 도전에 대해 귀 기울이는 모든 사람에게 설명하는 이유를 알려주려고 한다. 물론 거기에는 아세안의 문제점도 포함된다.

앞으로 펼쳐질 이야기들 속에서 뭔가 대단히 흥미로운 회고 같은 걸 기대한 사람들이 있다면 실망할지도 모른다. 나 역시 나의 이야기가 아세안 사무국의 보고서처럼 지루하기 짝이 없게 들리지 않도록 애썼다. 나로서는 엄격한 학문적 원칙에 따라 아세안 외교 실무자로서의 실제 경험을 바탕으로 아세안 중심성에 대해 새롭게 정의 내리고자 하는 것인데, 이는 그동안 아세안 관련 연구에서 학계와 실무자들이 종종 서로의 세계를 분리해 보아왔던 모습이 내심 안타까웠기 때문이기도 하다.

아세안의 선구자들

나는 아시아와 아세안을 연구하는 학생이자 해외에서 필리핀의 이익 증진을 위해 일하는 외교관으로서, 역내에서 지역주의에 대한 초기 시도가 실패한 것에 흥미를 느껴왔다. 아세안의 선구자들에 대한 나의 분석에는 두 가지의 '왜'라는 중요 질문에 대한 대답이 뒤따르는데, 그 대답들이야말로 지금 내가 아세안을 바라보는 관점에 영향을 미쳤다. 그 첫 번째 질문은 '왜' 초창기 아시아의 지도자들이 지역 기구를 만들려고 했는지에 대한 것이며, 두 번째 질문은 그렇다면 '왜' 그런 초창기 시도들이 실패했는가 하는 것이다. 어쨌든 초창기 실패로 인해 각국의 지도자들은 원하는 목표를 달성할 수 없었고 더 많은 회원국을 유치하지 못하면서 결국 아무것도 남지 않았다. 그런데 그런 시도가 있었던 약 10년 동안, 이 지역을 뒤덮었던 치열한 냉전 분위기를 설명하는 것 또한 중요하다. 당시는 미국, 중국, 구소련 등 강대국들의 동남아시아에 대한 영향력 확장 시도와 역내 국가들의 독립 후 민족주의가 충돌하던 시기였다. 그리고 식민지 강국 영국의 후퇴와 인도차이나에서의 프랑스의 패배 역시 동남아시아 지역주의에 대한 초기 시도의 형성과 소멸에 영향을 미쳤다. 공산주의국가 중국의 영향력이 커질 무렵 영국과 프랑스가 떠난 이 지역에 남은 서구 강대국은 미국뿐이었다.

이 지역에서의 협력과 관련된 이런 초창기 배경을 되돌아보면 1967년 아세안이 출범하게 된 동기와 주변 상황, 그리고 그에 따른 교훈을 배울 수 있다.

아세안은 다음과 같은 배경과 상황 속에서 시작되었다.

1. 동남아시아조약기구(SEATO) 동남아시아조약기구는 1954년 미국과 프랑스, 영국, 뉴질랜드, 호주, 필리핀, 태국, 파키스탄이 동남아 지역에서 공산주의가 확산하는 것을 막기 위해 설립한 국제기구다. 유일한 동남아시아 회원국인 필리핀과 태국은 공산주의가 자국 영토를 침범하는 일을 막아야 한다는 분명한 이유와 미국과의 긴밀한 관계로 인해 가입했다. 일반 대중이 생각하는 동남아시아조약기구의 성격과 목적과 달리, 존 프랭클린(Franklin 2006)은 동남아시아조약기구의 실패에 대해 조금 다른 견해를 보여준다. 그는 동남아시아조약기구의 주체였던 미국이 단순한 군사동맹이 아닌, 해당 지역에서 미국의 영향력을 정당화하고 공산주의 확산을 억제하기 위한 수단으로 동남아시아조약기구를 이용했다고 생각한다. 또한 프랭클린은 동남아시아조약기구가 동남아시아 국가에 경제적 번영까지 함께 제공하는 지역 기구로 발전하지 못했고 그로 인해 더 많은 회원국을 끌어모으지 못했기 때문에 실패했다고 주장한다. 실제로 당시 인도네시아와

말레이시아 민족주의자들은 동남아시아조약기구가 그저 미국이 역내에서 영향력을 행사하기 위한 수단일 뿐이라고 의심했다. 불과 수십 년 전 식민 통치에 시달렸던 국가들로서는 도저히 받아들일 수 없는 개념이었다. 또한 회원국인 필리핀과 태국조차 베트남의 전후 쇠락, 자국 국경 안팎에서의 공산주의 저항 세력 급증, 그리고 1960~1963년 라오스 위기(The Laos Crisis) 당시 프랑스와 영국의 개입 거부를 목도하면서, 동남아시아조약기구가 자신들이 희망했던 군사기구가 아니라는 사실을 분명히 깨달았다.

2. 동남아시아연합(ASA) 동남아시아연합은 1961년에 출범했으며 필리핀과 태국, 말라야 연방이 포함되었다. 출범 당시 방콕 선언(1967)에 명시된 것처럼 대외적으로 보이는 목표는 회원국 간의 경제적, 사회문화적 협력 발전이었다. 초창기만 해도 게일 D. 네스 교수(Ness 1962)가 세계시사문제연구소에 열의를 갖고 보낸 보고서에서 알 수 있듯이 그 잠재력에 대한 기대가 컸다. 그는 의료 선교(medical mission)나 철도 등과 같은 동남아시아연합의 초창기 성과물에 찬사를 보내며 식민지의 잔재에서 스스로 벗어나려는 진정한 독립 시도라고 주장했다. 그렇지만 이렇게 공언한 목표에도 불구하고 동남아 내 다른 국가들에 더 이상 깊은 인상을 심어주지 못했으며 오히려 미국의 이익 증진에 대한 동기를 가진 친서방, 반공산주의 기구라는 비난을 받았다. 빈센트 K. 폴러드(Pollard 1970)는 해당 기구의 창설자들이 이런 비난에 반박하기 위해 많은 노력을 기울였지만 그저 중국을 견제하려는 미국을 위한 도구라는 의심만 더욱 가중되었을 뿐이라고 설명한다. 1962년에는 필리핀이 보르네오섬 북부의 사바 지역을 자국의 영토라고 주장하고 나섰는데, 그것은 결국 이 지역을 중심으로 1963년 새롭게 시작되는 말레이시아연방을 인정하지 않겠다는 뜻이었으며, 따라서 동남

아시아연합이 본격적인 지역 기구로 발전하는 데 큰 장애가 되고 말았다.

3. 마필린도(MAPHILINDO) 1963년 마필린도는 당시 디오스다도 마카파갈 필리핀 대통령에 의해 결성되었으나, 참여국들(말레이시아, 필리핀, 인도네시아)의 동기는 제각기 달랐다. 필리핀은 역내 적대감을 해소하고 지도적 국가로 위상을 세우는 동시에 사바 지역 문제에 대한 원만한 해결책을 찾으려 했지만, 인도네시아는 초대 대통령 수카르노(Sukarno)가 내세운 "아시아 문제에 대한 아시아인에 의한 아시아적 해결책(Asian solutions to Asian problems by Asian people)"은 원칙에 따라 서구 세력의 영향력을 몰아내는 것이 목적이었다. 한편 당시 툰쿠 압둘 라만(Tunku Abdul Rahman) 말레이시아 총리는 "서구 열강의 지배로 인한 분단 이후 말레이민족의 부활"이 "역내 말레이인 간 긴밀한 통합을 구축하기 위한 노력"으로 이어지기를 바랐다. 처음에 마필린도가 동남아시아연합(ASA)보다 더 나은 해결책으로 주목받았던 것은 회원국으로서 인도네시아와의 비동맹적인 구성 때문이었지만, 널리 알려진 인도네시아와 말레이시아 간의 뿌리 깊은 갈등(Konfrontasi. 아세안 결성 전인 1960년대 초반 인도네시아 수카르노 대통령의 재임 시기, 인도네시아와 말레이시아 간의 보르네오섬 사바와 사라왁의 영유권을 둘러싼 분쟁)으로 인해 인도네시아가 말레이시아의 보르네오 지역(인도네시아에서는 칼리만탄으로 알려짐) 세력 확장에 불만을 표시하면서 곧 상황이 악화되기 시작했다. 인도네시아는 말레이시아가 보르네오섬까지 압박해 들어오자, 사바와 사라왁 지역에 대한 공중 및 해상 공격을 감행하며, 지역 내 전투를 지원하고, 비방 및 선전을 포함하는 등 말레이시아에 대한 적대행위를 그치지 않았다. 또한 1962년부터 시작된 필리핀의 사바 지역의 주권 관할권 주장으로 상

황이 악화되어 다른 국가들이 참여할 가능성은 더욱 줄고 이 신생 기구의 존속은 더욱 불투명해졌다.

그러다가 1967년 인도네시아에서 수카르노가 축출된 후 세 나라 간의 긴장 상태가 조금 완화되었고, 이에 따른 다양한 중재 노력으로 마침내 인도네시아와 말레이시아 간의 분쟁이 종결되었다. 그렇게 다시 화해와 조정을 거친 후, 마침내 창설 5개 회원국, 그리고 현재는 10개 회원국을 거느린 아세안이 창설되었다.

아세안의 약사(略史)

인도네시아 수도 자카르타 남부에 위치한 아세안 사무국 본부 미술관에서 제일 먼저 눈에 들어오는 것은 1967년 8월 8일 방콕 선언문에 서명하고 있는 아세안 창설 5개국 대표들의 그림이다. 이 그림은 당시의 사진을 그대로 옮긴 것으로, 내가 아세안 상주대표위원회CPR 위원장을 맡고 있을 때 의뢰해서 완성되었다. 필리핀의 젊은 화가 피터 폴 블랑코는 아담 말리크Adam Malik 인도네시아 외교부 장관, 툰 압둘 라자크Tun Abdul Razak 말레이시아 부총리, 타낫 코만Thanat Khoman 태국 외교부 장관, 나르시소 라모스Narciso Ramos 필리핀 외교부 장관, S. 라자라트남S. Rajaratnam 싱가포르 외교부 장관의 아세안을 출범시켜 역내 민족들의 운명을 하나로 묶겠다는 단호한 결의에 찬 표정과 손 모양을 자세히 묘사했다. 그렇지만 서명과 함께 출범한 이 5개국의 신생 기구는 전망이 그리 밝지 못했다. 아니, 밝기는커녕 존속될 수 있을지조차 장담할 수 없었다. 당시 동남아시아의 암울한 정치 및 사회경제 상황을 분석한 노벨 경제학상 수상자 군나르 뮈르달(Myrdal 1968)을 비롯한 여러 정치 분석가와 전문가들도 그렇게 생각하고 있었다. 베트남에서는 여전히 전쟁이 격렬하게 치러지는 중이었고 동남아시아 각국은 극심한 빈곤에 허덕였다. 국민들은 이웃 국가의 존재 자체에 신경 쓸 겨를이 없었다.

그로부터 50여 년의 세월이 흐른 지금, 아세안은 여러 시행착오와 약점, 그리고 끝없이 이어지는 수많은 도전과 어려운 상황에도 불구하고 10개 회원국으로 구성된 세계에서 가장 중요하고 견고한 지역 기구 가운데 하나가 되었다. 동남아시아는 영토 분쟁과 식민지 및 탈식민지 시대라는 배경, 종교와 문화 차이로 인한 적대감, 냉전 이후의 경험을 비롯해 강대국 간의 분쟁 현장으로 시달렸지만 끝내 살아남아 번성하고 있다. 이 지역의 GDP 총합은 243조 달러에 달하고 외국인 직접투자FDI는 1,200억 달러가 넘어 경제 규모가 아시아에서 4위, 전 세계 7위에 해당한다. 또한 젊은 인구가 무려 6억 3,000만 명에 이른다. 아세안은 이제 동아시아 정상회의EAS와 아세안 지역안보포럼ARF, 아세안 확대 국방장관회의ADMM-Plus 등과 같은 전략 포럼 및 회의를 이끌고 있다. 마티 나탈레가와 인도네시아 전 외교부 장관은 "아세안은 중요한가?Does ASEAN Matter?"라는 질문에 대해 "절대적으로 그렇다"고 단언한다. 만일 아세안이 존재하지 않았더라면 동남아시아의 지난 50년은 끊임없는 갈등과 불신, 반목, 빈곤 등 전혀 다른 상황을 맞이했을 수도 있다. 그러나 실제로 아세안은 변화를 불러왔고 그게 중요한 점이라고 나탈레가와는 덧붙인다.

지금의 아세안을 이해하기 위해 반드시 짚고 넘어가야 할, 1967년 방콕 선언 이후 아세안의 역사에 기록된 다음과 같은 중요한 사건들을 주목하지 않을 수 없다.

1976년 동남아 우호협력조약(TAC) 체결. 동남아 우호협력조약에는 지금까지 43개국이 가입했으며 가입 승인을 기다리고 있는 국가들도 여럿 있다. 가장 최근에 가입한 국가는 남아프리카공화국과 태국, 그리고 쿠바다.

1984년 브루나이가 독립 선언 직후 바로 아세안에 가입. 주권국가 탄생으로 인한 자연스러운 결과였기 때문에 브루나이의 가입과 관련해서 특별한 문제는 없었던 것으로 기억한다.

1992년 공동유효특혜관세(CEPT) 제도를 통해 역내 관세를 0에서 5퍼센트 사이로 낮추는 것을 목표로 하는 아세안 자유무역지대(AFTA) 출범. 처음에는 이런 구상에 대해 강력한 저항이 있었다. 나 역시 당시 필리핀 의회 청문회에 소환되어 여기에서 추구하는 자유무역이 필리핀의 농민 유권자들에게 피해를 줄 것이라는 의회의 우려를 잠재우기 위해 노력했던 일을 기억하고 있다.

1995년 베트남의 아세안 가입.

1976년 발리 협약 I 발표.

1997년 미얀마와 라오스, 아세안 가입. 아세안 비전 2020(The ASEAN Vision 2020) 채택.

1999년 캄보디아, 아세안 가입. 하노이 행동계획(The Hanoi Action Plan) 출범.

1991년 냉전이 막을 내리면서 동남아시아 국가 중에서 공산주의를 내세웠던 CLMV캄보디아, 라오스, 미얀마, 베트남의 강력한 후원자가 사라졌고, 이에 따라 그들의 아세안 가입은 자연스러웠고 예견된 결과였다. 특히 1995년 베트남의 아세안 가입은 당시 아세안 6개국과 베트남 사이의 난관을 해결해줄 수 있는 양방향 해결책이나 다름없었다. 우선 아세안 6개국은 해당 지역에 공산주의를 퍼트려 이른바 '도미노 효과'를 일으킬 것이라는 공포를 안겨주었던 베트남을 가족으로 받아들여 안보를 확보해야 했으며, 베트남은 경제를 무너트리고 사회를 뒤흔들었던 전쟁의 잿더미에서 일어나 제자리로 돌아가는 시급한 문제를 해결해야 했다. 1996년 국제관계 전문 학술지인 《전략적 의견Strategic Comments》에서 베트남이 국제 시장에서 기업 신뢰도를 쌓고 지역 시민들로부터 신용을 얻기 위해서는 아세안의 보호가 필요하다고 했는데 예측대로 정확히 들어맞았다. 이제 베트남은 아세안 국가 중에서 가장 빠르게 경제가 성장하고 있으며, 유엔이 정한 지속가능발전목표SDGs의 일부 지수의 경우 이미 인도네시아와 필리핀을 앞서고 있을 정도다.

CLMV의 아세안 가입은 또한 동남아시아의 모든 국가를 하나로 모아, 수십 년간 그들을 분열시켜온 문제들을 평화적으로 해결하고 공동운명체로 거듭나려 했던 아세안 창립자들의 목표 실현이었다. 물론 모든 가입 과정이 순탄하기만 했던 것은 아니며, 현재 동티모르의 가입과 관련하여 아세안이 직면하고 있는 문제와 동일하다. 무엇보다 CLMV의 아세안 가입은 당시 4개국이 체제 전환을 추구하는 경제였던 점을 비추어 보았을 때 시장 다양성의 통합이라는 문제를 불러일으켰다. 각국의 '발전 격차'는 기존 아세안 6개 회원국과 신생 4개 회원국 사이의 1인당 평균 소득 격차뿐만 아니라 인적자원과 제도적 역량, 인프라 상태 등 경쟁력 수준의 격차 모두를 의미했다.

2003년 발리 협약 II 채택.

2004년 비엔티안 행동계획(VAP) 발표.

2007년 아세안 헌장 채택 및 유엔에 제출. 세부(Cebu) 선언문 발표.

2009년 아세안공동체를 위한 이행계획(Roadmap for an ASEAN Community 2009-2015) 출범.

2015년 쿠알라룸푸르 선언(Kuala Lumpur Declaration on ASEAN 2025), 아세안공동체 비전 2025 및 청사진 발표.

2020년 역내포괄적경제동반자협정(RCEP) 채택.

또한 아세안을 연구하는 학생들의 경우, 아래 〈표 1-1〉에 나오는 아세안공동체 실현과 관련된 주요 문서들을 참고할 것을 권한다.

〈표 1-1〉아세안공동체 실현 관련 주요 문서

1976년 아세안 협력 선언 (발리 협약 I)	보통 '발리 협약 I'로 알려진 이 아세안 협력 선언문은 1976년 2월 24일 인도네시아 발리에서 인도네시아, 말레이시아, 필리핀, 싱가포르, 태국 대표에 의해 체결되었다. 해당 선언문에는 역내 정치적 안정을 추구한다는 아세안의 목표와 원칙이 분명하게 드러나 있으며, 또한 정치, 경제, 사회, 문화 및 정보, 안보를 비롯해 아세안 각 기구의 개선 등을 우선순위로 두는 아세안 협력에 대한 프레임워크를 행동계획(Program of Action)으로 채택했다.
아세안 비전 2020	1997년 12월 15일에 채택된 아세안 비전 2020은 2020년까지 동남아시아 지역 내의 다양한 경제협력 분야를 확인하여 역동적인 동반자 관계를 이룩하겠다는 아세안의 계획을 요약한 것이다. 이 문서는 또한 외부 국가나 기관들과의 협력을 강화함으로써 돌봄 사회공동체와 국외 지향적인 기구를 육성하는 데 중점을 두고 있다.
하노이 행동계획 (1999~2004)	하노이 행동계획은 아세안 비전 2020의 실현을 위한 일련의 첫 번째 계획이다. 아세안은 1990년대 후반, 역내 경제 상황을 해결해야 할 필요성을 인식하고 경제 회복을 앞당겨 세계 경제 및 금융 위기로 인한 사회적 영향을 해결하기 위해 이니셔티브를 제안했다. 이는 더 긴밀한 지역 통합에 대한 아세안의 약속을 재확인하는 동시에 아세안 회원국들의 경제적 기반을 통합하고 강화하는 데 목적이 있었다. 하노이 행동계획은 다음과 같은 부분에 초점을 맞추었다. 1) 거시 경제 및 금융 협력 강화 2) 더 큰 규모의 경제적 통합 강화 3) 과학기술 개발 추진 및 정보기술 인프라 구축 4) 사회발전을 추진하고 금융 및 경제 위기로 인한 사회적 영향 해결 5) 인적자원 개발 추진

	6) 환경보호와 지속 가능한 개발 추진 7) 지역 평화와 안보 강화 8) 아시아-태평양 지역을 비롯한 전 세계에서 평화와 정의, 중용을 위한 영향력 있는 세력으로서의 아세안 역할 강화 9) 국제사회에서 아세안에 대한 인식과 위상 제고 10) 아세안의 구조와 체계 정비
2003년 아세안 협력 선언 (발리 협약 II)	발리 협약 II는 2003년 10월 7일 발리에서 브루나이, 캄보디아, 인도네시아, 라오스, 말레이시아, 미얀마, 필리핀, 싱가포르, 태국, 베트남 대표에 의해 채택되었다. 발리 협약 I의 채택으로 아세안 회원국이 5개국에서 10개국으로 확대된 상황을 주로 다루었다. 또한 아세안이 정치·안보 협력, 경제 협력, 그리고 사회·문화 협력이라는 세 가지 주요 협력을 바탕으로 하는 아세안공동체를 설립하는 것을 목표로 하고 있음을 분명하게 밝히고 있으며, 동시에 이 목표를 달성하기 위한 프레임워크를 채택했다. 아세안 비전 2020에 명시된 역내 경제 통합이라는 최종 목표 또한 해당 선언문에 강조되었다.
비엔티안 행동계획 (2004~2010)	비엔티안 행동계획은 2004년 제10차 아세안 정상회의에서 채택된 계획이다. 하노이 행동계획의 뒤를 이어 발리 협약 II를 이행하기 위해 채택되었다. 또한, 아세안 비전 2020을 위한 길잡이 역할도 있었다. 여기에는 아세안 정치안보공동체, 아세안 경제공동체, 아세안 사회문화공동체 등 각각의 아세안공동체를 위한 구체적인 목표와 전략, 조치 등이 포함되었으며 각국의 발전 격차를 좁히는 것도 목표에 포함되었다. 이러한 목표를 달성하기 위해 자원 동원, 기존 기관의 강화, 평가제도(M&E) 개발에 중점을 둔 프레임워크도 문서에 명시되어 있다.
2015년 아세안공동체 설립 가속화를 위한 세부(Cebu) 선언	2007년 1월 제12차 아세안 정상회의에서 아세안 정상들은 2015년까지 아세안공동체 설립을 가속하겠다는 강력한 의지를 천명했으며, 이에 따라 2015년까지 아세안공동체 설립 가속화를 이룰 수 있는 세부 선언문에 서명했다.
아세안공동체를 위한 로드맵 (2009~2015)	2009년 아세안 정상들은 아세안공동체를 위한 로드맵이 2007년 11월 20일 제13차 아세안 정상회의(싱가포르)에서 채택된 아세안 경제공동체 청사진, 2009년 3월 1일 제14차 아세안 정상회의(태국)에서 채택된 아세안 정치안보공동체 청사진, 아세안 사회문화공동체 청사진, 아세안 통합 계획을 위한 두 번째 이니셔티브로 구성되며, 적시에 이행할 것을 합의했다. 해당 로드맵은 비엔티안 행동계획을 대체하게 되었다.
아세안공동체 비전 2025에 관한 쿠알라룸푸르 선언	이 선언문은 2015년 11월 제27차 아세안 정상회의에서 채택되었으며, 아세안 정치안보공동체, 아세안 경제공동체, 아세안 사회문화공동체로 구성된 아세안공동체 2015의 공식 출범을 환영했다. 그리고 아세안 공동체 비전 2025, 아세안 정치안보공동체 청사진 2025, 아세안 경제공동체 청사진 2025, 아세안 사회문화공동체 청사진 2025를 채택하여, '아세안 2025: 함께 나아가자(ASEAN 2025: Forging Ahead Together)'를 내세웠다.

아세안공동체 비전 2025와 청사진	2015년 말레이시아 쿠알라룸푸르에서 발표된 아세안공동체 비전 2025는 아세안 정치안보공동체 청사진 2025, 아세안 경제공동체 청사진 2025, 아세안 사회문화공동체 청사진 2025로 구성되어 있으며, 아세안공동체를 위한 이행계획(2009~2015)을 계승했다. 이 청사진들은 프레임워크 역할을 하며 동시에 아세안의 관련 부서 및 기관에서 실시하는 전략적 조치를 포함하고 있다. 아세안공동체 비전 2025는 도전에 효과적으로 대응할 수 있는 향상된 역량을 갖춘 평화롭고 안정적이며 회복력 있는 공동체를 그리고 있으며, 동시에 아세안 중심성을 유지하면서 세계적 규모의 국가 공동체로서 역내외로 세계와의 협력을 준비하는 국외 지향적 아세안을 구상하고 있다. 아세안공동체는 정치안보공동체와 경제공동체, 사회문화공동체 안에 반영된 삶의 모든 측면을 포함한다.

아세안공동체 포스트 2025 비전

아세안공동체 포스트 2025 비전 개발을 위한 작업과 논의는 계속해서 진행 중이다. 브루나이는 2021년 의장국으로서 다른 회원국들을 비롯해 아세안 사무국과 협력하여 포스트 2025 비전을 위한 이행계획 초고와 고위급기획단에 운영세칙TOR을 만드는 것을 2021년도 목표 계획으로 잡았다. 해당 운영세칙은 아세안의 주요 사업에 있어서 불가결한 것이다. 향후 30년간 아세안의 미래를 설계하게 될, 아세안에 정통한 저명인사들로 구성되었으며 이들은 아세안의 강점과 단점, 도전 과제들을 파악하고 아세안을 지속 가능하며 연관성이 있는 성공적인 기구로 만들기 위한 방법을 제안했다. 각 계획서는 인가를 위해 공동자문회의JCM에 제출되기 전에 각 아세안 회원국에 먼저 회부되었고, 그 이후 아세안 조정이사회ACC와 제38차 아세안 정상회의에 승인을 위해 회부되었다.

동티모르의 아세안 11번째 회원국 승인 요청

2011년 11월 17일 발리에서 열린 제19차 아세안 정상회의에서 아세안 정상들은 공식적으로는 동티모르의 아세안 11번째 회원국 승인 요청을 환영했다. 그러나 앞서 언급한 바와 같이, 이 요청은 동티모르와 아세안 모두에게 여러 가지 난제를 불러일으켰다. 아세안 정상들은 아세안 조정이사회 실무그룹ACCWG을 설립하여 아세안 조정이사회에 이 임무를 부여하고 회원국 승인과 관련된 모든 측면과 아세안에 미치는 영향을 논의했다. 고위관리회의SOM, 고위경제관리회의SEOM, 그리고 아세안 사회문화공동체이사회SOCA 고위관리위원회로 구성된 아세안 조정이사회 실무그룹은 동티모르의 회원국 승인 요청과 관련하여 동티모르가 아세안 헌장 제6조의 요건을 충족하는지 여부에 근거해 조정이사회에 권고했다.[2]

아세안 조정이사회 실무그룹은 설립 이후 동티모르 문제를 논의하기 위해 여덟 차례 소집되었다. 산하 고위관리회의와 고위경제관리회의, 사회문화공동체이사회 모두 조정이사회에 관련 보고서를 제출했는데, 이 보고서는 특히 아세안과 관련된 인적자원 역량 및 정책, 규제 분야에서 적지 않은 문제를 극복하기 위해 양측에서 이루어진 노력을 드러낸다. 필리핀과 인도네시아의 경우 확실한 이유를 근거로 동티모르의 아세안 회원국 가입을 열렬히 지지했다. 이런 노력에 엄청난 난관과 반발이 뒤따랐지만 나는 동티모르가 비회원국일 때 정치 · 안보에 미치는 영향에 비하면 그 정도는 사소한 문제라고 언제나 생각해왔다. 다시 말해 나는 동티모르가 아세안 안에 있는 것보다 밖에 있을 때 역내의 더 많은 안보 관련 위협이 될 것이라고 믿고 있다. 아세안이라는 틀 밖에 있는 동티모르는 강대국들의 영향력에 더 취약하며 초국가적인 transnational 범죄 도피처가 될 수도 있다. 필리핀의 동티모르 아세안 가입 요청에 대한 지지는 현재까지 이어지는데, 이는 동티모르가 동남아시아 국가들을 통합하려는 초기 창설자들의 꿈을 실현하기 위해 아세안 기구의 일부가 되어 마땅하다고 보기 때문이다. 나 역시 동티모르가 언젠가 아세안의 11번째 회원국이 될 때 동티모르 소속 외교관들에게 도움이 될 언어 및 외교 훈련을 제공하려는 필리핀의 계획을 아세안 회의에서 발언한 바 있다.

다음의 〈그림 1-1〉에 나오는 연혁은 아세안 역사의 중요한 순간들을 정리해 보여준다.

〈그림 1-1〉 아세안 연혁

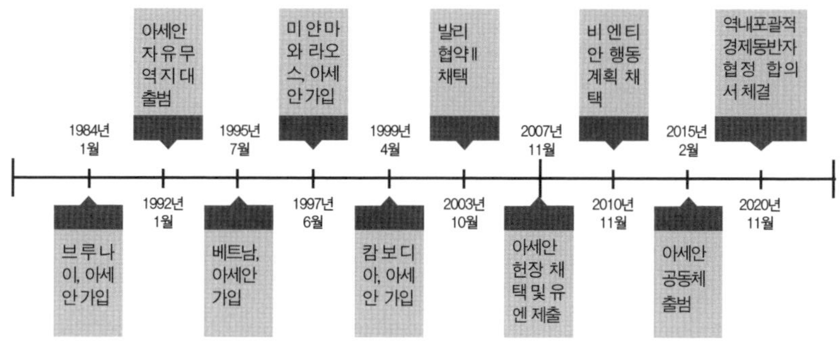

아세안공동체는 존재하는가?

많은 정치, 경제 전문가들은 아세안이 여러 가지 측면에서 부족하다는 사실을 알게 되었다. 그중에서도 인권, 특히 국민의 정치적·개인적 권리 같은 중요한 문제에 대응할 능력이 없으며, 남중국해 분쟁이나 역내포괄적경제동반자협정RCEP 채택 같은 문제에 대한 컨센서스가 부족하다는 주장에 대해 많은 논문과 책이 발표되기도 했다. 다만 역내포괄적경제동반자협정은 2020년 11월에 체결되었다. 나 역시 아세안이 여러 문제에 대해 대응 능력이 부족하다는 데 어느 정도 동의하지만, 지난 50여 년간 아세안은 다음과 같은 성과들을 이루어냈다.

1. 동남아시아 역내 분쟁의 원인이 우세하지만, 특별히 큰 분쟁 없이 역내 정치적 안정과 안보를 이루어냈다. 나로서는 이것이야말로 아세안이 내세울 수 있는 가장 중요한 성과라고 생각하며, 이 성과가 없었다면 사회경제적 발전은 이루어지지 못했을 것이다.
2. 아세안 헌장은 아세안에 법인격을 부여하고 아세안만의 규범과 원칙, 그리고 열망을 구현한 문서로서 간직되어왔다.
3. 아세안 우호협력조약(TAC)이 제정됨으로써 아세안과 공식적으로 관계를 맺기를 희망하는 모든 국가가 가입할 수 있다. 현재까지 세계 강대국을 포함해 총 43개국이 가입해 있다.
4. 아세안 정치안보공동체, 아세안 경제공동체, 아세안 사회문화공동체를 3대 중심축으로 하는 아세안공동체가 출범했다.

그런데 과연 아세안공동체가 그 실체가 있는지에 대해서는 논란이 있었다. 이 문제는 '공동체'가 무엇을 의미하느냐에 따라 대답이 달라진다. 같은 통화와 언어를 사용하며 법적으로 실행할 수 있는 정책이 있는 초국가적 제도 등을 도입한 다른 지역 기구들과 비교할 때, 완전한 통합이라는 측면에서 아세안은 공동체라는 용어에 부합하지 않는다. 그렇지만 아세안은 위의 묘사에 적합한 유럽연합 등과 똑같다고 주장하거나 혹은 같아지고자 하는 열망을 내비친 적이 없다. 아세안공동체는 오직 평화와 안정, 그리고 상당한 수준의 경제적 통합 달성을 포함해 아세안공동체 비전 2025에 요약된 목표들의 일부가 달성되는 것을 의미한다. 거기에 더해 포용력과 회복력을 가지고 사람 중심으로 돌보고 나누는 공동체, 그것이 바로 지금 우리가 이야기하는 아세안공동체다.

주

1 나중에 인도네시아는 고위급 관리들이 협의한 인도-태평양 전략(IPS) 관련 계획서를 공개했다. 이 완성된 결과물은 인도-태평양 지역에 대한 아세안의 전망(AOIP)으로 불리게 되었으며 현재는 아세안의 대화상대국들이 내세우는 인도-태평양 전략들에 대응하는 아세안 중심성의 또 다른 핵심 주제로 알려져 있다.

2 아세안 헌장 제6조에 아세안에 가입할 수 있는 자격요건이 명시되어 있다. 동티모르의 경우 제6조에 명시된 다른 기준들, 즉 지리적 근접성, 모든 회원국의 인정, 아세안 우호협력조약(TAC) 가입 요건을 충족하지만 제6조 d항, 즉 회원국의 의무를 다할 능력과 의지는 여전히 크게 부족하다.

A S E A N　C e n t r a l i t y

제2장

자문화기술지란 무엇인가

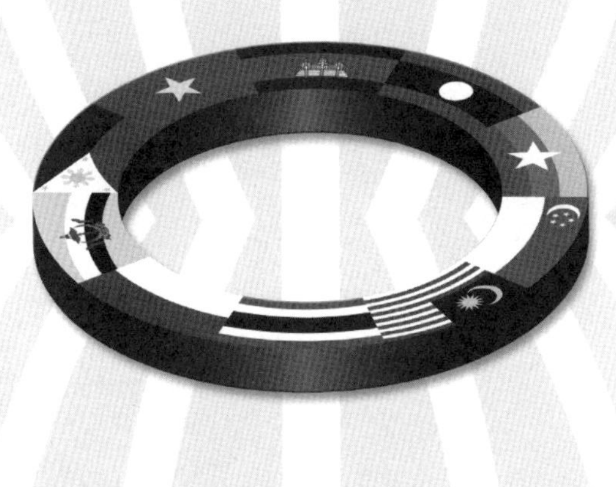

ASEAN Centrality

분석적 프레임워크

이 책을 쓰기 전까지 나는 '자문화기술지autoethnography'라는 말을 들어본 적이 없었다. 물론 개인적으로는 외교관들이 자신의 경험을 기록한 회고록이나 자서전을 많이 읽어보았고, 같은 주제를 가지고 연구 결과를 발표하는 학술회의에서 교수들을 포함한 많은 참석자가 나의 연구를 일종의 자서전으로 착각한 적도 있었다. 나는 그때나 지금이나 자문화기술지와 다른 자기성찰적 글을 구분하기 위해 큰 노력을 기울이고 있다.

"자문화기술지?" 진 살루다데즈 필리핀국립개방대학교University of the Philippines Open University 박사가 이 방식을 제안했을 때 나는 어리둥절했다. 그러나 점차 이 분석적 프레임워크야말로 내가 원하는 책을 쓰는 데 있어 나를 이끌어줄 수 있는 완벽한 방법이라는 사실을 깨달았다. 나는 또한 많은 사람들이 이 대단히 유용한 연구 방식의 존재 자체를 모르거나, 혹은 알고는 있지만 좀 더 일반적인 연구 방식과 나란히 비교할 가치가 없는 이류 수준의 분석적 프레임워크로 일축해버린다는 결론에 도달했다. 즉, 자문화기술지라고 하면 '훨씬 더 공식적이고 학술적인 접근방식'으로 여겨지지 않는다는 뜻이었다.

그렇지만 자문화기술지는 분명히 타당한 연구 방식이다. 나는 자문화기술지를 문화적 현상을 이해하기 위해 연구자의 개인적 경험을 기술하고 체계적으로 분석하는 연구 방식으로 정의한 엘리스, 애덤스, 보크너(Ellis, Adams, and Bochner 2011)에게서 영감을 얻었다. 그들은 자문화기술지가 단순히 수집된 자료를 넘어 개인의 경험과 방법론적 도구들을 결합하려는 시도라고 합리적으로 해석한다. 그리고 진실과 지식을 탐구하는 데서 개인적인 이야기와 관점을 사용하는 데 어떤 부끄러움이나 죄책감을 느낄 필요는 없으며, 오히려 이러한 방법의 결과를 개인적 경험에 기초함으로써 진실에 가장 근접한 것으로 받아들여야 한다고 말한다.

존스, 애덤스, 엘리스가 쓴 『자문화기술지 안내서Handbook of Autoethnography』(Jones, Adams, and Ellis 2016)를 보면, 자문화기술지의 네 가지 특징을 언급하며 일반적인 감정적 글쓰기와 구분하고 있다. 자문화기술지는 i) 문화와 문화적 관습에 대해 의도적으로 비판을 가한다. ii) 기존의 연구에 기여한다. iii) 취약성과 목적을 포용한다. iv) 독자와 상호 관계를 형성한다.

나는 현직에서 은퇴한 외교관이 또 다른 지루한 회고록 한 편을 내놓았다는 말을 듣지 않도록 조심하면서, 앞서 언급한 특징과 목표를 내 책에 담기 위해 노력했다. 물론 은퇴한 외교관과 가족들이 전해주는 회상이나 이런저런 일화들을 언급하기는 하지만, 외교 경험에 대한 감정적이고 주관적이며 비공식적인 기억 역시 수천 권이 넘는 출판물과 다양한 역사 기록물들의 주제가 되었다는 사실을 알려주기 위해 언급했을 뿐이다. 특히 미국의 경우에는 외교관은 물론이거니와 외교관의 배우자를 비롯한 다른 가족이 외교 경험에 대해 회고하듯 널리 알리는 것을 오히려 권장하고 있다. 그런데 회고록은 중요한 사건 뒤에 있는 일화에 대해 보기 드문 통찰력을 제공하면서도 자문화기술지 방식이 요구하는 엄격한 학문적 원칙을 따르지 않기 때문에 자문화기술지 방식을 통해 쓴 책과 일반적인 회고록 사이의 유사성은 그 정도에서 그치고 만다.

『자문화기술지 안내서』는 또한 다음과 같은 자문화기술지의 목적 및 목표에 대해 자세히 설명하고 있다.

i) 기존의 연구 관행이나 표현의 규범을 벗어난다.

ii) 내부자의 지식을 바탕으로 기술한다.

iii) 고통이나 혼란, 분노와 불확실성을 극복하고 더 나은 삶을 제공한다.

iv) 데렉 볼렌(Bolen 2012)에 따르면 자문화기술지의 목표는 "침묵을 깨트리고 입을 열거나 글을 써달라고 요청하는 것"이다.

v) 누구나 쉽게 접근이 가능한 글을 쓴다.

이 안내서에서 주장하는 것처럼, 자문화기술지는 외교 문제를 분석하는 기존의 방법이나 관행에서 과감하게 벗어날 수 있어야 하는데, 기존의 방식이란 객관적이면서 내용 분석content-analysis적인 접근방식을 선호한다. 자문화기술지 전문가조차 거의 신경 쓰지 않는 외교 분야에서, 기존의 연구 관행과 표현 규범을 완전히 벗어나는 것이 내가 이 책을 쓴 목적 중 하나다. 나는 내부자로서 지식과 경험을 통해, 자리를 떠난 후에 내 이야기를 들려주는 참여적 관찰자가 되기보다는 내가 연구 대상으로 삼은 것과 같은 문화 공동체의 일상적인 구성원 자격을 유지하려고 한다. 그 안에서 어려운 문제를 협상하거나 자신의 이해관계를 먼저 내세우고 싶을 때 동료 외교관들이 에둘러서 말하는 이른바 '상부상조' 방식을 이용하여 사건, 원인과 결과, 동기, 그리고 현실 정치를 독자들에게 알릴 수 있는 것이다. 이것이 내가 생각하기에 아세안과 그 구조에 대한 통계 기반 연구나 내용 분석적 연구에서 부족한 점이고 더 나아가 이 점은 이 지역 기구에 대한 부정확하고 성급한 평가를 가져온다고 생각한다. 협상 기술이나 전략 같은 기밀 정보를 노출할 위험을 무릅쓰고 나의 조국은 물론, 내가 속한 공동체 구성원들의 이해관계를 달성하기 위해 숨겨진 핵심 문제들을 드러내는 이 책은 외교 연구와 관련된 침묵을 깨트리는 한 가지 방법이 될 수 있다.

롤런드 블레이커(Bleiker 2001)의 〈국제 정치 이론의 미학적 전환The Aesthetic Turn in International Political Theory〉에 따르면 국제관계학 연구에서 자문화기술지를 포함한 미학적 접근이 필요한 것은 "표현의 형식과 대상 사이에는 언제나 간극이 존재한다고 가정하기 때문"이다. 그는 지금의 국제관계 이론은 관찰자와 대상 사이의 거리감에 대한 객관성에 의존하기 때문에 표현된 것과 그 표현 사이의 관계에는 주의를 덜 기울인다고 설명한다. 미학적 접근은 이러한 관계를 기꺼이 인정하며, 지식 생산에 위협이 아니라 오히려 꼭 필요한 발전이라고 본다는 것이다. 또한 형상화나 서술 기법 같은 미학적 접근방식이 인정받게 되면서 학문이 좀 더 유연해지고 자료 출처의 독점에서 벗어나고 있다고 상정한다. 블레이커는 "표현에 문제를 제기하는 접근법으로 사회과학적 관습을 보완하는 데" 도움을 줄 수 있다며 국제관계학에서 미학적 접근을 정당화한다. 국제관계 연구에 대한 이런 새로운 관점을 통해 나는 학계에 다양한 연구 방법에 대한 지지가 존재한다는 것을 알게 되었고, 자문화기술지를 통해 아세안 중심성을 연구해보기로 한 나의 선택이 틀리지 않았음을 재차 확인할 수 있었다. 미학적 접근방식은 연구 주제의 타당성을 없애지 않고 오히려 더 강화할 수 있다.

나는 현장의 업무 기록 대신 페이스북 포스트와 내 개인적인 기록, 연설문 및 발언, 구글 캘린더, 필리핀 정부와 외교부의 인터넷 공식 보도자료 등을 이용했다. 또한 어디서든 쉽게 구할 수 있는 보고서들도 적극적으로 활용했다. 내가 일했던 대표부의 우리 직원들은 이런 보고서를 작성하는 데 대단히 숙달된 사람들이었다. 무엇보다 이 보고서들은 필리핀의 정부 기관 및 NGO와 협의하여 결정되는 우리의 국익과 관련되어 있으며 논의 사안, 사안의 배경, 각각의 사안에 대한 필리핀의 입장을 포함한 외교적 도구다. 또한 여기에는 우리 입장에 반대했거나 지지했던 사람들의 이름, 그 사람들의 구체적인 문제점과 태도, 그리고 그렇게 나오는 이유에 대한 추측과 더불어 심지어 그들이 말하고, 말하지 않은 이야기까지 덧붙여 기록되어 있다. 그 밖에 내가 상대했던 외교관들의 개인적 특이점이나 본부와의 관계 역시 언급되어 있다.

성찰의 기록

이러한 개인적 경험과 관련된 표현물 전반에 걸쳐 능동적 참여자로서 자아를 투사하는 것을 자문화기술지에서는 통칭 '성찰reflexity'이라고 한다. 그런데 과연 여기서 자아란 어떤 자아를 의미하는 것일까? 외교관이나 협상가로서의 자아와 연구자나 이야기꾼으로서의 자아 사이에서 일어나는 끊임없는 갈등은 이 연구를 개념화하고 글로 남기는 과정

내내 나를 힘들게 만들었다. 외교관이자 협상가로서의 자아가 내 정신과 마음 모두를 지배하려는 경향이 있었기 때문에 내 안에 있는 자문화기술자로서의 자아를 명확하게 분리하고 두드러지게 나타나도록 만들어야 했다. 내가 펼치는 이야기 안에는 그런 갈등이 드러나 있다.

나는 일종의 고백으로 시작하려 한다. 외교관으로 보낸 세월 동안 나는 앤드루 스파크스(Sparkes 2000)가 말하는 지적 제국주의자intellectual imperialist였다. 지적 제국주의자란 통계 자료가 없거나 객관적이면서도 순수하게 과학적인 분석이 없는 모든 종류의 연구를 무시하는 사람을 일컫는다. 스파크스는 순수 과학 저작물에나 사용되는 기준을 자문화기술지적 접근방식에 동일하게 적용하려는 학자들을 지적 제국주의자라고 불렀다. 그는 건강하고 강인한 사람이 뜻밖의 사고로 몸이 마비되는 자신의 경험을 담은 자문화기술지적 연구논문 〈치명적 결함The Fatal Flaw〉을 발표했는데, 독특한 서술 기법에 대한 감탄부터 진지한 사회학적 연구서로서의 가치가 있는지에 대한 의구심 가득 찬 비난에 이르기까지 숱한 화제를 불러일으켰다. 이런 비난이나 비판에 대해 스파크스는 질적 연구가 다른 인식론적, 존재론적 가정을 허용한다는 것을 고려할 때 자문화기술지가 진실에 도달하는 적절한 방법이라고 옹호했다.

나는 41년 넘게 해외에서 조국의 이익을 증진하고 수호하도록 훈련받아온 외교관이자 협상가로서, 객관적이고 실제적이며 이성적인 사실만을 글에 담았고 나의 개인적 견해나 감정, 혹은 인상은 결코 허용하지 않았다. 동맹국이든, 적대국이든 상관없이 필리핀과 다른 국가들 사이의 관계를 유지해야 하는 나의 업무에 방해가 되지 않도록 하기 위해서였다. 그러다가 어느 정도 외교 및 국제관계 업무와 멀어지게 되자 브리그와 블레이커(Brigg and Bleiker 2010)의 "정치와 국제 문제 연구에서 가장 할 만한 접근방식은 해당 주제와 거리를 두는 것"이라는 주장을 지지하게 되었다.

글로벌 사우스(과거에 제3세계나 개발도상국으로 불렸던) 출신의 여성 외교관으로서 나는 특히 테러리즘이나 사이버 보안 문제, 그리고 화학무기와 핵무기를 비롯해 남중국해 분쟁이나 한반도 이슈와 같은 '남성적 macho' 문제들에 대해 단호하면서도 냉정한 모습을 유지해야만 했다. 그렇게 해야만 내가 속한 외교 세계에서 다른 사람들로부터 진지한 대우를 받을 수 있었기 때문이다. 자카르타의 아세안 기구의 의장직이나 현재 맡은 필리핀 외교부 본부의 정치 · 안보 부서장이라는 자리 역시 단호하면서도 이성적인 모습을 유지해야 할 필요성을 더욱 가중시켰다. 많은 여성이 외교관이 되었지만, 여전히 외교관 세계는 남성들이 지배하고 있다. 남성적 목소리를 통해 접근하고 표현해야 하는 영역이다. 존스, 애덤스, 엘리스(Jones, Adams, and Ellis 2016)가 인용한 클리퍼드 기어츠(Geertz 1973)의 말처럼, 이 남성적 목소리는 관습적으로 객관적이고 통제 및 예측할 수 있는 것으로 간주된다. 이와 대조적으로 자문화기술지의 '여성적 특성'은 주관적이고 불확실하며 감정에 기초한 것으로, 불충분하고 유약하며 비합리적인 것으로 구분된다.

그렇기 때문에 자문화기술지를 알기 전의 나는 모든 의사소통 과정에서 인간적이거나 주관적인, 혹은 문학적인 바탕이 없는, 직접적이면서 간결하며 객관적인 문장을 사용해 보고서 혹은 제안 서식의 방식을 개발했다. 그렇게 앞서 언급했던 나의 문학적인 자아는 이 공식적인 자아와는 별개의 자아가 되었다. 나는 심지어 모든 의사소통 과정은 물론이고 서신에서까지 1인칭이나 2인칭 대명사를 피하면서 후배와 동료들에게 똑같은 원칙을 강요했다. 그렇지만 진실에 도달하기 위한 더 나은 대안으로서 자문화기술지라는 질적 연구 방법에 대해 알게 되었을 때, 나는 좀 더 유연하게 변해가기 시작했다. 물론 그 변화가 빠르게 진행된 것은 아니다. 심지어 캐럴린 엘리스, 토니 애덤스, 아서 보크너, 리언 앤더슨, 앤드루 스파크스 등과 같은 유명한 자문화기술지 전문가들의 저작들을 읽은 후에도 나는 '진지한' 외교나 국제관계 문제와 성폭력, 근친상간, 입양, 성소수자LGBTQI, 자살, 죽음, 질병, 약물 중독, 의사소통, 건강, 교육 같은 본질적으로 감정을 자극하는 주제들을 구분해야 한다고 더욱 확신하게 되었다. 이런 주제들은 당연히 자문화기술지 관련 주제에 포함되며, 따라서 누군가 다른 사람의 입을 통해 듣는 다른 사람의 경험보다는 친밀한 사람의 실제 경험이 더 진실에 가까울 것이다. 그렇지만 외교나 국제관계 문제를 이런 식으로 접근한다? 그건 절대로 있을 수 없는 일이었다. 자문화기술지의 유용성을 강력하게 옹호하는 사람이라도 감히 그런 주제에 관여하려 하지는 않았다. 나 역시 특정한 이야기가 자문화기술지적 방법과 잘 어울린다는 사실을 알게 되었지만, 외교와 국제관계, 그리고 무엇보다 아세안 중심성 같은 문제는 첨단 과학을 다룰 때와 똑같이 진지하고 객관적이며 사실적인 접근 방식으로 다루어져야만 했다.

일부 윤리적 고려 사항

자아의 문제가 이런 성찰과 관련된 담론의 중심에 있다고는 해도 연구자로서는 자신이 속한 사회·정치 환경에서 상호작용하는 타자의 참여를 고려하지 않을 수 없다. 그 '타자'가 아세안과 필리핀의 동맹국이든 혹은 적대국이든, 또 그들이 무엇을 공공연히 약속했든 상관없이 아세안이라는 무대 위의 공동 주인공이라는 사실은 상황을 더욱 어렵게 만든다. 이러한 상황은 어떤 설명을 하든 너무나도 자연스럽게 '그들 대 우리' 식의 분위기를 조성하며 자문화기술지를 지향하는 사람들에게 문제가 될 수 있다. 자문화기술지를 연구 방법으로 선택하려 할 때 이런 어려움을 겪게 되는데, 애초의 자문화기술지라는 방법을 사용하려면 결코 피할 수 없는 어려움이기도 하다. 이에 대해 질리언 툴리스(Tullis 2016)는 내가 쓰는 글의 주제이기도 한, 공동체 참여자들 사이에 위험과 유익이 균등하게 분배되는 정의라는 개념을 도입함으로써 논리적인 해결책을 제공한다. 앞서 언급했듯이, 지금부터 내가 하려는 이야기가 아세안 외교와 자문화기술지에 대한 연구 확장을 목표로, 학생들과 외교 실무자들 모두가 아세안을 더 깊이 이해하고 여러 예민한 사건들을 중립적으로 설명하는 데 위험 요소를 최소화하는 방향으로 전달되었으면 한다.

나는 툴리스가 제공하는 윤리적 지침에 따라 등장인물이나 국가의 이름을 X, Y 혹은 Z 같은 가명으로 숨기고 때로는 성별이나 주변 상황도 감춰서 혹시나 나 자신이나 타인에게 돌아갈지 모를 피해를 최소화하기 위해 노력했다. 그렇지만 물론 때로는 국가나 개인이 스스로 언급되는 걸 선호하는 경우도 있다고 생각한다. 예를 들어, 나와 함께 외교부 최고의 부서상을 받은 자카르타 주재 필리핀 대표부원들과 인도네시아를 아세안의 지도자라고 언급할 때다. 나는 또한 현실에서도 '그들 대 우리'의 상황이 되었을 때 지나치게 대비되는 모습을 보여주지 않도록 최선을 다했다. 실제로 우리가 자카르타에서 한 일이 토론과 논쟁을 도구 삼아 협상을 벌이고 협정과 선언, 행동계획 등을 만들어 각국의 이익을 도모하려는 것이었다고 해도 말이다. 아세안과 관련된 외교관들과 학생들이 가능한 한 이 책을 통해 빨리 도움을 얻고 또 나의 이야기가 더 많은 사람에게 알려지기를 바랐지만, 그럼에도 이 책의 출판을 연기하기로 한 것은 바로 이런 윤리적 고려와 모든 과정에 드러나 있는 모순적인 상황 때문이기도 했다.

자료의 실체와 출처

나는 아세안 외교 업무를 직접 담당했던 실무자로서 이 책에 사용한 자료들을 쉽게 확보할 수 있었다. 이 자료들은 아래와 같다.

a. 대사 및 대표단의 공식 및 비공식 정보가 포함된 각종 보고서.
b. 동아시아 정상회의(EAS), 아세안+3(APT), 아세안+1 관련 성명서, 회의록 요약본, 공동성명서 등. 이 문서들은 아세안 사무국 인터넷 웹사이트나 다른 출처에 공개된 초고, 협상 단계에서의 수정안, 그리고 최종본의 세 가지 단계로 구분된다.
c. 개인 일정표, 언론 보도자료, 나의 개인 SNS 게시물과 필리핀 외교부, 아세안 사무국 인터넷 웹사이트 및 다른 형태로 공개되어 이야기(narrative)를 검증할 수 있는 자료들.
d. 각기 다른 부서나 기관들의 의제 견본들.
e. 회의 제출용으로 작성된 도표와 사진들.
f. 일부 공개된 기밀 자료들.
g. 다양한 행사의 회의 참석자나 연사의 연설문, 발표문, 강의록, 텔레비전 영상.
h. 아세안 헌장, 아세안 우호협력조약, 다양한 행동계획, 선언문, 성명서, 협상안, 그리고 아세안 문제를 연구하는 학자들의 저작물, 각기 다른 아세안 부서와 기관의 운영세칙들.

제3장

아세안 외교와 아세안 중심성

ASEAN Centrality

아세안 중심성 강조는 탈식민지주의와 냉전 상흔의 산물

나는 아세안 회원국들이 아세안 내부에서는 물론이고 외부 파트너들을 대할 때 아세안 중심성을 주장하고 싶은 거의 강박에 가까운 욕구를 갖게 된 이유를 역사적으로 설명 가능하다고 생각한다. 행동은 고사하고 말하거나 생각하는 것까지 억압받았던 식민지 시대의 경험과 그리 멀지 않은 과거에 강대국들이 군사적 · 정치적으로 충돌했을 때 들러리가 될 수밖에 없었던 상황을 떠올리며, 아세안 회원국들은 이런 쓰라린 과거가 되풀이되는 것을 막아주는 일종의 주문이나 보호막으로서 아세안 중심성을 내세우고 있다. 그렇지만 1967년 방콕 선언의 경우 도입부에 '외부의 간섭'을 거부한다는 일반적인 내용을 삽입한 걸 제외하면 특별히 아세안 중심성을 주장한 부분은 찾아보기 힘들다. 그로부터 40년이 넘는 긴 세월이 흐르고 나서야, 2007년 채택된 아세안 헌장을 통해 냉전 시대 이후 스스로 외부 세력의 영향에서 벗어나려는 회원국들의 의식이 두드러지게 성장했다는 사실을 확인할 수 있을 뿐이다. 아마도 1967년 아세안 창설 당시 세계는 냉전 중이었고 아세안 창설 5개 회원국이 동남아시아의 초기 지역주의 형성을 가로막는 냉전의 잔재를 몰아내기 위해 부단히 노력했지만 제대로 성공하지 못했던 것이 그 이유가 아닐까.

당시만 해도 지역의 통합이라는 실험은 아직 초기 단계에 있었을 뿐이며 아세안은 다자주의라는 자신들만의 고유한 정체성을 여전히 확보하지 못한 상태였다. 나중에야 비로소 자리 잡게 되는 다자주의는 정치적 · 군사적 개입을 위해 또다시 동남아시아 진출을 꾀하는 식민종주국과 강대국들의 다양한 압박에 대한 대안이 될 수 있다. 최근 들어 협력을 희망하는 외부 국가들이 늘어나면서, 아세안은 아세안 중심성이 역내 복잡한 권력 다툼 속에서 아세안 존재의 기본 원칙이자 아세안의 지속 가능성과 관련성을 보장한다고 주장함으로써 자신에게 꼭 맞는 일을 찾았으며 식민주의와 냉전의 흔적들을 떨쳐내기 위해 노력해왔다.

프라스밍기 카마사(Kamasa 2014)는 〈아시아 지역 구조에서의 아세안 중심성ASEAN Centrality in Asian Regional Architecture〉이라는 논문에서 아세안의 역할을 논의하면서, 아세안이 다자주의를 내세우는 동시에 자국의 주권을 강조하는 것은 아세안 회원국들이 서구의 식민지 지배로부터 독립을 획득한 결과라고 재강조한다. 아세안은 각 회원국이 겪었던 식민지 시대의 경험과 문화적 배경의 차이가 엄청나다는 사실을 인지하면서도, 강대국들이 경쟁을 벌이는 틈에서 경제 문제를 해결하기 위한 노력과 함께 지역 평화와 안정을 유지하는 중재자 역할을 하는 자신들만의 고유한 정체성을 내세우고 있다. 이것이 아세안을 비판하는 많은 사람들이 이해하지 못하는 모호성인데, 아세안은 남중국해와 같은 특정 문제에 대해 각국의 이해관계가 다르기 때문에 공통된 입장을 도출하지 못하면서도, 지역 평화와 안정을 유지하기 위해 분쟁을 해결하고 관리하는 데에는 한목소리를 내고 있다.

리처드 스텁스(Stubbs 2008)는 아세안 중심성에 대해 아세안 스스로 이런 입장을 취하게 된 이유, 그리고 이를 바탕으로 다른 국가들과의 관계를 구축해나가게 된 이유를 식민지 시대의 경험에서 찾는다. 그는 "식민지 시대와 제2차 세계대전이 막을 내리면서 시작된 탈식민화, 그리고 냉전 시대의 혼란으로 인해 동남아시아 지도자들이 다른 국가들과의 관계를 바라보는 관점에 크게 영향을 미쳤다"라고 주장했다. 아세안 국가 외교관들을 상대했던 나의 경험에 비추어 볼 때, 식민지 시대 경험은 두 가지 극단적인 결과를 가져올 수 있다고 본다. '백인'에 대한 심리적 두려움에 아예 굴종하거나 아니면 반대로 상대방의 의도와 방식을 언제나 경계하기 때문에, 아세안 내에서의 협력은 불가능하지는 않더라도 상당히 어렵다. 아세안이 중심성을 잃지 않게 조심하며 동시에 각 회원국에 도움이 되는 역내 이니셔티브를 찾아 추진하는 것은 이런 부정적인 상황에 대한 새로운 제3의 대안이 될 수 있다.

아세안과 관련된 대부분의 주요 문서에는 언제나 중심성이라는 주제가 강조된다. 물론 아세안 헌장과 아세안 우호협력조약에도 아세안 중심성이 기본 원칙으로 명시되어 있다. 아세안 회원국의 모든 지도자들은 이를 핵심 주제로 삼으며 모든 아세안 정상회의 문서에도 이런 내용이 들어가 있다. 예컨대 2018년 4월에 열린 제32차 아세안 정상회의 개막식에서 발라크리슈난 싱가포르 외교부 장관은 아세안이 당면한 여러 과제에 대한 예방책과 관련해 이렇게 말했다.

"그동안 아세안이 이룩한 성과들을 축하하는 동시에 현실을 점검하고 앞으로 헤쳐나가야 할 많은 도전 과제를 확인하는 일은 중요합니다. 그리고 우리는 아세안 통합과 중심성이라는 핵심 원칙을 절대 잊지 말아야 한다는 사실도 기억해야 합니다."

발라크리슈난 장관은 이어서 리센룽 싱가포르 총리의 답변을 인용하여 말했다.

"아세안 통합과 중심성은 어떻게 이룩할 수 있을까요? 그러니까 어떻게 구현할 수 있을까요? 이 질문에 대해 리센룽 총리는 중심성을 열망하고 달성하기 전에 먼저 통합해야 할 필요성을 강조했습니다."

2017년 11월 13일 필리핀 주최로 열린 제31차 아세안 정상회의 의장성명 21번째 단락에서도 이 점을 강조했다.

> 우리는 외부 상대와의 협력과 역내 안보 도전에 대한 대응을 위해 아세안 중심성과 통합을 유지하는 일의 중요성을 강조해왔다. 따라서 우리는 지역 내에서 발생하는 긴급 상황에 효과적이고 시의적절하게 대응하며, 공통 관심사에 대한 통일된 입장을 유지하고, 아세안의 공동 이익이 침해되지 않도록 보장함으로써 중심성을 유지하려는 아세안의 노력에 박수를 보낸다. 이 성명서에서 우리는 신뢰 구축과 공통 관심사인 광범위한 안보 문제 관련 대화를 추진하기 위한 도구로서 아세안을 중심으로 하는 모든 기구와 기관의 역할이 중요하다는 사실을 강조하고 있다. 우리는 또한 관련된 아세안의 모든 부서와 기관들이 아세안 중심성을 유지하고 강화하기 위한 새로운 사업계획(Work Plan on Maintaining and Enhancing ASEAN Centrality)을 이행하도록 독려해왔다. 이런 계획들은 점점 진화해가는 지역 구조 속에서 아세안이 중심 역할을 확실하게 할 수 있도록 전략적 지침이 되어줄 것이다.

그리고 131번째 단락에서도 이런 주장이 되풀이된다.

우리는 아세안 중심성과 통합 유지의 중요성을 재확인했다. 이는 다시 말해 아세안+1, 아세안+3(APT), 동아시아 정상회의(EAS), 아세안 지역안보포럼(ARF), 아세안 확대국방장관회의(ADMM-Plus) 등을 포함한 아세안 주도의 메커니즘을 기반으로 설립된 점점 진화해가는 지역 구조를 형성하는 노력의 중요성과 아세안 내에서의 개발 협력을 강화하고 현존하거나 새롭게 부상하는 도전 과제들을 다루기 위해 대외 파트너들에 대한 아세안의 관여를 더욱 심도 있게 하는 것의 중요성을 강조했다.

다시 한번 이야기하지만, 최근 들어 아시아-태평양 지역은 이 지역의 정치 · 안보 구조를 결정하는 것과 관련된 발언권을 얻기 위해 강대국들이 벌이는 다툼에 휩쓸리고 있다. 아세안은 과거에 그랬던 것처럼 어느 한쪽 편을 억지로 드는 일이 벌어지지 않도록 주의해야 한다. 아세안은 이 험난한 바다를 헤쳐나가는 배의 항해사가 되어야 한다. 아세안 중심성은 이 지역의 정치, 경제 및 사회문화 구조를 형성함에 있어 아세안이 주도적 역할을 하는 데 도움을 주어야 한다.

아세안 외교에 대한 평가

많은 연구와 서적 및 논문에서 이 책이 조사하려는 주제인 아세안의 외교술에 대해 논의하고 있지만, 내가 선택한 자문화기술지 방식을 사용한 연구는 어디에서도 찾아볼 수 없다.

아세안 외교를 공부한다면 마티 나탈레가와 인도네시아 전 외교부장관의 책 『아세안은 중요한가?Does ASEAN Matter?』(문학사상, 2019)를 반드시 읽어야 한다. 여기에는 아세안을 현재와 미래에 걸쳐 일관되게 유지하는 방법에 대한 현실적 충고가 들어 있는데, 나탈레가와는 캄보디아와 태국이 프레아 비헤아르 사원을 두고 벌인 갈등과 동아시아 정상회의 및 발리 협약 II를 둘러싼 뜨거운 설전, 그리고 남중국해 관련 문구에 대한 합의 문제로 2012년 공동성명서 발표가 연기되면서 일어난 외교적 교착 상태 등, 최근 아세안을 둘러싸고 일어났던 결정적인 순간들에 대한 중재자로서의 개인적 경험을 책에 담아냈다. 아세안 중심성과 지도력에 대해 나탈레가와는 아세안이 "앞으로 펼쳐질 발전 상황에 단지 수동적으로 대응할 게 아니라 긍정적인 자세로 주도적인 역할을 해야 한다"고 주장했는데, 나 역시 그의 충고에 동의한다.

디팍 나이르(Nair 2019)의 문화기술지ethnography는 아세안 외교에서 '체면 살리기face-saving' 관행과 태도의 기원, 그리고 실행 및 결과를 이론화할 때 방법론적 측면에서 가장 근접한 기술이다. 나이르는 자카르타를 중심으로 하는 아세안 외교관 공동체를 관찰하는 학자로서 체면 살리기의 개념과 실천이 국제관계에서 이론적으로 정립되지 않았다고 결론 내리고 과거에도 문화적 특징으로 제대로 연구된 적이 없다고 주장한다. 그는 이 체면 살리기와 관련하여 그 기원과 영향력, 변화에 대한 이론을 발표한 후 2012년 자신이 직접 만나고 관찰했던 아세안 외교관들로부터 이 이론을 확인했다. 이 책에서도 설명하듯 자카르타에서 벌어지고 있는 역학 관계의 상당 부분은 오랜 세월에 걸쳐 이루어진 체면 살리기 문화에 바탕을 두고 있기 때문에, 나는 나이르의 접근방식이 옳다고 생각한다.

이론 기반 연구에서 일본의 히로 가쓰마타(Katsumata 2004)는 아세안 방식에 대한 회원국들의 해석에 특히 주목하며 아세안 외교가 발전할 수 있었던 이유를 연구했다. 이 연구에서는 아세안 외교의 변화, 그중에서도 이른바 비간섭 원칙에 대한 해석과 견해를 설명하기 위한 시도로 합리주의와 구성주의 관점 모두를 사용한다. 이런 이론들을 이용하여 가쓰마타는 행위 주체가 합리적이고 실용적인 방식으로 자신의 이익을 추구하며, 아세안 외교 역시 "거침없이, 비교적 신속하게, 고유의 균형으로 이어지는 길을 따르는 효율적인 방식"이라고 주장한다. 그는 1997년 금융위기와 대기오염에 대한 아세안의 대응 방식이 이 지역이 직면하고 있는 비전통적 안보 위협에 대한 합리적이며 구성주의적인 대응 방식이 될 수 있다고 말한다. 실제로 역경이야말로 발명의 어머니이며, 다소 역설적으로 들릴 수도 있지만 아세안 회원국과 외부 파트너들이 직면한 공통의 위협은 이들을 하나로 묶는 강력한 유대를 만들어 낸다.

아세안 외교를 설명하기 위한 이론적 프레임워크로, 카이 헤(He 2006)는 세 가지 국제관계 이론(신현실주의, 신자유주의적 제도주의, 구성주의)을 이용한 여러 학자가 이런 이론들을 아세안에 적용한 방식을 살펴본다. 그는 대부분의 국가가 자국의 생존에만 지나치게 집중하기 때문에 다자간 협력은 거의 불가능하다는 신현실주의자들의 주장을 일축한다. 그러면서 왜 아세안과 다른 외부 강대국들이 다자 기구에 가입하는지 신현실주의자들은 설명하지 못한다고 지적한다. 따라서 헤는 다자 기구들이 "서로에게 유용한 정보를 제공하고, 거래 비용을 줄이고, 더 신뢰할 수 있는 약속을 만들고, 협력의 기준을 설정하며, 상호주의에 입각한 협력을 추구할 수 있다"고 주장하는 신자유주의자들을 더 지지하는 편이다. 또한 구성주의자들에 대해서는 아세안이 "안보 공동체의 새로운 형태"이며 이 안에서 국가의 자조적이며 자기 본위적 행동이 타자를 존중하는 친사회적 행동으로 바뀌는 것을 “느낄 수 있다”는 그들의 주장에 동의한다.

개인적으로는 실바노 마히오(Mahiwo 2014) 교수가 주장하는 메타 국가meta-nation 형태가 아세안 외교를 이해하는 데 유용한 도구라고 생각한다. 그가 논하는 국가 안팎으로 연결하는 상호소통의 채널로서 작용하는 아세안 중심성은 내가 이 책에서 이야기하는 아세안 회원국 간의 상호 관계나 아세안 외부 국가들과의 관계에 작용하는 아세안 중심성과 다르지 않다. 나는 아세안 외교의 두 가지 차원 또는 단계에 대한 단서를 제공하는데, 첫 번째는 회원국 간에 벌어지는 일련의 메타 국가 상호작용이며 두 번째는 외부 상대에 대한 아세안의 상호작용이다. 나는 자카르타를 중심으로 하는 정치·사회문화 환경에서 필리핀 외교관으로서 동료들과 교류한 경험을 검토하여 마히오 교수 주장의 배경을 묘사했다. 내가 이 책에서 정의하는 아세안 중심성의 원칙은 특히 메타 국가 차원에서의 정책 입안과 협상 분야에서 각국을 상대할 때 드러나는 아세안의 고유 DNA나 정체성에 대한 마히오 교수의 설명과 대략 일치한다.

아직도 아세안을 쓸모없고 비효율적인 지역 기구로 무시하는 학자들이 많이 있다. 특히 도널드 에머슨(Emmerson 2008)은 초국가적 제도와 법적 구속력을 확보한 유럽연합에 비해 아세안의 외교는 실효성과 영향력이 없다고 비웃기까지 한다. 에머슨은 심지어 아세안 방식이 오히려 아세안이 지역 기구로 발전하는 데 큰 걸림돌이 된다고 지적하는데, 이렇게 아세안을 다른 규범과 목표를 가진 완전히 다른 지역 기구의 입장에서 바라보는 에머슨의 주장에 공감하는 사람들이 많은 것은 그리 놀라운 일이 아니다.

반면에 아미타브 아차리야(Acharya 1998)는 아세안이 지향하는 다자주의를 연구한 후 장점을 높이 평가했는데, 그에 따르면 이 장점은 아세안 설립 초기에 합의된 국가들 간 관계의 원칙뿐만 아니라 이후 나타난 상호작용 과정이나 사회화, 협상, 조정 등에서도 잘 드러난다. 아세안은 이를 통해 유럽연합 같은 다른 지역의 기구들이 갖고 있는 '규제'와는 성격이 완전히 다른 고유의 외교 문화를 발전시킬 수 있었다. 아차리야는 피터 카젠스타인(Katzenstein 1996)의 말을 인용해 이런 독특한 외교 전략이 이른바 '구성적 효과'를 얻어 아세안 정체성의 일부가 되었다고 논리적으로 주장한다. 나는 이 견해에 동의하는데, 아세안이 합의한 성명서나 선언을 비롯한 여러 문서가 비록 법적 구속력이 없다 하더라도, 결국 규범적 행위의 중요한 근거로 간주되며 아세안이 지역 기구로 발전함에 있어 발생하는 문제들을 해결하는 데 선례가 되어주기 때문이다.

피터 드라이스데일(Drysdale 2017)의 분석 역시 아세안을 성공 가능한 지역 기구로 보는 나의 견해와 비슷하다. 드라이스데일은 아세안이 회원국들 사이에서, 또 다른 국제관계에서 성공을 거두는 비결은 놀랍게도 많은 사람이 가장 크게 비난하는 '컨센서스consensus'라는 개념이라고 말한다. 나는 아세안은 바로 이 컨센서스 덕분에 아세안이 지지하는 많은 이니셔티브와 개념에 대한 소유권을 주장할 수 있으며, 컨센서스에 대한 상당한 헌신으로 인해 그 이행률이 더 높다는 그의 주장을 자주 인용하곤 한다. 그는 아세안 외교의 특징인 컨센서스에 대한 비판은 "강한 의견과 존엄성을 유지해야 할 식민지 이후, 논평이라는 프리즘을 통해 이야기되기 때문에 발생한다"고 주장한다. 따라서 아세안 회원국 출신이 아닌 비평가보다는 나와 같은 필리핀 외교관 출신의 설명이야말로 아세안의 유용성과 성취에 대한 보다 신뢰할 수 있고 현실적인 평가를 원하는 드라이스데일에 대한 대답이 될 수 있을 것이다.

아세안 중심성에 대한 평가

아세안 헌장 제1조는 "개방적이고 투명하며 포용적인 지역 구조 안에서 외부 상대와의 관계 및 협력을 주도적으로 이어가기 위해 아세안의 중심성과 지도적 역할을 유지할" 필요성을 명시하고 있다. 다만 중심성이라는 개념이 그다지 명확하지는 않다. 아세안을 비판하거나 지지하는 학자들이 아세안 중심성이란 무엇이며 어떤 의미를 지녀야 하는지에 대해 저마다 의견을 제시해왔지만, 그들 중 누구도 주관적인 접근법을 보여주지 못했을 뿐 아니라, 아세안 중심성에 대한 개념이나 정의를 이야기할 때 자문화기술지 방식을 사용한 사람도 없다는 사실을 지적하지 않을 수 없다.

시 셍 탄(Tan 2017)은 아세안 중심성의 정의에 주관적으로 접근하지 않았지만, 다른 사회과학자들이 발전시킨 아세안 중심성에 대한 다섯 가지 정의를 취합해 분석했다. 즉 아세안은 i) 지역의 지도자이자, ii) 주최자이고, iii) 허브이자, iv) 지역 발전의 원동력이며, v) 편의convenience 라는 설명이다. 탄은 이 다섯 가지 설명 중에서 최선의 정의를 선택하는 대신 그저 객관적으로 소개하고 각각에 대한 사례를 제시한다.

탄과 마찬가지로 아차리야(Acharya 2017) 역시 아세안 중심성에 대한 기존의 정의들을 조사할 때 객관적 분석 방식을 사용하는데, 그중 일부는 잘못된 환상이나 오해를 기반으로 하고 있다고 주장한다. 아차리야는 아세안 중심성은 아세안 고유의 발명품이며, 다른 곳에서도 모방할 가치가 있는 지역주의 모델이라는 주장을 일축한다. 그는 아세안 중심성은 아세안이 독자적으로 만들어낸 것이 아니며, 역내 강대국들 사이의 역학 관계를 기반으로 자연스럽게 만들어졌다고 주장한다. 아세안이 지정학적 환경 속에서 주어진 역할을 그저 받아들이기만 했다는 뜻이다. 그는 자신이 생각할 때 아세안 중심성을 퇴색시킬 만한 사건들을 제시하는데, 거기에는 아세안이 2012년 남중국해 분쟁에 대해 공동성명을 발표하지 못하고 통일된 입장을 내놓지 못한 일을 포함해, 중국의 지나친 '중국 중심적' 태도, 애초에 역량이 부족한 기관들에 가중되는 부담, 그리고 역내 구조에서 미국의 영향력 감소 등이 포함되어 있다.

물론 이 지역의 정치와 안보 문제를 강대국들이 악화시키고 있다는 주장을 포함해 일견 타당한 내용도 있지만, 내가 연구한 바에 따르면 특히 남중국해 분쟁에 대한 통일된 입장을 내놓지 못했다고 해서 아세안 중심성에 문제가 있다고는 생각되지 않는다. 아세안이 필리핀과 베트남 같은 일부 회원국들의 의견 차이로 컨센서스에 도달하지 못했다고 해서 아세안이 아시아-태평양 지역에서 평화와 안정을 유지하기 위해 약속했던 목표를 달성하려는 것까지 막을 수는 없다. 아세안은 강대국들 사이에서 양자 간 문제를 해결하며 이 지역이 또다시 대규모 분쟁의 무대가 되지 않도록 노력하고 있다. 아차리야는 중국과 미국의 입장 차이를 언급하고 있는데, 내가 연구한 바와 같이 이런 입장 차이도 이 지역에서 나타나는 국제 정치와 관계의 현실적인 모습일 뿐이다. 아세안의 각 회원국은 자국의 이익을 위해 분투하겠지만, 구성주의 이론가들의 설명처럼 정말로 자국의 이익에 유리하다고 판단되면 지역 내에서의 협력에 기꺼이 동참할 것이다.

아세안 중심성이 강대국들 사이에서 일어나는 갈등에 대한 대응인 것은 사실이다. 그렇지만 아세안은 외교관들이 실제로 아세안 외교를 수행하는 방법에 초점을 맞춰 아세안 중심성을 실현한다. 나는 아세안 중심성의 유지를 위해 아차리야의 충고에 귀 기울여야 한다고 생각한다. 그는 "아세안 중심성은 아세안이 아시아-태평양 지역 기구들, 특히 아세안+3APT, 아세안 지역안보포럼ARF, 그리고 동아시아 정상회의EAS의 핵심으로 계속해서 남아 있는 상황을 의미한다. 아세안은 아시아-태평양과 동아시아 지역 기구들의 기반이 되는 '무대'를 제공해야 한다"고 주장한다. 무엇보다 아세안은 유럽연합 같은 다른 지역 기구들과 비교되는 것을 좋아하지도 않고 지역 협력의 모범을 갈망하지도 않는다.

멜리 카바예로-안토니(Caballero-Anthony 2014)는 내가 아세안 중심성을 정의할 때와 마찬가지로 행동 방법, 즉 사회연결망 분석법social network method of analysis을 사용하여 마치 임상 전문가처럼 외부인의 관점에서 지역 기구가 주변 환경에 반응하는 태도로 아세안 중심성을 정의한다. 그러나 이 방식은 조직 내부자가 자카르타에서 아세안을 구성하고 있는 정치, 사회문화 공동체의 다른 일원들과 자신의 행동, 태도에 대한 관찰 내용을 기록하고 그로부터 결론을 도출하는 나의 방식과는 차이가 있다. 카바예로-안토니는 사회연결망 분석법이 "동아시아 지역주의 기구들의 연결망 안에서 이루어지는 행위자들과의 긴밀한 관계, 그리고 무엇보다 이러한 연결망을 이어주는 교점 역할을 통해" 아세안 중심성의 탄생을 설명할 수 있다고 말한다. 그녀는 제대로 된 컨센서스에 도달하지 못하고 집단적 행동 수행이 어려우며, 따라서 명시된 목표를 달성하지 못한다는 아세안 중심성에 대한 아차리야의 주장을 반복한다. 그리고 물질적이고 관념적인 것들의 근원으로 이해되는 권력에 대해 대안적인 정의를 제시한다. 그녀는 사회연결망 분석법이 아세안이 속해 있는 국제관계 내에서 다른 상대와 연결될 수 있는 권력이

나 능력을 부여하며, 그렇게 해서 해당 지역에서 일어나는 일을 주도하거나 영향을 미칠 수 있는 능력을 제공받을 수 있다고 주장한다. 그리고 최종적으로 아세안이 해당 지역에서 구조적 연결망과 발전 과정 연결망의 중간에 위치함으로써 강대국들의 암묵적인 승인을 받아 중심적 위치를 유지할 수 있었다고 결론 내린다. 그런데 물론 의도적인 것은 아니겠지만 나로서는 마치 아세안 중심성이 우연히 달성되었다는 말처럼 들리기도 한다. 다시 말해, 지역의 여러 이해 관계자들을 연결하는 연결망, 혹은 지역 연결망 한가운데에 일종의 '매체' 상태로 존재한다는 뜻인데, 그렇다면 이 경우는 아세안의 독자적인 중심성을 주장하려는 의식적인 노력이 거의 없는 것처럼 보인다. 그러나 내가 연구한 바에 따르면 상황은 완전히 다르다. 아세안은 존재 자체가 목적성이 대단히 강하며 의도적이면서도 공정한 방식으로 의제, 추세, 진행 과정 등을 결정하고 추진할 수 있다는 사실을 나는 이미 입증한 바 있다.

마크 롤스(Rolls 2012)가 제시하는 아세안 중심성의 안보 관련 관점 역시 카바예로-안토니의 가정을 반복하고 있는데, 아세안은 아세안 지역안보포럼과 아세안 확대국방장관회의의 설립에서 알 수 있듯이 역내 안정을 확보하기 위한 주요 역학 관계의 한가운데에 자리하고 있다. 롤스는 1967년 아세안이 설립된 이후 수십 년에 걸쳐 자리 잡아온 아세안 중심성의 진화 과정을 추적한다. 아세안은 테러리즘이나 재난 같은 비전통적 안보 위협뿐만 아니라 직면한 다양한 안보 및 정치적 도전에 대응해왔다. 롤스는 아세안이 다른 지역의 주요 대상들을 포함하는 여러 연결망을 통해 그들과의 협력관계를 확장하는 능력을 발전시켜왔다고 설명한다. 그의 아세안 중심성 개념은 단순히 주관적인 접근방식에서 비롯된 것이 아니라 다른 학자들이 내린 정의와 비교한 결과다.

리처드 스텁스(Stubbs 2014)는 아세안 중심성이 다른 국가들과의 상호작용 과정에서 어떻게 아세안을 지도적 위치로 끌어올렸는지를 분석하며 이와 관련된 논의에서 주관적 접근방식을 피하고 있다. 아세안은 상호작용 과정에서 i) 이슈 영역 내에서 문제의 해결을 촉진하며, ii) 지역 협의를 위한 인프라 구축을 주도하고, iii) 문제가 논의되는 방식을 만들어내거나 영향을 미친다. 그렇지만 아세안과 유럽연합, 북미자유무역협정 같은 다른 지역 기구들의 비교에 대한 그의 관심은 마치 이런 외부 기구들(특히 유럽연합)이 설정한 기준, 제도 및 목표에 따라 아세안 중심성의 성공을 판단하는 것처럼 보이기 때문에 다소 부적절해 보인다. 그렇다 하더라도, 객관적 관점에서 아세안의 역사적 발전 과정을 연구한 스텁스의 지역 기구의 역할에 대한 관점은 아세안 중심성에 부여된 지도적 역할이 정당하다는 사실을 분명하게 나타낸다.

레베카 산타마리아(Santamaria 2019) 박사는 경제적 관점에서 역내포괄적경제동반자협정을 마무리 짓기 위한 컨센서스에 아직도 도달하지 못한 아세안 중심성의 취약한 부분을 비난하는데, 회원국들의 각기 다른 경제 수준과 국익, 문화적 배경이 그 원인이라고 주장한다.[1] 다시 말해 일부 학자들은 역내포괄적경제동반자협정이나 남중국해 분쟁 같은 중요한 이슈들에서 아세안이 항상 컨센서스에 도달해야 하는 것처럼 생각하고 있으며, 다른 많은 사람들도 이런 주요 이슈들에 대해 공통된 입장에 도달하지 못하는 것이 곧 아세안 중심성의 실패라는 식으로 받아들이고 해석한다.

리 존스(Jones 2010)는 주요 이슈들에 대한 컨센서스에 이르지 못하는 아세안의 고질적인 약점과 무능력을 폭로하며 국가 간 관계를 관리하는 아세안의 '중심 역할'을 풍자한다. 존스는 기본적으로 동아시아 정상회의와 아세안 지역안보포럼 같은 기구를 주도할 수 있는 아세안의 역량을 부정하는데, 강력한 외교 역량을 발휘하는 강대국들 사이에 끼어 실질적인 결과를 달성하지 못하고 있음을 지적한 것이다. 존스가 사용한 방법이 객관적이면서 중립적으로 보이기 위해 애쓰는 외부인의 관점이라는 사실은 누구나 쉽게 알아차릴 수 있는데, 내가 수행한 연구와는 다르게 이런 구조 안에서 어떤 일이 발생하는지, 그리고 '혼란'과 '경쟁'이 어떻게 역내 평화와 안정 및 경제 번영을 유지하기 위한 협력 활동으로 변환되는지에 대한 기본적인 정보가 부족하다는 사실을 보여준다.

사이먼 타이와 세릴 탄의 정책 보고서(Tay and Tan 2015)를 보면 아세안 중심성 개념에 도달하는 데 있어 주관적인 접근방식 대신 객관적인 연구자의 관점에서 학자와 비평가, 그리고 외부 관찰자들이 아세안 중심성에 관해 이야기한 내용들을 검토한다. 그리고 아세안 중심성은 사실상 강대국들의 경쟁을 활용하여 역내 평화와 안정을 유지하는 역량에 중점을 두고 있다고 가정한다. 두 사람은 아세안이 하나의 지역 구조가 아닌 다양성을 유지하면서 주요 문제들에 대한 공통의 목소리나 컨센서스를 끌어내고, 더욱 포괄적인 방식으로 규범을 설정할 수 있는 기능을 유지해야 한다고 조언한다. 그들의 연구는 아세안 정책 입안자들의 입장에서는 아세안 중심성의 진정한 의미를 외부 대화 상대에게 명확하게 설명하고 실행에 옮겨야 하는 급박한 상황에 대한 해답이다. 그렇지 않으면 아세안은 급변하는 정치 · 안보 구조의 흐름에서 소외되고 말 것이다. 타이와 탄은 아세안 중심성을 달성하기 위해서는 주요 문제들에 대한 공감대를 형성하고 아시아의 다른 국가들 사이에서 큰 영향력을 행사하는 중심 역할을 성공적으로 수행해야 한다고 제안하며, 이를 위해 동아시아 정상회의 구조를 어떻게 개혁해야 하는지 그 방법을 제시한다. 두 사람의 의견이 정책 보고서의 형태로 발표된 후, 아시아-태평양 지역의 주도적인 전략 포럼으로서 동아시아 정상회의의 현재와 미래에 대한 고민, 그리고 동아시아 정상회의의 참여 범위를 결정하는 아세안의 영향력 강화 문제 등 대부분의 내용이 현실 정책에 반영되었다. 예를 들어, 처음에는 일부 세력의 강력한 반대에 부딪혔지만 결국 아세안의 주장에 따라 동아시아 정상회의의 핵심 논의 사안에 해양 협력 문제를 포함한 것은 이 지역에서 아세안의 역할과 영향력이 어느 정도인지를 보여주는 좋은 사례라고 할 수 있다.

아세안 외교와 아세안 중심성에 대한 나의 평가

이제 앞으로 계속될 이야기와 정체성에 대한 관점, 심지어 편견까지도 나의 현실 경험에 기반해서 아세안 중심성에 대한 정의를 내리는 데 도움이 되었다. 다양한 공동체 참여는 내가 외교관으로서 성장하는 데 영향을 미쳤으며 아세안 주재 필리핀 대사로서의 활동은 필리핀 외교관으로 보낸 내 인생에서 가장 기억에 남고 생산적인 부분이 되었다.

나는 이 책에서 외교관으로서 다른 회원국의 외교관을 비롯해 아세안의 외부 상대들과 교류한 경험, 또 필리핀 대표로서의 경험을 바탕으로 아세안 중심성의 4가지 측면을 탐구했다.

1. 아세안 의장직에서 보여준, 역내 협력에서 아세안 지도력의 표현으로서의 아세안 중심성
2. 자카르타 채널(Jakarta Channel)에서 회원국 간 상호작용하는 외교에 적용되는 원칙으로서의 아세안 중심성
3. 아세안과 외부 파트너와의 상호작용에서 아세안이 주도적인 역할을 하

는 아세안 중심성

4. 아세안에 대한 인식 수준을 높이고 아세안 정체성을 만들어가기 위한 열망으로서의 아세안 중심성

주 ———

1 2020년 11월 개최된 아세안 정상회의에서 10+5 정상들이 역사적인 역내포괄적경제동반자협정(RCEP) 출범식에 참석했고, 인도를 제외한 역내포괄적경제동반자협정 협력국들과 아세안은 마침내 의견 일치를 이루었다.

제4장

역내 아세안 리더십을 보여주는 아세안 중심성: 2017년 아세안 의장국 필리핀

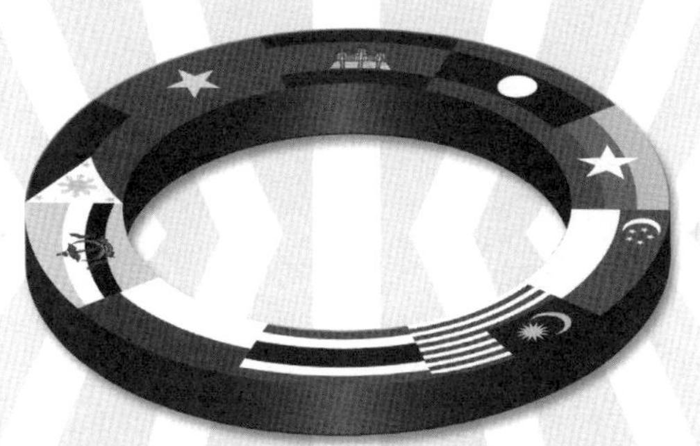

ASEAN Centrality

2017년 1월 1일은 내 기억 속에서 영원히 잊을 수 없는 날이다. 36년 동안 외교관으로 봉직하면서 어느덧 62세가 된 나는 그날 마치 개강 첫날을 맞은 대학교 1학년 학생처럼 가슴이 두근거렸다. 아세안에서는 10개 회원국이 10년에 한 번씩 돌아가면서 의장국을 맡는데, 나 같은 일개 외교관 출신이 그것도 마침 아세안 창설 50주년에 의장국이 된 필리핀을 대표해 아세안의 외교 활동에 참여하게 된 것은 정말 일생에 한 번 누릴까 말까 한 특권이었다.

아세안 의장국이 된다는 것은 주요 의제와 핵심 계획을 전달함으로써 아세안의 지도력을 동남아시아 전 지역에 보여줄 드문 기회이며 이를 진전시키는 것이 많은 도전에 직면한 역내 정치적, 사회경제적 지형을 형성하는 데 도움이 된다고 생각한다. 특히 그해 의장국이 아세안 창설 회원국일 경우 사람들의 기대치는 더욱 올라간다. 나 역시 설레기도 했지만 염려되기도 했다. 나는 자카르타를 중심으로 활동하는 6개의 아세안 기구를 이끌게 될 예정이었다. 나의 임무에는 이질적이고 다양한 10개 회원국 간의 컨센서스를 도출하는 것과 동시에 10개 대화상대국들과 기타 대외 파트너들의 컨센서스를 끌어내는 것도 포함되었다. 그런데 10개 대화상대국과 대외 파트너들 모두가 밀어붙이면서 보호해야 할 그들 자신만의 독자적인 의제와 이해관계를 갖고 있었다.

자문화기술지는 내가 의장으로 있었을 당시 나의 감정, 행동, 그리고 성향으로 인해 사람들과 겪었던 경험을 설명할 뿐만 아니라 내가 속한 이 독특한 정치적, 사회문화적 환경을 묘사할 수 있는 발판을 제공한다. 나는 아세안 회원국 및 아세안 외부의 최고위급 외교관들과 함께 때로는 상충하는 다양한 이해관계를 합의점으로 이끄는 책임을 맡게 되었다. 물론 나의 가장 중요한 책임은 필리핀과 아세안의 이익을 보호하고, 증진하며, 보장하는 것이었다. 자카르타에 파견되어 활동하는 외교관들의 독특한 문화 공동체는 다양한 배경과 동기를 가진 대표들로 구성되어 있다. 따라서 이러한 배경과 동기를 면밀하게 연구하여 자신의 목표를 달성하는 데 있어 누가 동맹이고 누가 적인지 판단해야만 한다. 아세안 주재 외교관이나 대사가 되기 위한 전제 조건은 진부한 농담과 끝없이 이어지는 접대용 만남이라는 우스갯소리도 있지만, 그 뒤에는 국익의 성패를 위해 치열하고 집요한 토론자로 변신하는 사람들이 있었다. 이런 환경에서 내가 가장 좋아한, 오래된 농담 중 하나는 안건 3번 항목에서 누군가 내 동지가 되어주었지만, 5번 항목으로 넘어가니 갑자기 최악의 적으로 돌변하더라는 농담이었다.

그렇지만 우리 외교관들이 일상적으로 수행했던 토론이나 협상을 되돌아보면 이것은 결코 단순한 농담이 아닐 수 있다. 또한 긍정적이든 부정적이든 각 외교관의 개인적 성향 역시 극적인 상황에 더욱 역동성을 더할 수 있다. 예컨대 본국 정부의 지시를 제대로 이행하지 않는 것으로 의심받던 한 유럽 외교관이 있었는데, 그는 누가 봐도 아시아 외교관들을 깔보는 거만하고 성질 나쁜 상대였다. 이런 외교관은 우리로서는 정말 두렵고 피하고 싶은 대화 상대였다. 일부 동료 외교관의 경우 이런 외부 상대를 만나면 무기력하기 짝이 없는 모습을 보였고 그저 그런 패악을 못 본 척하고 넘어가기도 했다. 이들은 불가능한 요구를 해왔고 아예 대화를 끝내겠다고 위협도 가했으며 때로는 아세안 회원국 간에 합의가 이루어질 것 같으면 거기에 찬물을 끼얹는 일도 서슴지 않았다. 이런 부조리한 모습은 협상과 합의가 마무리 단계에 접어들수록 더욱 우스꽝스럽고 비논리적인 모습으로 바뀌었다. 반면에, 우리가 받아들일 수 없는 본국의 터무니없는 요구에 난감해하던 어떤 외교관은 예의 바른 태도 때문에 업무와는 상관없이 사람들의 호감을 샀다. 대단히 난감한 요구를 전달할 때도 항상 미소를 잃지 않는 그런 외교관들을 보면 나는 필리핀의 국익에 크게 해가 되지 않는 선에서 어느 정도 여유를 갖고 대하곤 했다.

나는 또한 다양한 언어적 특성 때문에 고심해야 했고 입 밖으로 나오는 단어의 일반적인 의미 뒤에 무엇이 숨어 있는지 알아내려 애썼다.(혹시 아세안이나 유엔 같은 다자 기구에 대표단을 파견해야 한다면 구어체와 문어체 영어 모두 유창한 외교관을 뽑으라고 조언하고 싶다.) 예를 들어, 영어 실력이 좀 떨어지는 어떤 외교관은 나의 개입을 두고 '열정적'이라고 말하는 대신 '감정적'이라고 평가했는데, 무슨 뜻인지 이해할 수 있었기에 나는 무례하다고 받아들이지는 않았다. 그리고 대단히 다양한 사람들과 때로는 정반대 입장에서 맞서 싸워야 할 때 나는 그야말로 회유와 설명, 타협, 심지어 위협까지 해가며 컨센서스를 끌어내고 우리에게 주어진 임무를 완수하기 위해 끝없이 노력했다.

필리핀이 정식 의장국이 되고 내가 상주대표로 임명되기 몇 주 전, 아세안 사무국에서 열린 상주대표위원회CPR 대표 인계식(전임국은 라오스였다)에서 나는 신임 대표로서 2017년 한 해 동안 필리핀 대표단이 임기 중 이루기를 열망하는 많은 목표에 관해 설명했다. 중요한 목표만 해도 너무 많고 버거워 보였지만 필리핀 대표단은 위원회 위원들과 함께 반드시 이루어내겠다고 맹세했다. 그리고 2017년 1월 정식 대표 수락 연설에서 내가 의장으로서 임기 중에 이루고 싶은 계획들에 관해 설명하며 "이런 목표들은 그저 우리에게 주어진 또 다른 임무일 뿐이다"라고 강조했다. "우리, 상주대표위원회의 모든 위원은 아시아의 모든 국민을 위한 더 나은 아세안이 되기 위해 더 큰 그림을 그리고 더 큰 꿈과 이상을 가질 필요가 있습니다. 공통의 비전은 우리가 모든 국민의 삶이 조금이라도 더 나아지는 데 기여할 수 있도록 우리의 날개에 새로운 바람을 불어넣을 것입니다." 이는 동료 아세안 외교관들과 레 르엉 밍 아세안 사무총장을 향한 나의 간곡한 바람이기도 했다.

나는 인도네시아 수도 자카르타에 자리한 아세안 6개 주요 기관(훗날 '자카르타 채널'로 알려지게 되는)의 의장을 맡게 되었다. 그것은 마치 각자 자신의 연주가 돋보이기를 바라는 세계 최고 연주자들로 구성된 교향악단의 지휘자가 된 것과 비슷했다. 우리의 임무는 관객인 아세안 국민에게 평화와 번영을 안겨주고 사회경제적 발전을 가져다줄 화합된 모습을 보여주는 것이었다. 아세안에서도 특히 중요한 5개 기관의 이름은 다음과 같다.

1. 아세안 상주대표위원회(CPR)

2. 아세안 연계성조정위원회(ACCC)

3. 아세안+3 대사회의(APT)

4. 동아시아 정상회의 자카르타 대사회의(EAMJ)

5. 아세안 평화화해연구소(ASEAN-IPR. 기관의 영문 명칭이 AIPR에서 ASEAN-IPR로 바뀌었다)

또한 나는 2018년 1월 1일부터 중-아세안센터 공동이사회와 캐나다-아세안 공동협력위원회의 공동의장 및 아세안재단 이사회 의장직도 맡게 되었다. 그리고 자카르타에 본부가 있는 또 다른 기관인 아세안 통합 이니셔티브IAI 태스크포스에도 소속되었는데 의장직은 CLMV에서만 맡을 수 있었으며 기존의 6개 회원국에서는 한 번도 맡은 적이 없었다.

이른바 '자카르타 채널Jakarta Channel'은 2013년 3월 13일부터 2019년 4월 30일까지 6년 이상 독자적 배경과 특성, 언어 및 담화 방식, 형식과 의제를 갖춘, 나에게는 그야말로 고향과 같은 공동체가 되어주었다. 2017년에는 모든 회원국과 아세안 대화상대국DPs을 비롯해 부분대화상대국SDPs 중 하나인 노르웨이에서 전담 대사를 파견한 이후, 이 자카르타 채널이 아세안의 일상적인 운영과 외부 상대들과의 관계에서 중심부 역할을 하게 되었다. 전담 대사는 인도네시아 정부의 허락과는 무관하게 오직 아세안에 각자의 국가를 대표해서 파견되며, 아세안의 인가를 받은 자카르타 주재 대사들의 숫자는 100명이 넘는다. 회원국의 대사들은 상주대표PR라고 불리며, 때로는 해당 국가의 최고위급 인사가 대사로 파견되기도 한다. 나로서는 필리핀 출신의 저명한 전임자 두 사람이 있었던 것이 참 다행이라고 생각했는데, 2009년 상주대표위원회가 만들어진 이후 첫 상주대표로 오를란도 메르카도(2009~2010) 전 상원의원이자 국방부 장관이 파견되었고 그 뒤를 이어 빌프리도 V. 비야코르타(2011~2012) 전 아세안 사무국 정치안보 담당 사무차장이 파견되었다. 나는 '자카르타 상주대표,' '필리핀 공관 상주대사' 등의 잘못된 명칭으로 불리기도 했는데, 이 현상은 아세안이 유엔이나 유럽연합과 비교하면 일반인들에게 어느 정도로 알려져 있는지 잘 알 수 있는 일화라고 생각한다. 나의 정확한 공식 직함은 '아세안 주재 필리핀 상주대표'이고, 아세안 사무총장에게 직접 신임장을 제출하는데, 내 경우엔 2013년 3월 레 르엉 밍 사무총장에게 제출했다. 외부의 많은 사람들은 우리가 그저 아세안 사무국에 신임장을 제출하며 사무국 산하에서 일을 하거나 사무국을 위해 일한다고 잘못 알고 있는 경우가 많다.

내가 보기엔, 2017년 무렵부터 아세안이 세계 주요 지역 기구 중 하나로 인정받아 아세안이 소집하는 고위급 회의가 큰 관심의 대상이 되었던 것 같다. 많은 분석가는 이 현상을 아세안의 회의 소집 능력 convening power이라고 부르는데, 회의에서의 의제, 수행, 계획들은 당해 의장국의 영향을 많이 받는다. 따라서 아세안 중심성은 의장국이 아세안 비전 2025를 비롯해 이전부터 세워진 다양한 계획들의 실천을 목표로 의미 있는 결과와 성과를 만들어내기 위해 노력하는 모습 또한 의미하게 되었다. 이렇게 본다면 아세안 중심성이란 아세안, 그중에서도 특히 의장국이 역내 및 전 세계의 정치와 안보, 경제 및 사회문화 환경에 영향을 미칠 수 있는 의제를 결정하는 역량과도 관계가 있으며, 주어진 시간 내에 아세안이 직면한 도전 과제를 해결하기 위해 우선순위를 결정하는 것이 중요하다. 2015년에는 말레이시아가, 2016년에는 라오스가 의장국으로 있는 동안 2015년 쿠알라룸푸르에서 아세안공동체가 설립되는 등 중요한 결과물들이 탄생했다.[1] 필리핀 역시 새 의장국으로서 오래도록 기억될 만한 유산을 남기고자 했고 따라서 관리들은 이 야심 찬 목표를 달성하기 위해 두 배는 더 열심히 일해야 했다.

필리핀은 아세안 의장국이 되기 1년 전부터 이 막중한 책임을 맡을 준비를 해왔다. 나 역시 전 세계 필리핀 대사관의 대사들, 특히 아세안 회원국과 아세안의 대화상대국 수도에 주재하는 대사들과 함께 외교부에서 주최한 몇 차례의 브레인스토밍 회의에 참석해 아세안공동체 내에서 필리핀이 의장국으로서 실질적으로 해낼 수 있는 목표와 우선순위, 의제들에 대해 논의했다. 또한 시민사회단체들과도 상의하여 우선순위에 대한 더 나은 대안을 각 부서에 전달했다. 이러한 준비들은 당시 필리핀 외교부 내 아세안 담당 부서의 차관보였던 헬렌 데 라 베가(현 주호주 대사)와 엔리케 마날로 외교부 차관(현 장관)의 감독 아래 외교부 아세안 사무국에서 진행되었다. 위에 언급된 외교관들도 각자 고유한 자문화기술지 방식을 갖고 있겠지만 이 책에서는 나의 경험에 초점을 맞추려 한다. 당연한 말이지만 아세안 의장국 준비를 위한 모든 결정은 퍼펙토 야사이 외교부 장관과 후임 앨런 피터 카예타노 장관의 승인 및 대통령의 승인을 받아 결정되었다. 여러 차례 협의를 거친 후 필리핀 외교부는 의장국으로서 아세안을 이끌어갈 주제를 다음과 같이 결정했다. "변화를 위한 파트너십, 세계와의 협력"(〈그림 4-1〉 참조). 정말이지 전 세계에 알리고 싶은 좋은 주제이자 구호였는데, 이 주제와 관련된 두 가지 주요 내용은 다음과 같다.

〈그림 4-1〉 2017년 아세안 의장국 필리핀을 상징하는 로고

변화를 위한 파트너십 아세안 지역에 살고 있는 평범한 사람들의 삶에 일어나는 긍정적인 변화가 바로 우리가 원하는 변화였다. 새 의장국 필리핀은 중소 사업체들의 역량을 강화해줄 여러 계획을 도입할 예정이었으며, 이주노동자와 여성 그리고 아동의 복지를 증진하고 보호하며 사회 취약계층에 대한 사회적 보호를 보장하며 환경의 보호와 지속 가능성을 추구하여 다음 세대의 미래를 보장하고자 했다.

세계와의 협력 필리핀은 아세안이 국제사회와의 교류를 강화하기를 원했다. 필리핀은 아세안 의장국 임기 동안 아세안의 중요성을 역내는 물론이고 전 세계에서 강조했다. 아세안은 상호에게 이익이 되는 협력관계를 계속 발전시키고 역내 및 다른 세계 지역들의 평화와 안정, 번영과 관련된 여러 전통적이고 비전통적인 문제들을 해결하고자 했다. 필리핀은 또한 월드컵처럼 하나 되는 자리에서 모든 국제관계를 해결할 준비가 되어 있다는 사실을 보여주고자 했다.

필리핀의 아세안 의장직 수행과 관련해서는 다음의 6가지 우선순위가 있었다.

1. 사람 중심의 아세안
2. 역내 평화와 안정
3. 해양 안보와 협력
4. 포용적인 혁신 주도 성장
5. 아세안의 탄력성
6. 지역주의 모델이자 글로벌 플레이어로서의 아세안

아세안 의장국으로서 필리핀이 이루어낸 좀 더 중요한 결과물 중에는 3대 아세안 공동체를 대표하는 중요한 문서들이 있다. 즉 아세안 정치안보공동체APSC를 위해 10년 이상 준비해온 남중국해 행동규칙COC 기본협정, 아세안 사회문화공동체ASCC와 관련된 이주노동자들의 권리 보호와 증진에 관한 아세안 컨센서스, 아세안 경제공동체AEC를 위한 역내포괄적경제동반자협정RCEP 등이다. 다만 아쉽게도 이 협정은 이전보다 훨씬 더 큰 합의를 끌어내는 데는 성공했지만 2017년까지도 아세안+5(중국, 일본, 한국, 호주, 뉴질랜드) 컨센서스에는 이르지 못했다.[2] 필리핀은 아세안-홍콩 자유무역협정 출범에 만족해야 했다.

남중국해 행동규칙 기본협정

2017년 필리핀이 아세안 의장국을 맡게 되었을 즈음, 남중국해의 불안정한 상황을 평화적으로 관리하기 위한 희망은 남중국해 행동규칙의 컨센서스 가능성에 집중되었다. 사람들은 이 행동강령이 해당 지역에서 권리를 주장하는 국가들의 행동을 안내하는 일종의 기준이 되기를 바랐다. 이는 아세안 회원국과 대화상대국들 사이에서 오랫동안 논의되어온 문제였지만 구체적인 컨센서스 전망이 나타나기까지 오랜 시간이 걸렸기 때문에, 남중국해 행동규칙에 대한 결론이 나오기를 바라는 소망과는 상관없이 공식적이든 비공식적이든 어떤 회의도 열리지 않았고 심지어 협상도 시작될 수 없었다.

그러다가 2017년 8월, 11개국(아세안과 중국)이 마침내 기본협정 체결에 동의했다는 소식은 남중국해에 대한 아세안의 오랜 노력을 지켜봐온 사람들에게 흥분과 신중한 낙관론, 그리고 회의론을 동시에 불러일으켰다. 이언 스토리(Storey 2017)는 이 중요한 문서에 대한 객관적인 분석을 했는데, 원칙과 기본 목표 및 법적 근거를 포함하는 기본협정의 각 부분을 설명하면서 분쟁 지역 소유권 문제의 해결이 아니라 분쟁의 평화적 관리라는 목표를 달성하기 위한 일종의 분쟁 관리 조치로 정확히 해석했다.

남중국해 행동규칙 기본협정의 완성을 위한 협상은 공교롭게도 코로나바이러스의 대유행으로 대면 협상이 오랫동안 지연되면서 난관이 훨씬 더 가중되었다.[3] 1회독을 통과한 단일 협상 텍스트 초안이 합의되었고 이제 이 초안을 바탕으로 한 2차 협상 텍스트 초안을 마련할 차례다. 다만 인공섬 조성과 요새화 및 군사기지화, 어민들에 대한 공격과 중국의 불법 순찰 등 불안한 상황이 계속되면서 앞으로 갈 길은 여전히 멀고 험난하기만 하다. 필리핀은 통제된 "버블bubble" 환경에서 대면 회의를 위해 협상가들을 초청했지만, 그들은 오지 못했다. 더 민감한 문제들은 대면 회의를 통해 논의되어야 한다고 믿었기 때문에 화상회의에서는 행정 문제와 관련된 협상만 진행되었다. 어쨌든 필리핀은 2021년

8월 조정국의 의무가 끝날 때까지 계속 회의와 협상을 진행했다.

이주노동자의 권리 보호와 증진에 관한 컨센서스

2017년 11월, 아세안 정상들은 아세안 창설 50주년 기념식에서 이주노동자의 권리 보호와 증진을 위한 컨센서스를 발표했다. 이 획기적인 합의는 아세안 의장국인 필리핀의 주요 성과로 기록되었다. 10년 전에도 이주노동자의 권리 보호와 증진에 관한 아세안 선언, 즉 이주노동자에 대한 세부Cebu 선언이라는 획기적인 컨센서스가 발표되었는데, 당시에도 필리핀은 주도적인 역할을 했다.

이주노동자의 권리와 복지를 보호하고, 증진하며, 발전시키는 일은 필리핀이 아세안과 유엔에서 해결해야 하는 가장 중요한 문제다. 다만 각 회원국의 이해관계가 다양하기 때문에 협상이 어려운 것이 사실이다. 이주노동자를 보내는 국가가 있는가 하면 받아들이는 국가가 있고, 또 둘 다 해당하는 국가도 있기 때문에, 이 모든 과정에서 서로 다른 책임과 의무가 수반되어야 한다. 싱가포르나 말레이시아, 브루나이처럼 이주노동자를 받아들이는 국가의 의견이 필리핀이나 인도네시아처럼 보내는 국가의 의견과 충돌하는 동안, CLMV와 태국처럼 보내고 받아들이는 입장에 있는 국가는 어떤 협상 내용이 자신들에게 유리한지, 혹은 그렇지 않은지 심사숙고할 수밖에 없었다. 그중에서도 가장 논란이 되었던 것은 발표된 내용의 법적인 문제였다. 예컨대 싱가포르 등은 서류가 미비한 노동자를 불법 노동자로 판단했고, 정식 서류를 갖춘 노동자라 할지라도 그 가족까지 받아들이는 것은 의료 혜택을 비롯해 사회보장제도까지 제공해야 하는 국가 입장에서는 막대한 사회경제적 비용을 초래할 수 있는 문제였다. 반면에 이주노동자 본국에서는 그들이 가진 인권을 보호하고 생활에 필요한 지원을 제공해야 한다고 주장했다.

결론적으로 우리가 이루어낸 컨센서스는 이주노동자와 그 가족들의 기본적인 권리, 이주노동자에게 주어지는 특정한 권리와 아세안 회원국의 의무 및 약속을 담게 되었다. 법적 구속력은 없지만 2007년 세부 선언보다 한층 더 개선된 것이었다. 무엇보다도 이주노동자들을 위한 양질의 일자리 제공을 포함해 더 나은 노동자 보호 정책 및 장치 제공, 사회적 보호 강화를 통한 노동자 삶의 질 향상, 필리핀을 중심으로 하는 아세안 회원국들의 안전한 이주 정보 자료 개요서 출판, 본국으로 돌아온 이주노동자를 위한 재통합 지원, 그리고 노동자 권익 보호를 위한 활동 및 연구, 워크숍, 협력의 수행 등이 컨센서스에 포함되었다.

해당 컨센서스는 한마디로 역내 성장과 발전에 기여한 여러 나라 이주노동자의 권리를 보호하려는 아세안 지도자들의 강력한 정치적 의지를 보여주는 결과물이라고 할 수 있다.

아세안 주재 필리핀 대표부는 아세안 내에서 이주노동자를 지역의 관심 주제로 널리 알리고 보호하는 일을 시작했다. 필리핀이 의장국으로 있는 동안, 상주대표위원회에서는 동남아시아, 주로 필리핀과 인도네시아의 이주노동자들이 일하고 있는 걸프협력회의GCC 국가들과 사업계획 협상을 진행한 적이 있었다. 협상장에 나온 대표들, 특히 이주노동자를 받아들이는 중동 국가의 대표들은 우리가 협상 중인 5개년 사업계획에 이 문제를 포함하길 거부했다. 이들은 아세안 장관들과 함께했던 이전 회의에서 이 문제가 주요 쟁점 분야에 포함되지 않았다는 사실을 언급했다. 그러자 아세안 소속의 한 외교관도 중동 국가들 편을 들듯, 특히 행정적 관례를 내세우며 목소리를 높였다. "우리 입장에서 이 문제가 걸프협력회의와의 협력 논의에 포함되는 것이 적절치 않다고 판단한 장관들의 입장을 어떻게 뒤집을 수 있겠습니까? 필리핀과 인도네시아가 주장하는 이주노동자 보호 문제를 우리가 지지하고 나선다면 상관들의 지시를 거부하는 바람직하지 않은 선례가 될 수 있습니다."

기술적이고 행정적인 측면에서 보자면 이들의 의견은 틀린 부분이 없었다. 그렇지만 나는 이주노동자의 권리와 복지 증진 및 보호는 결국 노동자를 받아들이는 입장에서 더 많은 책임을 져야 한다는 것을 의미하기 때문에 이들이 반대하고 나선다고 생각했다. 나는 아세안 소속 동료 외교관들에게 우리 동포들이 타국에서 불공평하고 어려운 상황에서 고통받고 있으니 그렇게 꼭 원리 원칙만을 적용해 접근하지 말아달라고 부탁했다.

"이주노동자들의 문제가 장관급 회의 의제가 아니라고 해서 아세안 동포들의 비참한 상황에 눈감고 있어도 된다는 뜻은 아닙니다."

나는 논리보다는 동정심에 호소하며 아세안 회원국 출신의 이주노동자들, 특히 인도네시아와 필리핀 출신의 이주노동자들이 해당 국가에서 얼마나 힘들게 생활하는지에 대한 사례를 들었다. 그리고 우리 모두가 아세안의 단합은 물론, 우리 공동체의 취약계층을 위해서라도 이주노동자들을 지지해야 한다고 주장했다. 당연히 아세안 회원국 사이에서도 반발이 있었고 반면에 인도네시아의 적극적인 지지도 쏟아졌다. 나는 이주노동자를 보내는 입장에 있는 국가 중 일부가 그저 입을 다물고 있는 것에 실망했지만 물러서지 않았다. 결국 논쟁을 계속한 끝에 몇 가지 통고 사항을 제외하고 이주노동자의 복지 문제를 주요 의제로 넣어 5개년 사업계획을 마무리할 수 있었다.

나는 아세안 대외 파트너들과 협상할 때도 이주노동자 보호 문제를 포함하려 했는데 캐나다와 호주, 뉴질랜드, 일본이 이 문제와 관련해서 가장 강력한 지지 세력이 되어주었다.

그리고 같은 해 2월 7일 내가 레 르엉 밍 아세안 사무총장에게 필리핀의 비준서를 제출하면서 기념비적인 아세안 여성 및 아동 인신매매 방지에 관한 협약ACTIP이 발효되었다. 사실 본국으로부터 며칠 먼저 비준서를 받았지만, 나는 의도적으로 세계 여성의 날인 3월 8일에 맞춰 협약이 발효되도록 정확히 30일 전인 2월 7일에 제출했다. 아세안 규범에 따라 협약은 10개 회원국 중 최소 6개국이 인정을 하면 그때부터 효력을 갖게 된다. 당시 필리핀이 여섯 번째 국가였다. 여성과 어린이에게 적용되는 인신매매 방지협약은 2017년 세계 여성의 날에 맞춰 발효되었고 매년 이날을 기념일로 기리고 있다. 나는 내가 여성이기 때문에 보통 남성 외교관 동료들에게는 없는 독특한 관점을 갖게 되었다고 생각한다. 또한 필리핀과 인도네시아 두 정상의 특별한 성명서인 아세안 공동체 비전 2025 및 유엔 지속가능발전목표의 성평등 실현을 위한 아세안 선언과 여성, 평화, 안보 증진을 위한 공동성명을 통해 여성의 역할과 권리 및 권한을 지지해주었다. 우리는 필리핀이 여성, 평화, 안보에 관한 유엔 안전보장이사회 결의안 1325호와 관련하여 아시아 국가 중에서는 처음으로 구체적인 행동계획을 제시하는 등 국제적인 노력에 항상 적극적으로 참여해온 것에 자부심을 느낀다. 게다가 필리핀은 공무원 사회에서 성평등을 이룩한 최초의 아시아 국가이며, 이 책의 다른 부분에서 설명하는 것처럼 특히 어려운 상황일수록 여성의 역할을 강화하고 여성의 권리를 보호하자는 대의에 늘 앞장서왔다.

그리고 필리핀이 의장국을 수행하는 동안 사이버범죄와 성평등, 여성, 평화, 안보, 예방 문화, 기후변화, 항생제 남용 등의 사안들에 대한 중요한 성명서와 합의서들도 발표되었는데, 모두 다 필리핀이 앞장서서 시작하고 아세안 동료들의 도움을 통해 합의를 이룬 내용들이다. 최소 29개 이상의 주요 문서들이 채택되거나 발표되거나 서명되었는데, 관련 협상을 마무리 짓기까지 각각 몇 개월 이상의 시간이 걸렸고 전문가를 비롯해 부문별 기관들의 긴밀한 참여가 필요했다. 관련 내용은 권말의 「부록 A」를 참조하면 된다.

아세안 주재 필리핀 대표부와 아세안 의장국 필리핀

앞서 언급한 바와 같이 필리핀이 아세안 의장국이 되면서 나는 자카르타에 있는 아세안공동체를 이끌게 되었으며 내가 대표로 있는 아세안 주재 필리핀 대표부JPM의 지원을 받았다. 아세안 주재 필리핀 대표부는 순전히 다자 외교를 위한 기관으로, 다자 외교는 양자 외교와는 상당히 다른 상황을 맞이할 때가 많다. 전 세계에 흩어져 있는 다른 필리핀 대사관이나 영사관과 다르게, 아세안 주재 필리핀 대표부는 경제, 외교, 문화 홍보 같은 일반적인 외교 업무를 보지 않는다. 이런 업무는 자카르타에 있는 별도의 인도네시아 주재 필리핀 대사관이 맡아서 수행하고 있다.[4] 나는 아세안에서 필리핀을 대표해 아세안공동체의 다양한 협력 업무를 책임졌고 상주대표위원회를 이끌며 아세안 사무국의 모든 업무를 감독했다. 그리고 내가 책임을 맡은 모든 컨센서스와 협약이 필리핀의 국익에 부합하는 동시에 아세안의 목표와 원칙을 발전시키는 데 도움이 되도록 노력했다. 자카르타를 중심으로 하는 아세안 산하 6개 기구의 의장으로서 나는 아세안이 추진하는 사업의 모든 당사자가 함께 모여 합의점을 찾도록 이끌었으며 특히 아세안 중심성의 실천과 달성, 그리고 필리핀의 이익 증진과 보호에 중점을 두었다.

2015년부터 2016년까지 나는 5명의 외교관과 몇 명의 행정 직원으로 구성된 특별 부서를 편성해 내가 맡게 될 막중한 책임에 대비했다. 다만 필리핀 정부가 추가 인원에 대한 나의 요청을 들어주지는 않았다. 필리핀이 의장국 지위에 있는 동안 아세안 주재 필리핀 대표부에서 설정한 야심 찬 목표를 모두 이루려면 더 많은 인력 지원이 필요했는데, 나는 그저 숫자 채우기에만 급급한 필리핀 정부와 외교부 인사들에게 실망했다. 그들은 필리핀이 아세안 의장국이 되는 이 중요한 상황의 의미를 제대로 파악하지 못했다. 그래도 다행이었던 것은, 내가 거느린 사람들의 직급이 그리 높지는 않아도 내가 바랄 수 있는 최상의 인재들이었다는 점이다. 나를 포함해 모두 다 의욕이 넘쳤고 단호한 의지가 있었으며 앞으로 마주하게 될 모든 어려움을 해결할 만한 역량도 가지고 있었다. 우선 나부터 그리 나긋나긋한 상관은 아니었기에, 나는 항상 직원들에게 최고의 노력과 결과를 기대했다.

필리핀 대표부의 모든 직원은 필리핀 정부를 비롯해 각 기관에 있는 동료들이 우리에게 얼마나 큰 기대를 하고 있는지 잘 알았다. 우리는 각자의 다자간 외교술을 최고 수준으로 갈고 닦았으며 그 어떤 어려움도 두려워하지 않았다. 그렇게 모든 준비가 끝났다. 노엘 노비시오 상주부대표는 언론인 출신으로, 상주대표위원회의 지시에 따라 비교적 쉬운 부분을 협상하며 협상문 초고를 '정리'하는 실무그룹의 책임자가 되었다. 그리고 세실 라오, 한 웬세슬라오, 앙헬라 알파파라, 존 폴 사몬테는 각자 여러 가지 업무를 능숙하게 처리했다. 우리는 한 번에 최소 8가지가 넘는 일들을 맡아서 처리해야 했는데 이 다섯 명이 주요 업무를 처리하면 나머지 세 명이 돌아가며 그 다섯 명의 조수 역을 맡았다. 이 세 사람은 정식 외교관은 아니었지만 가장 어려운 업무도 마다하지 않고 맡아준 최고의 직원들이었다. 나처럼 엄격한 상관 밑에서 이들은 모두 전문성과 성실함을 겸비하고 각자의 역할을 수행했다. 다음의 〈표 4-1〉은 2017년 아세안 주재 필리핀 대표부의 전형적인 업무 분장표로, 소수의 직원들이 처리해야 했던 다양한 작업을 보여준다.

〈표 4-1〉 아세안 주재 필리핀 대표부의 업무 분장표

아세안 주재 필리핀 대표부

업무 분장표

날짜: ____________ 번호: ____________

[ ] **노엘 M. 노비시오**

상주부대표 겸 계획 입안 담당

APSC, CPR, CPRWG 회의. 아세안-캐나다, 아세안-중국, 아세안-일본, 아세안-한국, 아세안-미국, 아세안-유엔, EAS, APT, WPS/SCS, APSC 청사진 2025, 아세안 헌장, 협상 및 결과문, 행정 및 재무 문제 관리·감독 담당

[ ] **세실 조이스 Y. 라오**

3급 서기관

SCDC, SCB, SCT, ASEC 운영, AAC, 아세안-러시아, 아세안-노르웨이, 아세안-스위스, 아세안-독일, 아세안-파키스탄, 아세안-튀르키예, ICF, 아세안 계획 담당

보조 업무: CPR, CPRWG 회의, 처분 위원회

[ ] **한 셔윈 P. 웬세슬라오**

3급 서기관, BAC 의장

AEC, ACCC, 아세안-호주, 아세안-유럽연합, IAI 담당

보조 업무: APT, EAS, ERIA

[ ] **앙헬라 길베르토 L. 알파파라**

3급 서기관

ASCC, 페이스북, 아세안재단, AIPR, AICHR, 아세안 관련 단체,

아세안 여성 모임 담당

보조 업무: SCDC, SCB, SCT, AAC, GAD

[ ] **존 폴 T. 사몬테**

3급 서기관, 행정 담당관

지역 기관들, ACTCs, NAAAs, 아세안-인도, 아세안-뉴질랜드 담당

보조 업무: 아세안 헌장, OPCRF, 아세안 협정, BAC 부의장

[ ] **니하야 T. 마카라디** – 재무 담당관

[ ] **닐로 자이 G. 데 구즈만 2세** – 통신 및 기록, 인터넷 웹사이트 담당

보조 업무: 노비시오, 웬세슬라오

[ ] **마르크 호세프 O. 하우시안** – 보안 담당, 아세안 협정 및 계획, ICF 담당

보조 업무: 라오

[ ] **자즈민 A. 루나-하우시안** – 보조 업무: ASCC, 알파파라

[ ] **마리아 세실리아 P. 웬세슬라오** – 행정 업무, 통신 업무 보조 및 대체 인력,

문화 업무 담당, GAD 담당자 대체 인력, OPCRF/IPCRF 대변인, BAC 사무관.

보조 업무: 사몬테

[ ] **마리크리스 M. 바우티스타** – 자산 관리 담당. 보조 업무: 사몬테

[ ] **카리나 B. 가우라나** – 대사 비서

[ ] **안 에르디아나** – 일반 행정, 접객, 전화 응대 담당

[ ] 행동 [ ] 정보 [ ] 평가/권고

확인:

엘리자베스 P. 부엔수세소

표에 언급된 직원들의 배우자와 가족들에게도 감사의 마음을 전한다. 다양한 사회적 업무를 처리해야 하는 자리에 있는 사람에게 배우자가 없는 건 크게 불편할 수도 있지만, 나는 노비시오 부대표의 아내 도리스가 자신도 글을 쓰는 사람이면서 필리핀 최고의 전통 요리와 문화를 선보이는 데 기꺼이 나서서 도와주었기에 어려움을 극복할 수 있었다.[5] 도리스는 카렌, 윌마, 마리아, 믹과 짝을 이루어 보이지 않는 곳에서 조용히 일하면서 저녁 식사 장소는 완벽하고 음식은 적절한지, 그러니까 입이 즐거울 뿐만 아니라 우리의 업무를 올바르게 수행할 수 있는 적절한 환경을 제공하고 있는지를 꼼꼼히 살폈다. 이 식사 자리는 우리가 많은 문제를 토론하고 컨센서스에 도달할 수 있는 비공식 협상 장소이기도 했다. 나는 도움을 주는 사람들로부터 크게 동기부여를 받고 다

음과 같은 야심 찬 목표를 세웠다.

1. 최소 20회 이상 상주대표위원회 회의 및 자카르타에 기반을 둔 모든 산하 기관, 즉 아세안+3APT, ACCC, AIPR, EAS 및 아세안+1과의 회의를 열어 이전에 합의된 사업계획 및 진행 중인 계획을 마무리한다. 여기서 회의를 주재한다는 것은 의제를 준비하고 협상하며, 쟁점이 되는 문제를 조사하고 조정 방법을 찾고, 그다음 단계로 옮겨 가는 것이다.(보통은 고위급 관리, 외교부 장관, 각국 지도자, 또는 대표부 차원에서 문제를 해결한다.) 또한 회의를 위한 모든 준비가 갖춰졌는지 확인하기 위해 아세안 사무국과의 긴밀한 조정도 필요하다.

2. 아세안 혹은 대화상대국들이 자금을 지원하는 6개의 기념 활동을 조직한다. 그 활동들은 다음과 같다.

1) 아세안 창설자(founding fathers) 기념

아세안 창설 50주년을 맞아 나는 아세안 창설자 5인을 기리는 사업을 하는 것이 내가 해야 할 적절한 임무라고 생각했다. 아세안 50주년인 2017년 8월 8일 필리핀 국제컨벤션센터에서 열린 성대한 기념식에서 두테르테 필리핀 대통령은 아세안 의장국의 대통령으로서 툰 압둘 라자크 말레이시아 전 부총리와 아담 말리크 인도네시아 전 외교부 장관, 나르시소 라모스 필리핀 외교부 장관, S. 라자라트남 싱가포르 초대 외무부 장관, 타낫 코만 태국 외교부 장관을 대신해 참석해준 후손들과 각국 대표들에게 감사패를 전달했다. 1967년 8월 아세안 출범을 확인하는 역사적인 방콕 선언문 서명 장면은 앞에서도 언급했지만, 필리핀의 젊은 화가가 한 폭의 그림으로 완성했고 내가 모든 작업을 진두지휘했다. 이 그림은 필리핀문화원에서 열린 아세안 각료회의 개막식에서 앨런 피터 카예타노 필리핀 외교부 장관과 레르엉 밍 아세안 사무총장에 의해 공개되었으며 비용은 아세안이 책임졌다. 1967년에 그 시작은 미약했지만 2017년까지 많은 일을 성취한 아세안의 모습을 전 세계에 알리는 작업은 이렇게 마무리되었다.

2) 생물다양성을 지키는 아세안의 영웅들

생물다양성은 필리핀이 중요하게 생각하는 또 다른 분야다. 아세안 사무국에서 이 분야에 대한 인식을 높이기 위해 생물다양성 활동도 아세안 활동에 포함하자고 제안했을 때 나는 적극적으로 동의했다. 그렇지만 사무국에서 보낸 계획서를 보니 생물다양성을 알리는 미인 대회가 가장 중요한 행사로 되어 있었다. 나는 아무리 좋은 의도라 할지라도 이런 미인 대회 같은 행사는 보는 사람들을 불편하게 만들 뿐만 아니라 당연히 여성계의 반발이 클 거라고 예상했다. 그래서 일단 정중하게 관련 활동을 맡아 해보겠다고 요청한 다음, '생물다양성을 지키는 아세안의 영웅들'이라는 주제를 두고 역내에서 생물다양성 보호에 크게 기여한 인사를 회원국마다 선정해 감사 인사를 전하는 식으로 활동 내용을 변경했다. 필리핀에서는 해양생물학자이자 교육자인 앙헬 알칼라 박사가 해양보호구역(MPAs) 설정과 새로운 파충류 및 양서류의 발견, 보호에 대한 탁월한 업적을 인정받아 영웅으로 선정되었다. 다른 수상자들의 명단은 다음과 같다.

- 브루나이: 이아드 사만
- 캄보디아: 소피아 친
- 인도네시아: 알렉스 와이시몬
- 라오스: 니차반 루아코트 쁘라봉비엥캄
- 말레이시아: 자크리 압둘 하미드 교수
- 미얀마: 마웅 마웅 치 박사

- 싱가포르: 레오 탄 위 힌 교수
- 태국: 논 파닛봉 박사
- 베트남: 당 후이 후인 교수

이들은 모두 아세안 창설 50주년 기념식에서 창설자 5인과 함께 이름이 호명되었다.

3) 아세안 쌀 과학과 기술 대사

아세안을 상징하는 엠블럼에 10개의 벼 줄기가 그려져 있듯이, 쌀이 아세안 회원국들의 공통 주식임에도 불구하고 왜 아세안의 쌀 과학자와 관련 기술자가 주목을 못 받는지 나는 항상 궁금했다. 그래서 브루스 톨렌티노 당시 국제미작연구소(IRRI) 부소장을 위해 열린 저녁 만찬에서 이 사실을 지적했다. 식사하면서 우리는 계획을 개념화했고 그날 밤늦게 나는 제안서 초안을 작성해 즉시 톨렌티노 박사에게 보냈다. 박사는 아세안이나 대화상대국들로부터 자금을 지원받는 데 필요한 아세안 양식에 따라 기술적인 내용을 첨부해 제안서를 완성했으며 즉시 필리핀 농무부와 협력해 계획을 마무리했다. 나 역시 이 사업에 지역을 초월한 지원이 필요하다는 사실을 알리고 아세안-중국 협력기금을 이용할 수 있도록 상주대표위원회의 승인을 받았다. 우리가 세운 계획을 적극적으로 지지해준 협력기금 관리자를 칭찬하지 않을 수 없다.

결국 아세안 창설 50주년을 맞이하여 각 회원국의 쌀 과학자와 기술자들이 자신들의 업적에 합당한 인정을 받게 되었다. 필리핀쌀연구소(PhilRice)의 사일릴라 E. 압둘라 박사가 쌀 산업 발전, 특히 NSIC Rc120과 Rc226 같은 퉁그로바이러스병에 저항력이 강한 쌀 품종을 개발해 민다나오섬의 흉작 해결에 기여한 공로로 우수 쌀 과학자상을 받았으며, 필리핀 불라칸주의 농부인 네멘시오 J. 콘셉시온은 최고의 관리 기술로 높은 수확량을 기록하고 자신의 지식을 다른 농부들에게 아낌없이 나눠주는 등 혁신적인 농사 기법을 개발한 공로로 우수 쌀 농부 상을 받았다. 다른 수상자들의 명단은 다음과 같다.

- 캄보디아: 오우크 마카라 박사
- 인도네시아: 사토토 박사
- 라오스: 페트마니셍 상사야사네 박사와 시홍 코타봉
- 말레이시아: 아스팔리자 람리 박사와 자파르 빈 자카리아
- 미얀마: 유 탄 민과 민 이
- 싱가포르: 인 종차오 박사
- 태국: 분미 수라코트 박사와 지라퐁 자이린 박사
- 베트남: 트란 티 꾹 호아 박사와 판 티엔 칸

4) 아세안 청년 사회적 기업가정신 상

이 프로젝트는 청년의 역량 강화와 사회적 책임 추진, 그리고 기업가정신 함양이라는 세 가지 목표를 동시에 달성할 수 있었다. 필리핀의 수상자는 비정부기구인 에듀카시온(edukasyon.ph)의 헨리 모테 무뇨스로, 그는 고용 불균형을 해소하고 모든 필리핀 학생이 교육의 기회를 얻는 것을 목표로 사업을 펼쳐왔다. 다른 수상자들의 명단은 다음과 같다.

- 브루나이: 하지 시에드 모드 야신
- 캄보디아: 스레아트 몸 소페아
- 인도네시아: 리잘 파레자
- 라오스: 캄센 시사봉 박사
- 말레이시아: 루트피 파딜 로크만 박사
- 미얀마: 테트 진 민
- 싱가포르: 자몬 모크

- 태국: 프라위트 크루아사프
- 베트남: 쯔엉 리 호앙 피

5) 아세안 회원국 명소들에서의 동시 점등

각 회원국은 8월 8일 아세안의 날, 지정된 시간에 점등할 명소를 선정했다. 시차를 감안하여 동시에 점등이 되어야 했는데, 필리핀의 경우에는 당연히 루네타 공원(현 리잘 공원)이 되었다.

6)『아세안@50: 아세안의 시작, 실체, 의의 그리고 미래를 바라보기 위한 회고와 전망』(전 5권)을 아세안·동아시아경제연구소(ERIA)와 공동 출간

아세안 창설 50주년 기념행사의 일환으로, 아세안 주재 필리핀 대표부는 아세안·동아시아경제연구소 니시무라 히데토시 소장 겸 교수의 지도하에 연구소와 긴밀히 협력하여 아세안 지도자 및 고위급 인사들의 회고록이 포함된 이 방대한 분량의 백서를 출간했다. 여기에는 테인 세인 전 미얀마 대통령, 고촉통 전 싱가포르 총리, 피델 라모스 전 필리핀 대통령, 아피싯 웨차치와 전 태국 총리 등이 포함되었다.[6]

다양한 주제를 다룬 이 백서의 출간과 함께 2017년 1월에 폰치아노 인탈 2세 ERIA 선임연구원(작고)이 필리핀 대표부에 제안했던 9개의 특별 활동도 함께 진행되었는데, 출간 비용과 기타 활동 자금은 일본-아세안 통합기금(JAIF)을 통해 지원받았다. 사실상 일본 정부가 모든 비용을 부담했지만 아세안 역시 모든 과정과 평가에 관여했는데, 예를 들어 일부 활동, 즉 이 백서의 일본어 번역과 도쿄에서 열기로 한 기념행사는 아세안이 지향하는 지역성 기준을 충족하지 못했다. 그래서 나는 인탈 박사에게 위의 두 가지 사안은 JAIF의 이름이 아니라 일본 정부의 직접 지원을 통해 진행하라고 조언했다. 또한 필리핀 측 규정에 따르면 아세안 필리핀 대표부가 단독으로 자금을 처리할 수 없게 되어 있었기에, ERIA는 각 행사에 대해 다른 아세안 기관들과 공동으로 후원하겠다는 공식 계약서를 작성하라는 나의 제안을 따라야 했다. 따라서 아세안재단(ASEAN Foundation)과 필리핀외교연수원(Foreign Service Institute of the Philippines)이 거대한 행사의 공동 후원자가 되었다. 그리고 이런 여러 행사의 중심에는 2017년 10월 19일 출범한 아세안@50에 관한 고위급 포럼이 있었다. 이 자리에는 앞서 언급했던 앨런 피터 카예타노 필리핀 외교부 장관과 니카이 도시히로 일본 자유민주당 대표 같은 저명인사가 참석하여 아세안에 대한 세간의 인식을 높이는 데 기여했다.

7) 아세안 사무국 직원 규정(ASRR), 아세안 사무국 재무 규정 및 절차(AFRP)에 대한 협상 완료

아세안 사무국 운영과 관련된 이 두 가지 문서에 대한 협상은 각 회원국 정부의 구성과 절차가 서로 다르다는 난감한 현실 때문에 2년이 넘도록 지루하게 이어졌다. 예컨대 예산 결의의 경우, 어떤 국가는 1년 기준으로, 또 어떤 국가는 다년 기준으로 준비하며 심지어 회계연도의 시작 날짜조차 서로 달랐다. 알베르토 베르나르도 사무차장보와 린 다나오-모레노 차관보가 이끄는 필리핀 팀은 필리핀 대표부 직원인 세실 라오의 지원을 받아 문서들을 검토하고 때로는 자정까지 계속되는 지난한 회의를 참을성 있게 주재했다. 많이 지연된 과정을 빨리 마무리하고 싶은 욕심 때문에 나는 베르나르도에게 실현이 아예 불가능하거나 아니면 지나치게 어려운 요구 사항을 제시해서 문제가 되는 게 아니냐는 쪽지를 보내 그를 곤란하게 만들기도 했는데, 나는 곧 나의 실수를 깨닫고 사과했으며 우리는 지금까지 계속 좋은 친구로 지내고 있다. 어쨌든 최종 합의안은 내가 주재한 상주대표위원회 회의 중 하나에서 승인되었고 지금까지 유효하다.

3. 아세안 헌장 수정 방안

이 문제에 대해서는 뒤에서 다루기로 한다.

4. 동아시아 정상회의 자카르타 대사회의EAMJ 맹그로브 식수 및 생물다양성 인식 행사

생물다양성은 아세안 의장국 필리핀이 관심을 가진 분야 중 하나였다. 따라서 필리핀 대표부는 아세안 회원국의 모든 외교 공관과 외부 인사들이 참여하는 맹그로브 심기 운동을 시작했다. 〈사진 4-1〉을 보면 알 수 있듯이, 동아시아 정상회의 자카르타 대사회의의 고위 인사들이 자카르타 국제공항 근처 가슴 높이까지 차오르는 늪지대를 지나 한 농장에 맹그로브를 심기 위해 모였다. 이런 늪지대를 지나가려면 몸의 균형을 잘 유지해야 한다. 동양인 특유의 작은 몸집을 가진 두 여성 인사가 용감하게 움직이기 시작하자 키가 큰 인사들이 합세해 이들이 깊이 빠지지 않도록 도왔다. 나는 수영을 전혀 할 줄 몰랐지만, 모범을 보여야 했기 때문에 한 직원에게 도움을 요청했다. 그때 그가 "할 수 있다! 할 수 있어!" 하고 혼자 중얼거리는 소리를 들었는데, 나중에 사무실에서 점심을 먹으며 이야기를 나눠보니 그 역시 수영을 전혀 할 줄 몰라서 물에 휩쓸리지 않기 위해 온 정신을 집중하고 있었던 것이었다! 우리는 모두 크게 웃음을 터트렸다. 맹그로브 심기 행사에 이어 이번에는 로베르토 올리비아 아세안 생물다양성센터장이 생물다양성의 중요성을 주제로 강연회를 열었다. 나는 우리의 노력과 다소 과감한 시도 덕분에 함께 참여한 인도네시아 젊은이들과 아세안 인사들 사이에, 생물다양성에 대한 인식이 더 높아졌다고 생각한다.

〈사진 4-1〉 필리핀 대표부가 주재한 EAMJ 맹그로브 식수 행사

5. 아세안 회원국 및 아세안의 외부 상대들과 함께 다양한 행동계획, 공동성명서, 각국 정상 및 각료의 성명 및 선언 등이 포함된 협상을 주도

6. 아세안 장애포럼ADF과 아세안 시장포럼AMF을 아세안 헌장 부록 2에 속한 기구로 승인하는 작업

7. 자카르타 채널, 특히 동아시아 정상회의 자카르타 대사회의의 역량 강화

8. 상주대표위원회 안내서 발간

9. 아세안 연계성기본계획MPAC 2025에 관하여 기본계획 추진 전략 수립

10. 설립 5년이 지난 지금도 사무국과 사무국장이 없는 아세안 평화화해연구소ASEAN-IPR의 정상 운영

11. 아세안 평화화해연구소 산하 평화를 위한 여성 네트워크Women for Peace Network 출범 토대 마련

이상의 목록은 의장국 임기 1년을 생각하면 다소 벅차 보였지만 나는 아세안에서 이 계획들을 추진하면서 한 가지 교훈을 배웠다. 우리는 계획에 대한 승인을 얻기 위해 기꺼이 더 노력하리라는 것이었다. 나는 목표를 달성하기 위해 아세안공동체 내부와 외부 모두에서 조력자를 찾았고, 공동체라면 서로 배려하고 함께해야 한다는 나의 신념에 따라 모든 계획이 실현될 수 있도록 힘을 모았다. 역시 많은 업무로 부담스러워하는 여러 정부 부처의 힘을 빌리는 번거로운 절차 대신, 나는 브루스 톨렌티노 국제미작연구소 부소장(현 통화위원회 총재), 조나스 레오네스 필리핀 환경천연자원부 차관 등 이런 상황을 잘 이해하는 전문 인사들과 개인적으로 협력하여 아세안과 의장국 필리핀의 지도력을 유감없이 보여줄 수 있었다.

나는 2017년 한 해 동안 계획했던 목표를 모두 달성할 수 있었던 것에 대해 대단히 기쁘게 생각한다. 그해 12월 의장국으로서의 마지막 일정을 끝마친 후 나는 필리핀 대표부 직원과 가족 전부를 인도네시아의 유명 휴양도시 보고르로 초대했다. 그리고 다 같이 모여 예배를 보는 자리에서 어색한 분위기를 풀어주기 위해 이런 질문을 던졌다.

"지난 1년 동안 의장국 업무를 진행하면서 하느님께 감사할 만한 일이 있었을까요?"

그러자 내성적이고 평소 말이 없는 세실이 손을 들고 일어섰다. “저는 하느님께…….” 그러면서 감동적인 이야기가 시작되었다. 세실의 아버지는 우리 업무가 시작된 직후 큰 병을 앓아 몇 개월 동안 병원에 입원했다. 일단 이야기가 시작되자 봇물이 터지듯 모두가 그동안 억눌러왔던 감정을 쏟아내기 시작했다. 지난 한 해 동안 우리는 얼마나 많은 어려움들을 겪어왔던가. 그렇게 임무를 수행하고 아세안의 꿈을 위해 달리는 동안 각 개인의 삶도 함께 흘러갔다. 어떤 직원은 병원에 입원했으며 나 역시 회의 진행을 위해 장시간 앉아 있어야 해서 고혈압과 극심한 허리통증에 1년 내내 시달려야 했다. 그리고 회의 진행 중 화장실 가는 일을 피하고자 입술과 혀만 적시는 정도로 물을 마시기도 했다. 그 밖에 가족 문제, 자녀 양육 문제 등 세워놓은 목표를 달성하기 위해 잠시 미뤄두어야만 했던 많은 일들이 있었다. 우리는 그날 많은 눈물을 흘렸다. 힘든 한 해 동안 우리를 이끌어주신 하느님께 바치는 감

〈사진 4-2〉 2017년 앨런 피터 카예타노 장관으로부터 필리핀 외교부 최고 부서 상을 수상하는 저자의 모습

사의 눈물이었다.

이듬해인 2018년, 우리의 희생은 필리핀 외교부가 우리에게 수여한 상으로 보상을 받았다. 아세안 주재 필리핀 대표부는 2017년 필리핀 아세안국, 두바이 주재 필리핀 총영사관과 함께 외교부 최고의 부서로 선정되었다. 나는 상을 받은 사진을 SNS에 올리고 대표부의 모든 직원과 가족들에게 이 영광을 돌린다고 적었다. 나는 또한 필리핀과 아세안의 꿈을 이루는 사업을 위해 나를 헌신적으로 도운 사람들을 기리기 위해 이 책의 집필을 시작했다.

주

1 2018년 의장국 싱가포르는 스마트시티 건설을, 2019년 의장국 태국은 지속가능 발전목표(SDGs)를 내세웠다. 2020년 의장국 베트남은 코로나바이러스의 대유행에도 불구하고 관련된 복잡한 문제들을 해결하는 데 있어 3대 중심축을 중심으로 한 아세안의 '응집력과 대응성'을 내세웠고, 2021년 의장국 브루나이는 코로나바이러스 유행으로부터 역내 회복을 돕기 위해 다자주의 발전에 중점을 두었다.

2 싱가포르와 태국 역시 의장국으로 있는 동안 이 일을 마무리 지을 수 있기를 원했고, 마침내 코로나바이러스 대유행이라는 곤경 속에서도 2021년 11월 의장국 베트남의 주도로 비대면 행사를 통해 획기적인 자유무역협정이 체결되었다.

3 이 책을 집필할 당시 나는 남중국해 행동선언(DOC) 이행에 관한 고위관리회의(SOM)의 필리핀 대표이자 중국과 함께 공동의장이었기 때문에 매우 민감하면서 상황을 위태롭게 할 수도 있는 부분에 대해서는 여기서 자세히 설명할 수 없다.

4 2017년의 바쁜 일정 중에서도 우리는 자카르타에 필리핀 정부 소유로는 세 번째 공관 건물을 확보하여 외교관 면책특권을 누릴 수 있게 되었다. 인도네시아와의 외교관계에서 처음 있는 일이었다.

5 도리스는 2019년 3월 내가 기획해서 펴낸 요리책 『아세안 면 요리 모음(Sem Sem But No Sem: A Cookbook of ASEAN Noodle Dishes)』에서 필리핀편 집필을 맡았다.

6 출간 한 달 후인 11월 30일 세상을 떠나기 전, 수린 핏수완 박사(전 아세안 사무총장)가 참석한 마지막 공식 행사였다.

A S E A N   C e n t r a l i t y

제5장

아세안 회원국 간 외교 원칙으로서의 아세안 중심성

ASEAN Centrality

나는 아세안과 같은 지역 기구의 활동을 이끄는 지침 역할을 하는 개념으로 보통 '원칙'이라는 단어를 언급하곤 한다.[1] 앞서 언급했듯이, 아세안 중심성을 유지해야 할 필요성에 대해서는 아세안 헌장 제1조에 명시되어 있다. 나는 이런 지침과 관련된 원칙이 서류상으로만 존재해서는 안 된다고 생각한다. 아세안 중심성 원칙은 외교라는 이름을 앞세워 총체적으로 이루어지고 있는 아세안 회원국들과 대외 파트너들에 대한 아세안의 일상적 관계에서 적극적으로 활용되어야 한다.

외교의 궁극적인 목적은 한 국가가 다른 국가들과의 관계를 이어갈 때 국익을 증진하고 보호하며 발전시켜나감과 동시에 서로 중요하게 여기는 가치와 원칙을 앞세우거나 공동 활동을 통해 상호 이익을 추구하는 것이다. 나는 항상 이 점을 중시하여 지시를 내렸으며 아세안의 다른 동료들도 나와 비슷한 생각을 하고 있었을 것이다. 그렇다면 이 목적을 달성하기 위해 외교 활동에서 필요한 것은 다름 아닌 협상과 토론이 이루어질 수 있는 구조다. 토론의 경우 특정한 과정과 절차를 따르고 실무 담당자는 특정한 용어나 어조를 사용해야 하며 또한 달성해야 할 명확한 의제와 목표가 있어야 한다. 이런 모든 요소 안에서 살아 숨 쉬어야 하는 원칙이 바로 아세안 중심성이다. 이 책의 서문에서 언급했던 것처럼, 이러한 구조는 아세안이 주도하거나 만들어내야 하고, 의제는 아세안의 동의가 필요하며 참가자들도 아세안에 의해 받아들여져야 한다. 과정과 절차 역시 아세안이 결정하고 용어와 어조는 아세안이 적합하다고 생각하는 것들을 사용해야 한다. 아세안 중심성에 대한 이런 관점은 필리핀이 2017년 의장국이 되어 아세안공동체에 적극적으로 참여하는 데 큰 도움이 되었다.

자카르타 플랫폼의 개념 체계

먼저 개념적인 틀을 잡기 위해 이 책은 분석적 자문화기술지 전문가들에게서 영감을 얻었다. 특히 리언 앤더슨(Anderson 2006)은 세 가지 특징을 나열했는데, 먼저 연구자는 i) 연구단체 정회원이나 실제 활동을 하는 집단에 정식으로 참여해야 한다. ii) 문서화된 내용에도 이런 사실이 명시되어야 한다. iii) 또한 더 광범위한 사회현상에 대한 이론적 이해를 발전시키기 위해 노력해야 한다. 앤더슨이 동시대 사람들이 퍼트리는 지극히 감성적이고 감정적인 방식에서 벗어나 "연구 내용을 다듬어 확장하기 위한" 새로운 기회가 될 수 있는 자문화기술지 방식을 소개했을 때 아마도 나 같은 사람을 염두에 둔 것이 아닐까 싶다. 피터 매킬빈(McIlveen 2008) 역시 이런 개념적 체계를 소개한 바 있다. 매킬빈은 자문화기술지가 개인적 경험의 특정한 측면을 설명하는 데 도움이 되도록 발전시켰다. 다시 말해 저자가 인구통계학적·문화적·직업적으로 어떤 집단에 속해 있는지, 현재 감정의 상태는 어떤지 혹은 경력과 관련해 어떤 사건들을 겪었는지 등과 관련된 경험이었는데, 나는 이런 내용들을 내 연구의 원칙으로 삼고 싶었다.

그렇지만 자문화기술지 방식의 경우 각자의 경험이 그대로 반영되기 때문에 주제에 따라 내용이 크게 달라질 수 있다. 따라서 이 책에서는 외교나 국제관계에 적용된다고 볼 수 있으며, 〈그림 5-1〉처럼 개념적 틀을 조금 수정하려 한다.

〈그림 5-1〉 개념적 체계

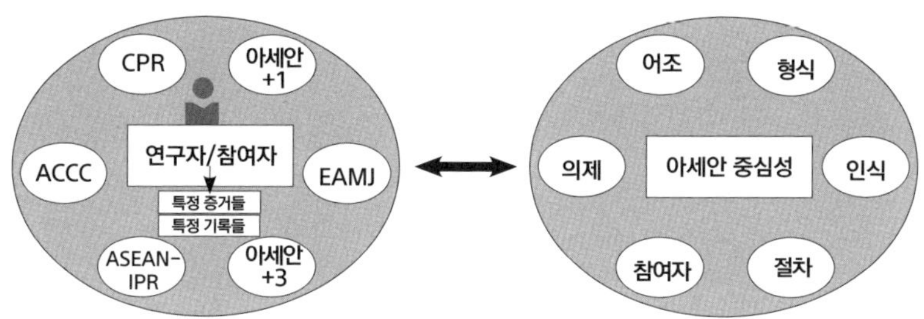

〈그림 5-1〉의 왼쪽을 보면 아세안과 관련된 특정 공동체 및 특정 외교관 집단의 정식 참여자로서 6년 이상(2013년 3월 13일부터 2019년 4월 30일까지) 아세안 주재 필리핀 대사/상주대표 자격으로 재직한 나 자신이 연구의 중심으로 나와 있다. 나는 자카르타를 중심으로 아세안의 다양한 기구들을 구성하고 있는 외교관 공동체에 적극 참가했다. 상주대표위원회CPR, 아세안 연계성조정위원회ACCC, 아세안 평화화해연구소ASEAN-IPR, 아세안+3APT, 그리고 동아시아 정상회의 자카르타 대사회의

EAMJ 등에서 아세안 회원국 간의 관계와 대외 파트너와의 관계를 이어주는 임무를 맡았다. 나는 그 밖에 아세안재단과 중-아세안센터 공동협의회에도 참여했으나, 아세안 중심성의 역학 관계가 이 두 곳에서는 보이지 않았기 때문에 이 연구에는 포함되지 않았다. 다만 내가 참여했다는 증거는 특정 문서와 기록들, 특히 이 기구들의 책임자로 있을 때 만들어진 협상 문서 등에 분명하게 드러나 있다.

〈그림 5-1〉의 오른쪽은 이러한 기구들과의 상호작용 경험을 통해 아세안 중심성에 대한 이해에 도달하는 과정에서 내가 중요하다고 생각했던 요소들이다. 자세한 내용은 아래와 같다.

a. 아세안 회원국들과 대외 파트너들이 담화 시 사용하는 용어와 어조
b. 아세안 회원국들과 대외 파트너 간에 오가는 의제나 주제
c. 외교관들의 공동체 참여
d. 과정에서 오고 가는 협상 및 정책 결정의 절차들
e. 상황에 따른 물리적인 형식
f. 어려운 문제를 두고 발생하는 커다란 차이와 만장일치 결여에도 불구하고 의제를 진행하는 아세안의 탄력성
g. 공동체 외부 사람들의 아세안에 대한 인식 수준

이렇게 나는 이 독특한 사회·정치 환경 속에서 일하며 한 차원 더 높은 개념인 아세안 중심성에 대한 이해를 발전시켰으며, 이는 자카르타에서 아세안 주도의 여러 기구를 책임지게 되었을 때 결과적으로 나의 행동에 영향을 미쳤다. 나는 또한 아세안 회원국 국민들과 외부 사람들의 아세안에 대한 인식 수준을 높이는 일에도 깊은 관심이 있었다.

나는 내가 속했던 외교관 및 협상가들의 특별한 공동체 문화와 관행들에 대해 비판적 시각을 갖고 있는데, 개념적 체계는 이러한 문화적 환경의 특성과 규범, 가치 그리고 절차와 관행들을 자세히 설명해준다. 아세안 외교를 자문화기술지 방식에 적용될 수 있는 적절한 주제로 다룸으로써 나는 지금까지 사회나 행위의 쟁점에만 국한되어 있던 기존의 자문화기술지 저술에 이런 내용이 추가되기를 희망한다. 그리고 여기에 통상적으로 '여성적' 방식이라 부르는 방식을 적용함으로써 나 자신을 비판에 노출하려고 한다. 심지어 나는 이 책이 외교관을 지망하는 학생이나 현직 실무자들에게 가치 있는 내용과 진지한 주제를 담고 있다기보다는 그저 휴일에 편히 읽을 만한 잡담거리라는 비판도 각오하고 있다. 그렇지만 가볍게 이야기를 풀어나가는 스토리텔링 기법을 사용하고 중차대한 외교의 세계와 학문적 글을 쉽게 번역하여 이 책이 보여주는 흥분과 긴장, 염려, 실망, 승리감, 그리고 자부심과 열망을 독자들이 함께 느낄 수 있도록 함으로써 저자인 나와 독자들 사이에 일종의 상호 관계가 이루어지기를 바란다.

지역 다자주의의 중심, 자카르타

이제 새로운 외교관계를 만들어 나가는 방법으로서 자카르타에서 타협점을 모색해온 이른바 다자주의에 대해 한마디 해야겠다. 아세안의 모든 주요 기구가 집중된 인도네시아 수도 자카르타는 다자 외교의 중심지로서 아세안 중심성을 실천하기에 다시없이 좋은 환경이다. 이런 환경 속에서 국익을 위해 싸우고 국익을 수호·증진하도록 교육과 훈련을 받았지만, 지역 내부와 외부에서 다자간 의제를 추진해야 할 필요성을 잘 아는 외교관들과의 협상과 거래는 내게 너무나도 멋진 것이었다.

다자주의를 비판하는 사람 중에는 초민족주의의 부활을 언급하며 '최소 공통분모'의 원칙마저 비난하는 사람들도 포함된다. 이들의 주장에 따르면 이런 원칙조차 국제 협력을 끌어내는 가장 효율적인 수단이 아닐 수 있다고 한다(Martin 1992). 이들은 또한 아세안 회원국들이 "생각은 다자주의적 관점에서, 그렇지만 행동은 양자주의적 관점에서" 한다면서 이를 개탄하는데, 실제로 아세안에 대해 신랄하게 비판하는 사람들은 역내 국가 간의 관계에서 양자주의가 더욱더 적절하고 유연하며 실용적인 접근방식이라고 생각한다. 도널드 에머슨(Emmerson 2007)도 이런 사람 중 하나다.

나는 아세안 외교의 실무자 입장에서 아세안의 지역 기구로서의 가치를 판단할 때 그런 기준의 적용은 주의해야 할 부분이 있다고 생각한다. 이른바 '자유주의적 제도주의자'들은 국가마다 자국의 관점에 부합하는 방식으로 행동해야 한다는 이상주의자들의 희망과 다르게 각국이 자국의 이익에 따라 행동하는 것은 사실이지만 그대신 여러 역내 기구를 통해 간접적으로 이익이 실현되는 것을 확인하며 협조한다고 주장하는데, 나도 이들의 주장에 동의한다. 아세안은 그저 우리의 희망사항에 따라 판단할 수 있는 존재가 아니며, 아세안 헌장과 아세안 비전 2025를 비롯해 아세안의 포부와 규범, 원칙을 구현한 문서들에 명시된 것처럼 어떤 목표를 추구하느냐에 따라 판단되어야 한다. 아세안이 지향하는 공동체로서의 목표를 달성하는 문제에서 여전히 해야 할 일이 많다는 것은 인정하지만 그래도 여러 분야에서 상당한 진전이 있었다. 나는 또한 아미타브 아차리야(Acharya 1998)의 의견에도 동의하는데, 아차리야는 다자주의의 유익한 면을 굳게 믿고 있으며 이런 다자주의의 근본에는 아세안 창설자들도 합의한 국가 간 관계의 원칙과 더

불어 유럽연합 같은 다른 지역 기구의 '규제'와는 성격이 상당히 다른 외교 문화의 개발이 가능한 상호작용과 사회화, 타협 및 조정의 후속 과정이 자리하고 있다고 주장한다. 또한 아차리야는 피터 카젠스타인(Katzenstein 1996)의 말을 인용하여 이러한 아세안만의 외교 문화가 '구성적 효과'를 얻어 아세안이라는 기구 정체성의 일부가 되었다고 논리적으로 주장한다.

나는 필리핀 대사로 4개국에서 근무한 경험이 있기 때문에 양자 외교의 효과와 중요성을 무시하지 않지만, 자카르타에서 겪은 실제 경험을 통해 다자 외교의 성과 역시 보증할 수 있다. 필리핀이 아세안 의장국으로 있을 때 충분히 배웠던 것처럼 다자 외교를 이끄는 국가나 의장이 해야 할 일은 역학 관계 속 강대국들의 존재를 의식하며 현실 정치 관점에서 아세안을 돕고 각 회원국의 이익을 해치지 않는 지혜로운 해법을 찾는 것이다.

아세안 상주대표위원회의 아세안 중심성

위원이었던 내가 2017년 책임자까지 맡게 된 상주대표위원회CPR는 아세안 중심성을 실천할 수 있는 가장 차별화된 무대라고 생각한다(〈사진 5-1〉 참고). 계속해서 자세히 설명하겠지만 상주대표위원회의 물리적 형식, 용어와 어조, 의제 그리고 참석자의 면면 등은 아세안 중심성을 구성하는 중요한 요소들이다. 때로는 국가 간의 이익 문제로 갈등을 겪고 심지어 컨센서스에 도달하지 못하게 되는 어려움마저 극복할 수 있는 아세안 중심성의 역량은 그 자체로 나의 외교관 경력에서 가장 흥미롭고 생산적이며 의미 있는 무대를 제공했다.

상주대표위원회는 아세안 헌장 제12조에 따라 구체적으로 구현된 기

〈사진 5-1〉 상주대표위원회 회의장의 모습

구이며 자카르타에 자리하고 있는 다른 모든 아세안 기구의 핵심이다. 여기에는 동아시아 정상회의 자카르타 대사회의EAMJ, 아세안+3APT, 공동협력위원회JCC 등이 포함되어 있다. 상주대표위원회의 역할들 중에서 내가 앞으로 소개할 내용은 다음과 같다.

1. 아세안 대외 파트너들과의 관계 강화
2. 아세안 사무국에 대한 행정지도 및 지원
3. 회원국 지도부와 고위급 인사들이 내린 결정에 대한 점검 및 이행
4. 아세안 회원국 장관들로 구성된 아세안 조정이사회에 대한 실질적인 지원
5. 아세안 정치안보공동체(APSC), 아세안 경제공동체(AEC), 아세안 사회문화공동체(ASCC) 간의 조정 작업
6. 아세안 외부 단체들과의 교류

여기서 특별히 언급할 만한 내용은 아세안 헌장 부록 2에 따라 아세안이라는 명칭을 사용하고 아세안의 단체로 인정받겠다는 아세안 외부 단체들의 요청서를 상주대표위원회가 승인한다는 사실이다. 2017년에는 아세안 장애포럼ADF, 아세안 시장포럼AMF, 아세안 대법원장회의CACJ 등의 승인을 주도했다. 특히 장애인과 지방정부를 아세안의 주요 문제에 포함한 것은 진정으로 서로 배려하고 협력하는 아세안을 만들려는 마음에서 한 일이다. 해당 단체들의 승인 신청서가 오랫동안 보류되어 왔지만, 관료 사회의 특성을 활용해 조금만 밀어붙이면 해결될 수 있는 것이었고 우리는 밀어붙였다. 아세안 장애포럼의 경우, 승인 직후에 나는 이 문제가 어떻게 아세안의 구조에 포함될 수 있는지 알아보기 위해 상주대표위원회와 장애포럼 간에 대면 회의를 열었다. 이 회의에서 상주대표위원회는 장애포럼에 아세안 정부간인권위원회AICHR, 사회복지 및 개발에 관한 고위급회의SOMSWD, 고위경제관리회의SEOM 같은 기구에서 장애인들에 대한 경제적 지원을 위해 자신들의 의제를 주된 의제로 만들 방법에 대해 조언했다. 그리고 나는 아세안 사무국이 보유하고 있는 수백만 달러에 달하는 협력기금을 자신들의 사업과 계획을 위한 예산에 포함할 방법에 대해 안내했다.

그렇지만 상주대표위원회는 스스로를 '아세안 로힝야협회'라고 부르며 아세안이라는 명칭을 무단 사용한 외부 단체에 대해서는 제대로 힘을 쓰지 못했다.(어쩌면 다른 회원국들이 이 문제에 대해 어떤 조치를 취하는 것은 적절치 않다고 생각했는지도 모르겠다.) 어쨌든 아세안이라는 명칭은 세계지식재산권기구에 등록되어 있으며 법적으로 아세안이 승인한 단체나 조직에서만 이 명칭을 사용할 수 있다. 다시 말해, 이 승인을 얻기 위한 정식 절차가 있다는 것이다. 로힝야협회는 하나의 아세안 회원국 정부

〈사진 5-2〉 상주대표위원회와 아세안 장애포럼

를 반대하는 성명이나 활동을 지지했기 때문에, 법적으로도 해당 아세안 회원국은 불만을 표할 권리가 있었다. 다른 회원국들의 마지못한 지지로 인해 아세안 사무국은 이 협회에 아세안이라는 명칭을 넣지 못하도록 연락을 취하라는 요청을 받았다. 그런데 사무국에서 아무런 조치도 취하지 않음으로써 로힝야협회는 계속 아세안이라는 명칭을 사용했으며 상주대표위원회 역시 추가 조치를 하지 않았다. 이렇게 많은 단체와 조직들이 의도했든 그렇지 않든 아세안이라는 명칭을 불법으로 사용하고 있지만, 사실 아세안 회원국들은 이들을 추궁하는 데 별 관심이 없는 실정이다.

아세안 시장포럼AMF을 아세안 관련 단체로 승인한 것은 아세안 지방정부 산하 관료 조직들의 성격이 서로 다르다는 사실과 관계가 있었다. 필리핀과 인도네시아의 경우, 한 도시의 시장이 되려면 치열한 정치적 경쟁을 벌여야 하며 지방정부는 자율적인 특권과 권력을 행사한다. 반면 다른 아세안 회원국들의 경우, 시장 같은 지위는 임명직으로 주민들의 사회문화적 · 경제적 이익을 유지하고 관리할 책임을 맡는다. 이들은 단지 중앙정부 정책의 시행자일 뿐이며 정치권력은 미미하다. 따라서 단체의 이름을 정하는 일은 중요한 문제가 아닐 수 없었다. 아세안 시장협회, 아세안 지방정부협회, 아세안 지방정부포럼이 후보로 언급됐으나, 일부 시장들은 지역에 따라 주지사로 불리는 경우도 있었기 때문에, 상주대표위원회에서는 단체의 공식 이름을 정하고 승인하는 일에 대해 많은 토론을 거쳤다. 정치적 함의가 있는 문제이기에 그저 관료주의적인 절차만은 아니었다. 나는 이 단체들이 아세안 문서들에 명시되어 있는 것처럼 아세안공동체 구축 계획이나 활동을 실현하는 데 중요한 역할을 하므로, 아세안에서 당연히 공식 승인해줘야 한다고 생각했다. 예를 들어 일부 국가에서는 아세안 연계성기본계획MPAC에서 인정한 주요 인프라 구축 계획이 지방정부의 관할하에 있다. 필리핀 대표부는 2017년 내내 베르나디아 이라와티 탄드라데위 세계지방정부연합 아시아태평양지부UCLG ASPAC 사무총장, 필리핀도시연맹 대표로 활동한 경력이 있는 라니 카예타노 타기그 시장과 함께 이 문제를 해결하기 위해 노력했고, 마침내 모든 문제가 해결됨으로써 아세안 시장포럼은 2018년 초 아세안 관련 정식 단체로 인정받았다.

상주대표위원회는 중요한 결정을 내리는 동시에 아세안의 다양한 주요 공동체들과 대외 파트너, 협력자들 사이에서 가교 역할을 할 수 있는, 아세안에서 가장 효율적이고 중심적인 조직이다. 나는 이런 역할을 염두에 두고 상주대표위원회를 최대한 활용하여 아세안을 도우면서 조국인 필리핀도 도울 방안을 고민했다.

상주대표위원회와 공동자문회의를 통한 아세안 중심성 강화

공동자문회의JCM는 아세안공동체의 3대 중심축인 아세안 정치안보공동체APSC, 아세안 경제공동체AEC, 아세안 사회문화공동체ASCC와 아세안 사무국, 상주대표위원회의 고위급 인사들로 구성된 기관이다. 이들은 1년에 최소한 두 차례 이상 모여 회의를 진행한다.

아세안공동체의 3대 중심축을 중심으로 아세안 중심성을 강화하기 위해 상주대표위원회는 공동준비회의JPM를 통해 운영세칙TOR을 개정하는 작업을 주도했다. 아세안 정상회의를 준비하기 위한 행정, 실행계획 등 모든 문제를 논의하고 결정하는 본래의 기능을 감안하여, 공동준비회의는 다른 두 중심축이 아닌 이 문제에 대해 책임이 있는 회원국 외교부의 고위급 인사들만 참석하는 회의로 규모가 축소되었다. 내 생각에는 고위경제관리회의SEOM와 사회문화공동체위원회SOCA 대표들의 경우 특별한 역할이나 발언 기회가 없기 때문에 굳이 참석하지 않은 것 같았다. 통역 담당들의 자리, 각국 고위급 인사들의 복장, 초청자 명단이나 발표될 문서의 목록, 그리고 듣기에 따분한 일상적인 의제들과 관련된 보고서 등 일반 행정 문제에 초점을 맞춰 논의가 진행되었다. 그러다가 2016년 무렵이 되자 공동준비회의는 급격한 변화가 필요할 정도로 유명무실한 상태가 되었다. 헬렌 데 라 베가 대사(당시 아세안과 차관보)는 아세안 문제에 대해 그야말로 "친절과 봉사의 모범"이라고 부를 만한 인물이었는데, 나는 그녀와 함께 공동준비회의에 아세안공동체의 3대 중심축을 모두 조정하고 연결하는 기능을 도입했다. 그러면서 아세안 내에 자문 관련 기능이 부족하다는 사실을 깨닫고 공동자문회의로 명칭을 변경했다.

일이 여기까지 진척된 것은 아세안공동체의 3대 중심축(APSC, AEC,

ASCC)이 상호 협의 · 조정 없이 마치 별도 조직처럼 움직이는 경우가 많다는 사실이 동기가 되었다. 또한 업무를 주도하는 확실한 책임자나 부서가 없는 경우 세 공동체의 협력 문제가 아예 논외의 대상이 될 위험도 있었다. 이러한 문제의 대표적인 예로는 성평등 문제나 인권, 재난위험 완화 및 관리, 여성과 장애인 권리 신장, 평화와 화해 문제를 비롯해 테러리즘에 대한 대응이나 정치 · 안보 및 사회 · 문화 차원에서 조치가 필요한 많은 문제들이 제대로 해결되지 않을 위험이 있었다.

따라서 아세안으로서는 세 공동체를 함께 끌어나갈 수 있는 구조가 절실히 필요했다. 업무를 진행하는 과정에서 조화나 협의가 없다면 중심성을 잃어버릴 수 있었다. 공동자문회의는 세 공동체의 시너지 효과를 끌어내고 원래 청사진에 명시된 대로 아세안이 지향하는 목표를 달성하는 일종의 문제 해결 기구가 되어야 했다.

2017년 3월 14일 개최된 상주대표위원회 4/2017 회의에서, 나는 공동자문회의를 새롭게 개선하려는 우리의 의도를 전달하며 다음과 같은 내용을 지적했다.

1. 아세안공동체 내의 세 공동체 간 공동 문제에 대한 조정은 아세안에서 가장 약한 부분 중 하나이며, 따라서 아세안공동체 구축을 강화하려면 먼저 이 문제에 대한 개선 방안부터 논의해야 한다.
2. 여기서 공동자문회의가 중요한 역할을 할 수 있다. 아세안 회원국들은 세 공동체 위원회가 현안을 해결하기 위해 서면으로 복잡한 단계를 거치는 것보다 공동자문회의를 통해 좀 더 광범위하게 문제를 다룰 때 더 솔직한 토론으로 실질적인 진전을 이룰 수 있다. 또한 아세안 기구들 사이의 의사소통 관련 오해 사례도 줄일 수 있다.

3. 공동자문회의가 더 효율적으로 작업을 진행하기 위해서는 세 공동체가 공동으로 다루는 중요한 문제부터 구분한 뒤 논의를 위해 우선순위를 지정해야 한다. 회의가 시작되기 전, 세 공동체 모두가 이 내용을 먼저 확인해야 한다. 그리고 공동자문회의의 논의가 본격적으로 진행되면 각각의 공동체는 공동 사안에 대해 각자 어떤 권한을 가지고 대응할 것인지, 다른 공동체는 어떤 종류의 조정을 원하는지, 그리고 실제로 작업을 수행하는 데 따르는 문제점 등에 관해 이야기해야 한다. 공동 사안은 환경 문제와 성평등 문제, 재난 관리 등과 같은 일반적인 주제부터 아세안 공동체와 관련된 특정 회원국 지도부의 성명서에 이르기까지 대단히 다양할 수 있다.

아세안에 새로운 변화를 불러오려는 다른 시도들과 마찬가지로, 공동자문회의에 대한 제안도 처음에는 반대와 무관심에 부딪혔다. 다른 상주대표들은 아마도 경제, 사회문화 관련 관리들의 업무에 간섭하거나 이미 버거운 업무량을 더 늘리고 싶지 않았을 것이다. 그래서 아세안 주재 필리핀 대표부와 공동자문회의 필리핀 대표단은 세 공동체가 서로 조화를 이루지 못해 아세안의 중심성과 적합성을 잃을 위험에 처해 있다는 주장에 초점을 맞췄다. 결국 우리를 지지하는 목소리가 높아졌고 논의가 진척되었다. 상주대표위원회는 2017년 10월 11일에 열린 고위관리회의에 수정된 운영세칙을 제출했고, 10월 12일에는 공동자문회의에서 이를 긍정적으로 평가한 후 세 공동체 측에 의견을 제출해달라고 요청했다. 그리고 이 의견을 반영하여 마침내 2018년 3월 8일 싱가포르에서 열린 첫 번째 공동자문회의에서 수정된 운영세칙의 초안을 채택했다. 공동자문회의의 새 운영세칙에는 여러 부족한 부분을 보완하는 내용이 포함되어 있으며, 「부록 B」에 명시되어 있다. 향후 아세안의 발전 과정에서 아세안의 의제를 제대로 해결하려면 공동자문회의의 잠재력을 십분 활용해야 한다.

예를 들어, 2017년 아세안 사회문화공동체ASCC에서는 테러리즘, 급진주의, 폭력적 극단주의에 대응하기 위한 예방 문화 육성을 목표로 각국 지도자들의 성명서 발표를 주도했다. 물론 이 문제는 아세안 정치안보공동체APSC와 밀접한 관계가 있지만, 많은 사람이 교육과 근대화, 사회경제적 복지, 소셜미디어 사용 같은 초국가적 문제에 대응할 수단을 생각할 때 사회문화공동체가 주도하는 방식의 효율성과 우선순위를 신뢰하기 때문에 기술적으로는 별문제가 없었다. 다만 사회문화공동체 소속 장관들이 이미 성명서 발표에 합의한 이상 아세안 회원국의 외교부 장관들이 이를 기각할 권한이 없다는 게 문제였다.

나는 아세안 조정이사회ACC가 언제나 외교부 장관들로만 구성되며 아세안 경제공동체AEC 및 아세안 사회문화공동체 소속 장관들은 포함되지 않는 상황이 가지고 있는 근본적인 결함을 지적해왔다. 구성 자체가 이런데 어떻게 '조정이사회'가 될 수 있단 말인가. 따라서 서로 난처한 상황을 피하고 문제의 성명서를 아세안공동체가 모두 동의하는 내용으로 만들기 위해 우리는 상주대표위원회 회의에서 이 문제를 논의했고, 나는 고위관리회의SOM의 필리핀 대표에게 이 사실을 알렸다. 그가 사회문화공동체위원회와 조용히 협의하여 성명서에 대한 일부 수정을 끌어낸 결과, 세 공동체 모두의 입장이 성명서에 반영되었다. 다른 상주대표들도 본국의 고위급 인사들에게 이 사실을 알렸고 곧 사회문화공동체 문서를 수정하기 위한 비공식 컨센서스가 이루어졌다. 결국 고위관리회의와 고위경제관리회의SEOM가 제안한 수정 사항이 문서에 반영되는 동안 공동자문회의 내에서 모든 불편한 상황이 해결되었다. 그런 후에 비로소 사회문화공동체의 주도하에 2017년 11월, 평화롭고 포용적이며 회복력 있고 건강하고 조화로운 사회를 위한 예방 문화에 대한 아세안 선언이 발표되었다. 물론 정치안보공동체와 경제공동체의 의견도 여기에 반영되었다.

상주대표위원회의 회의 형식

상주대표위원회 회의는 보통 아세안 사무국 본부의 아세안 홀에서 열렸다.(2019년 말에 새 건물이 마련된 후 회의장 역시 더 널찍한 누산타라 홀로 바뀌었다.) 2014년 미얀마의 아세안 의장국 발족 당시, 상주대표위원회에서는 아세안에서 여는 모든 회의에 참석하는 국가의 좌석 및 입석 배치를 자세히 설명한 아세안 의전 안내서를 발간했다. 이 안내서는 자칫 혼란스러울 수 있는 상황에서 질서를 바로잡고 각 참여자에게 걸맞은 역할을 부여함으로써 아세안의 정체성을 확립하는 데 크게 기여했다.

상주대표위원회 회의의 경우, 의장은 출입구를 정면으로 마주 보는 자리에 혼자 앉는다. 왼쪽으로는 먼저 차기 의장 자리가 배치되는데 당시에는 싱가포르의 차지였다. 그리고 시곗바늘 방향에 따라 나머지 회원국 대표들이 알파벳 순서대로 자리 잡는데 싱가포르, 브루나이, 캄보디아, 인도네시아 등으로 이어진다. 예를 들어 자카르타에 도착한 순서 등 양자 간 회의에서의 자리 배치와는 다르게 진행되며, 모든 회의 참석자는 개인 자격이 아닌 주권국가의 대표 자격으로 참석한다는 점을 강조한다. 오른쪽 첫 번째 자리는 아세안 사무국 대표의 자리다. 부대표들은 보통 정식 대표의 옆자리에 앉고 나머지 관련 직원들은 뒤에 자리 잡는다. 탁자 위에 올라가는 국기도 당연히 같은 순서로 배치된다.

〈그림 5-2〉 상주대표위원회 회의장 배치도

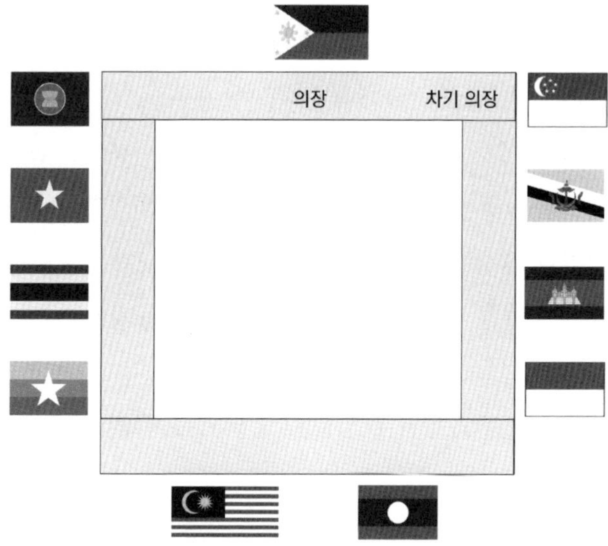

위의 〈그림 5-2〉는 일반적인 회의장의 모습으로, 아세안 평화화해연구소ASEAN-IPR와 연계성조정위원회ACCC, 아세안재단의 회의 역시 같은 형식과 형태를 따른다.

상주대표위원회의 회의 참석자

아세안 중심성은 누가 아세안이 주도하는 상황에 참여하고 참여하지 못하는 것인지 결정되는 부분에서도 알아볼 수 있다. 자카르타 상주 기구들은 아세안에 도움이 되는지 안 되는지 여부에 따라 누가 누구를 만날 것인지도 결정된다.

아세안 10개 회원국은 우선 아세안 상주대표라고 부르는 아세안 주재 대사를 각각 파견한다. 이들의 근무 기간은 각국의 내부 관행에 따라 평균 3년 이상이며, 필리핀이 의장국이었을 때는 브루나이와 미얀마, 필리핀, 태국에서 여성 대표를 파견했고 나머지 6개국에서 남성 대표를 파견했다. 나는 특히 미얀마의 우 민 린(훗날 미얀마 외교부 차관으로 승진), 싱가포르의 탄 홍 셍(현 세계무역기구 상주대표)과 함께 각국의 상황 및 입장 차이에도 불구하고 모두가 힘을 합쳐 아세안을 돕는다면 어떤 일들을 이루어낼 수 있을지 의견을 같이했다. 회의장이나 협상장 안에서야 격렬한 논쟁이 벌어지기도 하지만 이 외교관들의 공동체는 아세안을 위한 의제를 함께 추진하는 동안 일종의 동지애를 느끼게 되었다. 다자간 외교 업무의 실무자로서 우리는 다른 외교관들과 구분되는 상당히 독특한 행동 유형과 관점을 갖게 되었다. 무엇보다 우리는 아세안의 다른 동료들과 일하면서 만든 수많은 알파벳 축약어와 머리글자 모음집의 전문가들이기도 했다.[2] 상주대표위원회와 긴밀하게 협조하는 입장인 아세안 사무국은 보통 정치안보공동체의 사무차장이나 국장을 상주대표위원회 회의에 파견하여 지원한다. 때때로 사무총장이 직접 상주대표위원회 회의에 참석하는 경우도 있다. 아세안에서 사무총장의 역할은 정말 아세안의 지도자 역할에 가깝게 되기를 바라는 사람들과 그저 이름만 총장에 불과한 현실을 개탄하는 사람들 사이에서 많은 논쟁의 대상이 되어왔다. 그러나 사실 아세안 사무국은 관련된 모든 회의에 참석하면서 아세안공동체 내의 세 공동체 사이에서 절실히 필요로 하는 조정 작업을 맡아 하고 있다. 뒤에서 필요한 부분을 지원하며 아세안의 모든 회의 내용을 기록하고 또 필요할 때마다 제공하는 것도 사무국의 역할이다.

상주대표위원회는 아세안 대화상대국, 부분대화상대국과의 정기 회의를 주관한다. 또 때로는 시민사회단체들을 초청해 회의를 여는데, 예컨대 2017년에는 아세안의 승인을 받아 아세안 장애포럼을 열었고 80명 이상의 각국 대사들을 자카르타로 초청한 일도 있었다. 특히 아세안 대외 파트너의 고위급 인사들이 자카르타로 찾아와 상주대표위원회와 회의하거나 반대로 상주대표위원회 대표들이 단체로 해외로 나가는 경우에는 그야말로 고위급 인사들 간의 상호작용은 물론이고 아세안과 다른 국가들의 양자 관계 향상도 이룰 수 있다.

상주대표위원회의 의제

앞서 언급한 바와 같이 비록 아세안의 의제에 포함되지 않은 문제라 할지라도 중요하지 않다고 말할 수는 없는데, 이 경우 상주대표위원회의 역할이 더 중요해진다. 아세안에서 직접 다루기 껄끄러운 문제에는 아래에 언급된 바와 같이 양국 간의 분쟁이나 체면과 관련된 문제(153쪽 '상주대표위원회의 어조와 언어'에서 다루고 있다)를 비롯해 각국 정부나 국민에 대한 비판도 포함된다. 그렇지만 해당 지역의 복지, 안녕과 관계된 문제의 경우에는 더욱 일반적인 주제에 포함하거나 회의의 공식 의제로 지정하지 않고 논의해도 괜찮다는 컨센서스가 있다.

일반적인 상주대표위원회 회의의 의제는 지금까지 언급한 상주대표위원회의 기능과 관련된 문제들을 비롯해 특히 각국 지도부, 외교부 장관과 고위급 인사로부터 부여받은 지시와 관련된 임무 수행 부분도 포함된다. 또한 아세안 비전 2025처럼 주요 아세안 문서에 언급된 핵심 목표 달성 문제도 회의의 의제가 된다.

2016년 12월 1일 라오스가 필리핀에 상주대표위원회 의장직을 넘기는 기념식에서, 나는 앞서 언급한 바와 같이 상주대표위원회 의장의 목표에 관해 설명했다. 그리고 2017년 1월 18일 내가 주재한 첫 번째 상주대표위원회 회의에서는 다음과 같은 의제들이 논의되었다.

1. 의장국 필리핀의 주제와 우선순위
2. 상주대표위원회의 업무 계획
   한 해 업무 계획에는 고위관리회의와 각국 지도부 및 장관이 부여한 전년도의 의제와 지침 및 사업 지시 내용에서 부족했던 부분, 그리고 상주대표위원회의 운영세칙에 따른 새 의장의 계획 등이 포함된다.
3. 필리핀이 제안한 아세안 창설 50주년 기념행사
4. 아세안의 대외 관계
   먼저, 아세안과 대외 파트너들의 관계 문제를 다루는 과정에는 많은 시간과 노력이 소요된다는 점에 유의해야 한다. 아세안이 다루는 다양한 의제들은 모두 아세안 헌장, 아세안 비전 2025 같은 주요 문서들을 바탕으로 하고 있으며 거기에는 아세안공동체, 아세안 연계성기본계획 2025, 아세안 각 부문의 다양한 업무 계획에 대한 초안, 그리고 각국 지도부와 장관들의 성명서 및 선언문과 관련된 업무 계획 등이 포함되어 있다. 상주대표위원회의 임무는 아세안 회원국 내부와 대외 파트너들 사이에서 이 계획들을 실제로 추진하는 것이며 아세안이 직접 나서서 확인하고 이행을 약속한 수많은 문제에 대해서는 많은 관심을 기울이지 않는다. 다시 말해 상주대표위원회는 모두가 염려하고 관심을 가지는 분야에 대해서는 거의 논의하지 않는다. 특히 각국의 주권이나 내정에 대한 불간섭 원칙 등이 강조될 때 상주대표위원회의 활동은 거의 드러나지 않는데, 이러한 원칙들은 아세안 헌장, 동남아 우호협력조약(TAC), 아세안 비전 2025 등과 같은 아세안 문서에 이미 명시되어 있다. 또 기술직업교육훈련(TVET), 생물다양성과 기후변화, 빈곤 퇴치, 발전 격차 축소, 테러리즘 및 급진화에 대한 대응, 재난 위험 감소 및 관리, 지속가능발전목표 등과 같은 특정한 사안들에 대해서는 아세안 회원국들이 즉시 나서서 합의점을 찾을 것이다.

무엇보다 신경 써야 할 것은 특정한 아세안 회원국이 자국의 '주요 문제'를 상주대표위원회의 의제에 포함하기 위해 나서는 상황이다. 자카르타에서 6년 이상을 보내면서 나는 동료들의 특정한 성향을 거의 본능적으로 구분할 수 있게 되었다. 싱가포르는 항상 자유무역과 투자 제도 및 하늘길 연결의 자유화를 위해 분투하며, 필리핀과 인도네시아는 이주노동자의 권리와 복지를 비롯해 인권 증진과 보호 문제에 대해 항상 서로를 지원한다. 인도네시아는 모든 업무 계획에서 불법·비보고·비규제어업IUUF과 인도-태평양 지역에서 아세안 중심성을 강조할 기회를 찾는다. 캄보디아와 라오스, 미얀마, 베트남은 아세안 행동계획에 발전 격차를 줄이는 문제를 포함하기 위해 노력한다. 필리핀과 베트남은 협상 중인 여러 문서에 반영된 것처럼 남중국해에 대해 강경한 입장을 펼치고 있다. 필리핀의 경우 여성의 경제적·정치적 권한 확대, 기술직업교육훈련 및 생물다양성 문제를 중요하게 여긴다. 태국은 지속가능발전목표의 홍보 및 이행을 주도하는 국가다. 말레이시아 마하티르 총리가 선출되기 전의 말레이시아는 항상 테러와의 전쟁 전략으로서 세계온건주의운동의 역할을 강조해왔는데 최근 세계온건주의운동재단GMMF 직원들이 일부 부정행위에 연루되었다는 혐의를 받으면서 한발 뒤로 물러섰다. 어쨌든 이렇게 각 국가가 특별히 관심을 쏟는 분야에 대해서는 결국 아세안의 의제나 회의를 통해 더 많은 지원을 받거나, 아니면 적어도 상주대표위원회가 나서서 적절한 지원 방안을 모색하게 될 것이다.

반면에, 나중에 설명하겠지만 상주대표위원회는 자체적으로 의제에 도움이 되지 않는다고 판단될 경우 외부 상대가 제시하는 의제에 동의하지 않을 수도 있다.

상충하는 양자 분쟁에도 불구하고 아세안 중심성 유지

세계의 다른 지역들과 마찬가지로, 아세안 회원국들은 종교적·문화적·경제적·정치적 배경의 큰 차이로 인해 가까운 이웃 국가들과 양자 간 분쟁을 겪어왔다. 해당 분쟁들로는 필리핀의 보르네오섬 북쪽 사바 지역에 대한 영유권 주장, 캄보디아와 태국 간의 프레아 비헤아르 사원 분쟁, 말레이시아와 싱가포르 간의 페드라 브랑카섬 분쟁, 인도네시아와 필리핀 간의 미앙가스섬 분쟁, 태국과 미얀마 간의 안다만해 3개 섬에 대한 영유권 분쟁, 브루나이와 말레이시아 간에는 림방 지구와 남중국해 일부에 대한 분쟁이 있었으며, 인도네시아와 말레이시아 간에도 갈등이 존재했다. 그러나 이런 실질적이고 중요한 문제들은 그 어느 아세안 회의에서도 의제로 다뤄지지 않았다. 마티 나탈레가와 인도네시아 전 외교부 장관이 프레아 비헤아르 사원 분쟁의 중재에 나섰을 당시 이미 인명 손실이 초래된 이후였지만 아세안의 의제 항목으로 다뤄지지 않았다. 다만 아세안을 중심으로 하는 친근하고 우호적인 분위기 속에서 별도로 취급되어왔다. 다시 말해 양자 간 분쟁이 심각한 수준에 이른 상황 속에서도 아세안은 이런 갈등이 역내 협력에 방해가 되는 것을 허용하지 않았다. 이에 대해 로돌포 세베리노(Severino 2001)는 다음과 같이 설명한다.

아세안 내부에서 양자 간의 문제는 국경과 경계선, 혹은 이주 문제가 더해진다 해도 불필요한 국제 문제로까지 발전되지 않도록 양자 간에 처리된다. 다른 많은 역내 기구의 사례와 마찬가지로 아세안은 만장일치에 대한 강조로 모든 회원국의 중대 이익을 위협하는 조치가 취해지지 않도록 보장한다.

2013년 3월 취임했을 때, 나는 새로 부임한 대사들과의 관례로 신임 말레이시아 대사를 만났던 것을 기억한다. 당시 사바 지역의 라하드 다투Lahad Datu 사건[3]이 여전히 주요 이슈로 전 세계의 관심을 끌었고 사바 지역 영유권 문제는 관계를 해치지 않기 위해 평화적으로 지내온 필리핀과 말레이시아에 아주 까다로운 문제였다. 따라서 말레이시아 대사와 나는 아세안 내에서 이 문제를 논의하지 않을 것이며 양국의 주장이 우리의 지역적 목표를 추구하는 데 방해가 되도록 하지 않겠다고 다짐했다. 아세안에서 6년간 근무하는 동안 우리는 어떤 회의에서도 이 문제를 거론한 적이 없었다. 우리는 이런 민감한 문제는 양국 간의 적절한 회의나 유엔이 제공하는 적절한 자리에서만 논의하기로 했다.

이런 종류의 의제가 아세안 내에서 배제되고 양국이 마주한 자리에서만 논의된다는 것, 그리고 분쟁과 갈등의 관리 및 해결에서 평화적 수단과 법치주의를 사용한다는 사실은 지역 협력과 통합 정신을 강화하는 데 기여한다는 점에서 아세안 중심성이 가지고 있는 강력한 상징성으로 볼 수 있다.

아세안 컨센서스를 통한 아세안 중심성 또는 컨센서스 없는 아세안 중심성

앞서 언급한 바와 같이, 아세안 중심성에 대한 비판은 남중국해의 영토 분쟁과 북라카인주 분쟁, 역내포괄적경제동반자협정의 교착 상태 및 한반도 문제 등과 같은 중요한 사안들에 대해 아세안이 컨센서스에 도달하지 못한 무능함을 기반으로 하고 있다. 나는 이 책에서 상주대표위원회 의장으로서 나의 임기 동안에 있었던 세 가지 사례를 소개하고자 한다. 이는 아세안 회원국들 사이에서 감당하기 힘든 어려움이 있었지만, 아세안의 역량으로 컨센서스에 도달할 수 있었던 사례들로 남중국해, 불법·비보고·비규제어업, VX사린 화학작용제와 관련된 문제였다. 특히 VX사린 화학작용제의 경우 아세안 헌장에 추가된 내용과 화학무기에 대한 동아시아 정상회의 지도자들의 문서상 협의 내용이 문제가 되었었다.

남중국해 문제에 관한 아세안 컨센서스

상주대표위원회에서 협상과 관련된 거의 모든 문서에 남중국해 관련 내용을 삽입하는 것은 불가피하게 장기적이고 과열된 토론으로 이어질 수밖에 없다. 나와 베트남 대표가 선호하는 강경한 어조가 들어가는 것은 이 문제와 관련된 모든 협상의 특징이라고 할 수 있는데, 다음 사례를 살펴보자.

> 우리는 남중국해를 포함한 역내의 안정과 안전, 자유 항해 및 상공 비행을 유지하는 일의 중요성을 다시 한번 확인하고자 한다. 우리는 지역 내 군사기지화, 무력 위협 또는 사용뿐만 아니라 인공섬 건설을 포함해 상황을 복잡하게 만들 수 있는 행동을 피하고, 상호 신뢰와 확신을 강화하며, 활동에서 자제력을 발휘해야 할 필요성을 강조한다. 우리는 1982년 유엔 해양법협약(UNCLOS)을 포함해 일반적으로 인정받는 국제법 원칙에 따라 분

쟁이 평화적으로 해결될 필요가 있다는 사실을 재확인한다. 이와 관련하여, 우리는 남중국해 행동선언(DOC)의 전면적이고 효과적인 이행을 지지하며 국제법에 어긋나지 않는, 효과적이며 의미 있는 남중국해 행동규칙(COC)의 결론이 속히 내려지기를 기대한다.

이상의 내용에서 논쟁의 여지가 있는 부분은 바로 "군사기지화, 무력 위협 또는 사용뿐만 아니라 인공섬 건설"이라는 문구인데, 마치 일부 회원국이 지나치게 대립적이고 컨센서스에 이르지 못한다는 인상을 준다. 과거에 일부 회원국에서 '인공섬 건설'이라는 문구를 포함하려 한 적이 있었다. 그런데 최근 들어 이 문구 자체가 인공섬을 실제 존재하는 '섬'으로 인정받도록 해줄 수도 있다는 가능성을 우려하여 문구를 삽입하자는 입장에서 한발 뒤로 물러섰다. 유엔 해양법협약에 따라 상설중재재판소PCA는 스프래틀리군도[4]의 인공섬 건설이 해당 지역의 자연적 특성까지 바꾸지는 못한다는 매우 구체적인 판결을 필리핀에 전달했지만, 이 섬을 소유하거나 통제하는 사람들에게 또 다른 권리가 있다는 사실을 아울러 암시하고 있는 것도 사실이다. 나는 노엘 노비시오 부대표와 함께 회원국들을 만나 컨센서스에 도달하기 위해 별도 회의를 열었고, 결국 회원국들은 더 긍정적이고 실용적인 입장을 취하게 되었지만, 우려는 여전했다. 따라서 제31차 정상회담 의장성명에는 다음과 같은 마지막 조항이 들어갔다.

우리는 또한 남중국해에서의 평화, 안보, 안정, 해양 안전과 안보 및 규칙에 기반을 둔 질서, 항해 및 비행의 자유를 유지하고 증진하는 일의 중요성을 재확인했다. 이와 관련하여 우리는 상호 신뢰와 확신을 강화할 필요성을 재확인하고 영유권 주장국을 비롯한 기타 모든 국가의 활동에서 비군사화 및 자제의 중요성을 강조한다. 여기에는 행동선언(DOC)에 언급된, 상황을 더욱 복잡하게 만들고 남중국해에서의 긴장을 고조시킬 수 있는 사항들도 포함된다. 우리는 보편적으로 인정받는 국제법 원칙에 따라 분쟁의 평화적 해결을 준수할 필요가 있다는 사실을 다시 한번 강조한다.

한편, 필리핀과 다른 회원국들은 성명서의 다른 부분인 "법적 · 외교적 절차에 대한 전적인 존중"이라는 문구를 주장했는데, 이는 일부 회원국이 2013년 중국을 상대로 필리핀이 제기한 중재 절차 및 그에 수반되는 판결과 자신들은 아무런 관련이 없다고 주장하며 삭제를 시도하는 문구였다. 예컨대 캄보디아는 애초에 필리핀이 중재에 나선 유엔 해양법협약의 정식 회원국이 아니기 때문에 이런 문구를 사용할 수 없다고 줄기차게 주장해왔다. 2017년이 되자 아세안은 남중국해 문제에 대한 필리핀의 강경 발언으로 인해 공동성명서를 발표하지 못했던 2012년의 교착 상태를 피하고 이에 대한 합의점을 찾아야 했다. 아세안 내부에서 "법적 · 외교적 절차에 대한 전적인 존중"이라는 말은 특히 유엔 해양법협약에 따라 필리핀에 유리하게 진행되는 중재 절차를 뜻했다. 관련 회의에서 나는 다음과 같은 발언을 했다.

- 2016년 7월 24일부터 25일까지 라오스 비엔티안에서 개최된 제49차 아세안 장관회의의 공동성명서에도 반영된 바와 같이 "법적 · 외교적 절차에 대한 전적인 존중"은 이미 아세안의 기본 규범으로 자리 잡았다.
- 따라서 공동성명서 제2항에 이 원칙을 포함해 "법적 · 외교적 절차에 대한 전적인 존중"이라는 문구를 아세안의 통합과 중심성, 그리고 법치

준수 원칙과 함께 아세안의 핵심 가치로 명시한다.

- 필리핀은 법적 · 외교적 절차에 대한 전적인 존중이 남중국해 분쟁을 평화적으로 해결하기 위한 노력을 포함하여 아세안과 대화상대국 간의 관계뿐만 아니라 아세안공동체의 모든 활동에 적용된다는 점을 강조한다.
- 이상은 단지 필리핀만의 입장이 아니라 아세안의 입장이다.
- 필리핀은 역내 평화와 안정을 유지하기 위해 분쟁의 평화적 해결과 유엔 해양법협약을 포함해 법치주의 및 국제법 준수를 강력하게 옹호하는 활동을 계속해나갈 것이다.
- 필리핀은 남중국해 분쟁의 평화적 해결을 목표로 하는 이런 노력과 병행하여 이를 지원하기 위한 정치, 경제/투자, 문화 활동에서 상호 협력을 강화할 수 있도록 모든 당사국의 참여를 받아들일 준비가 되어 있다.

오랜 숙고 끝에 회원국들은 마침내 위의 주장에 동의했고, 2017년 제31차 아세안 정상회의 의장성명에 다음과 같은 조항이 들어갔다.

> 우리는 역내 평화와 안보, 안정을 유지 및 증진하며 무력 위협이나 사용에 의지하지 않고 **법적·외교적 절차를 전적으로 존중하겠다는 입장을 포함하여** 분쟁의 평화적 해결에 대한 공동의 약속을 재확인했다. 이에 따라 우리는 1982년 유엔 해양법협약을 포함하여 일반적으로 인정받는 국제법 원칙을 준수할 것이다.

또한 필리핀이나 베트남이 바랐던 내용과는 다소 거리가 있지만 남중국해 문제와 관련해 아세안이 만장일치로 합의했음을 분명히 해야 했다. 회원국들은 분쟁 지역에 대해 누구에게 소유권이 있는지를 결정하는 것이 아니라 역내 갈등 발생을 막는 것이 아세안의 주 관심사이며, 국제법이 그 원칙이 되어야 한다는 사실에 합의했다. 그리고 남중국해 문제와 관련하여 남중국해 행동선언의 효과적 이행과 남중국해 행동규칙 채택 추진에 합의했다. 이 모든 것은 분쟁 해결보다는 갈등 상황을 관리하고 큰 충돌로 이어질 수 있는 오해를 피하기 위한 신뢰 구축 전략의 일환이다. 아세안 회원국들은 남중국해 분쟁 해결을 위해 1982년 채택된 유엔 해양법협약을 비롯한 국제법 원칙의 적용을 전폭적으로 지지하고 있다.

아세안 외교부 장관들이 모였던 리트리트retreat, 비공개 자유 토론 행사가 기억난다. 당시 필리핀은 남중국해 문제에 대해 중국을 상대로 제기한 상설중재재판소 소송에서 필리핀에 유리한 중재 절차와 승리를 얻어내기 위해 아세안의 지지가 필요했다. 보기 드물게 솔직한 말들이 오고 간 토론 자리에서 어떤 장관이 이것은 컨센서스와는 거리가 먼 상황이라고 말했다. 2013년 필리핀은 아세안의 동의 없이 일방적으로 재판에 참여했고 따라서 아세안은 필리핀의 승소를 지지할 수 없었다. 그때나 지금이나 이 문제는 필리핀의 일방적인 결정일 뿐이며 따라서 필리핀은 아세안 전체의 지지를 기대하기 힘들다는 게 그 장관의 주장이었다. 그는 자신의 조국이 다른 회원국과 갈등을 겪었을 때 국제사법재판소ICJ에 바로 제소했으며 이에 대해 아세안의 승인이나 지지를 구하지 않았다는 사실을 언급했다. 그리고 이 문제에 대한 아세안의 컨센서스는 남중국해 전역의 평화와 안정에 최우선으로 초점을 맞춰야 하며 '양국 갈등' 문제 같은 것은 별도 장소에서 논의되어야 한다고 결론지었다. 그러자 다른 장관이 그의 의견을 지지하고 나섰으며 나머지는 전략적으로 침묵을 지켰다. 결과적으로 필리핀은 재판소에서의 승리를 아세안 전체의 승리로 만드는 데 필요한 아세안의 지원을 얻지 못했다. 당연한 이야기지만, 필리핀의 재판 참여 이전에 이미 회원국들과 많은 대외 파트너들이 보였던 가장 일반적인 견해는 남중국해 분쟁이 필리핀과 중국의 양국 문제이며 아세안 회원들이 발언 기회를 얻어 논의할 수는 있지만 다자간 회의를 통해 어떤 결론이 나서는 안 된다는 것이었다.

나는 이 문제가 재판까지 가기 전인 2012년 아시아유럽정상회의ASEM에 필리핀 고위관리회의SOM 대표로 참석했고 의장성명에 남중국해 관련 내용을 포함하기 위해 아시아와 유럽 국가들의 지지를 구했다. 관련 토론회는 오전 4시경에 열렸는데 실제로는 전날 오전 8시 30분부터 협상이 진행되어 점심과 저녁에 각각 30분씩을 제외하고는 쉬는 시간도 거의 없었다. 나는 열정적으로 우리 측 입장을 주장했지만, 한 아시아 대표가 아시아유럽정상회의는 남중국해 문제를 제기하기에 적절한 장소가 아니라고 반발했다. 그의 입장이 너무 강렬하고 단호했던 나머지 갑자기 재미있는 일이 벌어졌다. 너무 힘차게 책상 위를 손으로 두드리는 바람에 마이크가 그만 바닥에 떨어져버린 것이다! 다른 아세안 회원국 대표들은 침묵을 지켰는데, 아무리 중요한 문제라고 해도 지리적으로 남중국해에서 멀리 떨어진 유럽을 개입시켜서는 안 된다는 그의 의견에 동의했기 때문인지 모른다. 또한 이들 국가에도 각국 해역을 둘러싼 분쟁이 있었는데 이를 필리핀 문제와 혼동하게 만들고 싶지 않았던 것인지도 모른다. 결국 나는 베트남의 짧은 발언을 제외하고는 아시아나 아세안 회원국으로부터 어떤 지원도 받지 못했다. 그런데 아이러니하게도 내가 항상 불평했던 아시아유럽정상회의에서 유럽연합의 지배적 영향력을 통해 내가 원하는 내용이 삽입되었다. 영국, 독일, 프랑스와 유럽연합은 남중국해 주변 지역의 평화와 안정, 항해와 상공 비행의 자유가 우리 모두에게 영향을 미치는 관심사라는 데에 동의하면서 나의 제안을 지지했다. 그렇게 해서 아시아유럽정상회의 역사상 처음으로 남중국해가 '지역 문제'로 인정받아, 완곡하게나마 다음과 같은 단락이 추가되었다. 제9차 아시아유럽정상회의 의장성명의 제45항이 그것이다.

> 각국 대표들은 동등한 자격에서 서로를 존중하고 서로의 이익을 추구한다는 원칙에 따라 아시아와 유럽의 최근 발전 사항에 대한 의견을 교환했다. 우리는 유엔 헌장과 국제법에 따라 평화와 안보, 안정을 유지하고 분쟁을 평화적 수단으로 해결하기 위한 아시아유럽정상회의 회원국들의 노력을 인정했다.

누군가는 그저 작은 승리라고 말할 수도 있겠지만, 지금까지 아시아유럽정상회의에서 남중국해 분쟁 문제가 논의되거나 회원국 정상들이 승인한 공식 성명서에 포함된 적은 없었다. 다시 말해 그동안 필리핀 외교관들의 부단한 노력에도 불구하고 남중국해 문제는 그 심각성에 비해 중국에 대한 중재 재판에서 승소하기 전까지는 호소할 만한 국제적인 무대가 제공되지 못했다는 뜻이다. 지금은 남중국해 분쟁이 국제법에서 다루는 문제로 자리를 잡았으며, 필리핀에 대한 국제적 지원 부족이 역내 평화와 안정이라는 아세안공동체의 목표를 달성하기 위한 아세안의 노력까지 방해하지는 못했다.

아세안 회원국들은 법치주의에 근거한 원칙, 특히 유엔 해양법협약과 분쟁의 평화적 해결 원칙이 남중국해 문제를 다루는 근거가 되어야 한다는 데 의견을 같이했다. 또한, 아세안 내부의 갈등 해결을 위해 무력 사용이나 위협을 동원하지 않겠다는 입장도 지지했다. 회원국들은 남중국해 행동선언의 완전하고 효과적인 이행을 위해 하나로 힘을 합치면서 아세안과 중국 간의 남중국해 행동규칙이 완성되기를 기대하고 있다.

불법·비보고·비규제어업에 관한 아세안 컨센서스

상주대표위원회에서 뜨거운 논쟁이 오갔던 또 다른 문제는 제30차 아세안 정상회의 의장성명 및 아세안-호주 행동계획 등의 문서에 불법 · 비보고 · 비규제어업IUUF을 포함하자는 것이었다. 인도네시아는 의장성명에 특히 무게를 실어 이 문제를 공론화하려 했다. 그보다 앞서 수시 푸지아투티 인도네시아 전 해양수산부 장관의 지시로 인도네시아 영해에서 불법 조업하다 적발된 말레이시아, 필리핀, 태국, 베트남 어선들을 불태우고 침몰시킨 사건에 대한 보도가 있었다. 많은 인도네시아 사람의 경우 수시 장관의 이런 일반적이지 못한 방식을 지지하며 불법 · 비보고 · 비규제어업 문제를 강조했다. 인도네시아는 불법 · 비보고 · 비규제어업을 테러리즘과 마약 밀매, 인신매매 같은 비전통적 안보 문제와 함께 묶어서 하나의 조항에 포함하고자 했는데, 불법 · 비보고 · 비규제어업 문제를 그만큼 중요한 문제로 부각해 정치적 의미를 부여하는 데 목적이 있었다. 인도네시아가 제시한 내용은 다음과 같다.

> 우리는 여러 분야의 문제를 포괄적으로 다룰 것이며 거기에는 마약 밀매, 인신매매, 테러리즘, 폭력적 극단주의 같은 비전통적인 안보 문제와 초국가적 위험뿐만 아니라 재난 관리, 신종 전염병, 불법 · 비보고 · 비규제어업 같은 국경을 초월한 문제들도 포함된다. 우리는 국제사회와 협력하여 주요

핵심 지역과 전 세계의 문제를 해결하기 위해 더욱 노력할 것이다.

이러한 맥락에서 불법·비보고·비규제어업이 다른 심각한 안보 위협들과 동일시되었는데, 대부분의 회원국은 불법·비보고·비규제어업의 위협 수준을 지나치게 높게 보는 것이라며 반대하고 나섰다. 그러나 필리핀 입장에서는 불법·비보고·비규제어업이 아세안의 경제와 안보에 중대한 위협이 된다는 사실을 부인할 수 없었다. 비록 필리핀 어선들도 인도네시아의 대응으로 불타거나 침몰하고 선원들이 불법 조업 혐의로 구금되긴 했지만 그렇더라도 상황은 마찬가지였다. 구금된 어부나 선원들은 인도네시아 마나도에 있는 필리핀 총영사관으로부터 도움을 받을 수 있었다. 불법·비보고·비규제어업은 또한 영해 내에서 외국 어선이 연루된 불법 조업을 방지하려는 우리의 방식과 상충하는 면이 있었다. 이에, 나는 의장으로서 불법 조업 문제는 다른 심각한 정치·안보 위협이나 테러리즘, 인신매매, 마약 밀매 같은 중대한 문제가 아닌 경제 문제로서 일반 항목 아래 별도 조항을 마련하여 관련 내용을 삽입하자는 타협안을 제시했다. 그렇게 해서 만들어진 최종 공동선언문은 다음과 같다.

우리는 이 지역에서 불법·비보고·비규제어업 문제가 여전히 남아 있을 뿐더러 상황이 훨씬 더 복잡해지고 있다는 사실을 잘 알고 있다. 따라서 우리는 관련 국제법 및 조치의 효과적인 이행을 지원하는 것을 포함하여 이 문제를 해결하기 위해 지역 협력을 확대해나갈 것을 약속한다. 우리는 불법 조업과 관련된 문제를 논의하고 해결하기 위해 아세안 주도 기구가 주도하는 계획이 있다는 사실을 널리 알리는 바이다.

동아시아 정상회의 선언문의 아세안 관련 내용에서 "VX사린" 화학무기 명칭 사용에 관한 아세안 컨센서스

아세안의 대외 파트너들과 문서상의 내용을 협상하기 전에 먼저 아세안 내에서 합의된 내용을 제시해야 한다. 이런 합의 중에 제기된 논란 중 하나가 선언문 제7항의 "VX사린"이라는 용어의 사용이었다. 먼저 제시된 내용은 보기에는 단순하고 별문제가 없는 것 같았다.

> 공공의 안전과 안보에 중대한 위험을 초래한 쿠알라룸푸르에서의 조선민주주의인민공화국 국민에 대한 VX 신경작용제 관련 화학무기 사건을 규탄한다.

그런데 어떤 이유에서인지 두 회원국이 신경작용제의 명칭을 구체적으로 언급한 위의 내용에 동의하지 않았다. 아세안이 체면을 세워주는 방식으로 문제를 해결하고 단합을 유지한 것에 대해 이 책의 동아시아 정상회의 관련 부분에서 자세히 설명했지만, 말할 필요도 없이 아세안의 타협안은 아세안 중심성을 지지하기 위해 유지되었다.

아세안 헌장의 수정/갱신 불가에도 불구하고 아세안 중심성 유지

이 시기 필리핀이 상주대표위원회에 제시했던 가장 논쟁적인 주제 중 하나는 바로 아세안 헌장에 대한 재검토 혹은 수정이었다. 2017년 필리핀은 몇 가지 기본적인 오류가 있는 데다 2007년 선포 이후 10년이 지난 현실을 반영하기 위해서라도 지금이 아세안 헌장을 수정할 적기라고 판단했다. 원래 아세안 헌장은 5년마다 재검토를 하기로 되어 있었다. 2017년 1월 18일 나는 필리핀 정부의 지시와 내부 논의 결과를 가지고 내가 주재한 첫 번째 상주대표위원회 회의에서 이 문제를 언급했다.

그러자 즉시 다양한 제안들이 쏟아졌고 그중에는 비판적인 반응들도 있었다. 일부 회원국들은 재검토 제안이 맥락상 수정된 제48조나 검토 중인 제50조와 일치하는지 의문을 제기했고, 운영상의 변경 사항이라면 부록으로 간단히 첨부할 수 있기 때문에 굳이 헌장을 수정할 필요는 없다고 말했다. 또한 아세안 헌장은 아세안의 법적·제도적 틀의 기반이 되고 일종의 헌법이나 마찬가지이기 때문에 잦은 수정은 피하는 게 좋다고 주장했다. 그렇지만 나는 앞서 언급했던 오류와 헌장 선포 이후 아세안이 겪었던 중대한 변화 때문에라도 지금이 헌장을 수정할 적기라고 주장했다. 회의를 마칠 무렵 상주대표위원회는 수정이 필요한지 여부와 수정이나 검토가 필요한 헌장의 범위 또는 부분에 대해 고위관리회의SOM에 권고하기로 합의했다. 또한 헌장 수정의 정당성을 확인하는 동시에 어떤 기관이 헌장을 실제로 재검토할 것인지에 대해서도 의견을 제시했다.

2017년 2월 필리핀 보라카이에 모인 고위관리회의와 장관회의로부터 어떤 부분을 수정해야 할지 결정하라는 지시가 내려온 후, 나와 필리핀 대표부는 상주대표위원회 의장의 특권으로 기회가 있을 때마다 헌장 수정을 추진하기 위해 노력했다. 3월 말, 상주대표위원회는 고위관리회의에 다음의 〈표 5-1〉과 같은 헌장 개정안을 만들어 제출할 준비가 되어 있었다.

우리는 또한 '아세안 부문별 장관급 기구 및 부록 1'이라는 제목의 헌장 제10조가 일관성이 없다고 생각했는데, 아세안 외교장관회의AMM와 같은 아세안의 공식 기구가 아닌 단체들이 포함되어 있었기 때문이다.

〈표 5-1〉 아세안 헌장에서 수정할 부분에 대한 제시안

조항	현재 내용	제안 내용
제12조 아세안 상주대표위원회	**제12조. 아세안 상주대표위원회** (2)(e) 아세안 조정이사회에서 결정하는 기타 기능들을 수행함	**제12조. 아세안 상주대표위원회** (2)(e) 아세안 조정이사회에서 결정하고 승인한 운영세칙에 따라 기타 기능들을 수행함
제14조 아세안 인권 기구	**제14조. 아세안 인권 기구** 1. 인권과 기본적 자유의 증진 및 보호에 대한 아세안 헌장의 목적과 원칙에 따라, 아세안은 아세안 인권 기구를 설립한다. 2. 이 아세안 인권 기구는 아세안 외교장관회의에서 결정한 운영세칙에 따라 운영된다.	**제14조. 아세안 정부간인권위원회** 1. 인권과 기본적 자유의 증진 및 보호에 대한 아세안 헌장의 목적과 원칙에 따라, 각 아세안 회원국은 아세안 정부간인권위원회(AICHR)에 파견할 대표를 임명한다. 2. AICHR은 아세안 외교장관회의에서 승인한 운영세칙에 따라 운영된다.
제40조 아세안 연합가	**제40조. 아세안 연합가** 아세안은 연합가를 갖추어야 한다.	**제40조. 아세안 연합가** 아세안 연합가는 아세안 헌장 부록 5에 실려 있다.
제44조 대외 파트너들의 상황	**제44조. 대외 파트너들의 상황** 2. 대외 파트너는 정해진 절차 규정에 따라 공식적인 지위를 부여받지 않고도 아세안 회의 또는 협력 활동에 참여할 수 있다.	**제44조. 대외 파트너들의 상황** 2. 대외 파트너는 정해진 절차 규정과 아세안 외부 관계 지침에 따라 공식적인 지위를 부여받지 않고도 아세안 회의 또는 협력 활동에 참여할 수 있다.

예컨대 일-아세안센터나 아세안대학교네트워크 같은 단체들이었다. 따라서 우리는 제10조 제목에 '그 외 기타 기구들'이라는 문구를 추가하자고 제안했다. '아세안 부문별 장관급 및 그 외 기타 기구들'로 수정하거나, 아니면 부록 1에서 장관급 기구가 아닌 기구를 삭제하여 일관성을 갖도록 하자는 제안이었다.

그렇지만 7개월 동안 각고의 노력 끝에 할당된 작업을 완수한 나와 동료들은 크게 실망할 수밖에 없었다. 한 회원국이 돌연 아세안 헌장

수정안에 동의할 수 없다고 선언한 것이다. 나는 그 진짜 이유가 궁금했는데 아마도 해당 국가의 입법기관에서 수정안을 지지하다가 맞이하게 될 어떤 어려움이 문제가 되는 게 아닌가 싶었다. 또한 일각에서는 협상을 통해 아세안 헌장 최종 수정안에 이르기까지 몇 년 이상 시간이 걸리기 때문에 그동안 아세안 내부에서 또 다른 의견 불일치에 따른 조항 수정 요구가 나올 거라고 걱정하는 사람들도 있었다. 아세안 헌장을 처음 입안했던 토미 코 싱가포르 외교관은 다음과 같이 말했다. "아세안 외부에서는 아세안 헌장 재검토를 위한 정치적 의지가 부족하다고 지적하지만, 아세안 지도자들이 힘들고 정치적으로도 까다로운 노력을 들여야 할 필요성을 느끼지 못하는 게 현실이다."

앞으로도 다시 헌장을 수정할 기회를 확보하고 싶었던 필리핀은 제31차 아세안 정상회의 의장성명에 다음과 같은 내용을 삽입하여 상황을 수습하려고 했다.

> 우리는 상주대표위원회가 아세안 헌장의 특정 조항 및 항목을 수정하거나 개선하는 데 대해 광범위한 심의를 수행했으며 향후 또 다른 아세안 헌장 재검토의 기초가 될 작업 과정에 대한 실질적인 논의를 거쳤다. 우리는 기존 아세안 헌장에 규정되어 있는 목적과 원칙을 준수하면서 규칙에 기반을 둔 아세안공동체 건설을 추진하기 위해 계속 노력하고 있다. 아세안 헌장은 아세안에 충분한 법인격을 부여하고 아세안이 항구적인 평화와 공동 번영, 안보, 안정, 그리고 지속 가능한 경제성장과 사회발전이라는 목표를 실현할 수 있는 제도적 틀을 제공하는 도구다.

필리핀은 다른 9개국의 동의를 얻어 장관급 기구가 다른 기구들과 혼동되지 않도록 아세안 사무국이 부록 1의 목록을 범주로 다시 정리하도록 했으며, 부록 2 또한 전체 헌장을 수정할 필요 없이 여전히 활동 중인 기구들만 포함하고 새로운 기구는 인가를 원할 때만 포함하도록 수정했다.

모든 내용과 실행에서 아세안의 컨센서스를 끌어내지는 못했지만 아세안 중심성은 여전히 그 과정에서 영향력을 발휘했으며 다른 중요한 과정으로 이어지는 것을 방해하지도 않았다. 문제의 처리 과정은 아세안의 명성대로 대립 없이 통상적인 협의 방식으로 진행되었다. 지금 돌이켜봐도 우리가 컨센서스에 도달하지 못한 것이 아세안의 업무 성과와 목표 달성에 크게 영향을 주었다고는 생각하지 않는다. 특히 2025년 이후 새로운 10년을 위한 비전 성안 작업에 주력하고 있기 때문에 아세안 헌장을 수정할 또 다른 적절한 기회가 있을 것이라고 낙관한다.[5]

상주대표위원회의 어조와 언어

아세안 내부에서 사용하는 용어와 어조는 우호적이며 친근하면서 가족적이다. 사실, '가족'이라는 표현은 아세안만의 독특한 공동체를 가리키는 일반적인 표현이 되었다. 우리는 아세안을 '아세안 가족'이라고 부르는 경우가 상당히 많다. 각국의 제도와 경제발전 수준, 문화적 · 종교적 배경의 차이로 인해 이해관계가 각기 다르지만, 논쟁과 토론이 밤을 새울 정도로 길어지더라도 아세안 회의에서는 밖에서 흔히 볼 수 있는 신랄하거나 창피를 주는, 혹은 비난하는 표현은 서로 피하고 있다.

아세안에서 사용하는 용어와 어조는 대부분 '아세안 방식'의 기본 원칙이라 할 수 있는 서로 대립하지 않는 컨센서스를 근간으로 하고 있다. 아세안은 이런 아세안 방식을 아세안 내부에서뿐만 아니라 대외 파트너들도 준수해달라고 주장한다. 특히 아세안 지역안보포럼, 아세안+3, 아세안+1, 동아시아 정상회의처럼 아세안이 주도하는 기구 내에서 아세안과의 대화가 필요할 때 더욱 그렇다.

앞서 언급한 바와 같이, 아세안 방식은 아세안이 중요한 문제에 대한 해결책을 찾는 것을 방해하고 아세안 회원국 내에서 인권 유린이 자행되는 것을 방치하는 등 비효율적이면서 통제력이 없고 느린 체계라는 조롱을 받아왔다. 그렇지만 지역 안팎에서 관계를 이어갈 때 각자의 엄청난 배경 차이에도 불구하고 원하는 목표를 달성할 수 있었던 것은 사실 이렇게 조롱받아온 아세안 방식 덕분이었다. 아세안 사무총장을 역임했던 로돌포 세베리노(Severino 2001)는 아세안이 거둔 성과는 아세안식 접근방식으로 여러 국가들 사이에서 관계를 구축해나간 덕분이라고 지적한 바 있다. 세베리노에 따르면, 가식적인 태도나 대립이 아니라 대화와 컨센서스에 중점을 두고 조용한 토론을 선호하며 강압적이거나 반대로 지나친 저자세 외교는 피하는 것이 바로 아세안 방식의 특징이다. "상호 존중과 이해, 즉 각 회원국이 서로의 상황과 어려움을 이해하는 방식이야말로 역내 평화와 안정은 물론, 아세안의 미래에 필수적인 요소라고 생각한다." 아세안 창설 40주년을 기념하여 그동안 이루어낸 성과를 평가하며 그가 내린 결론이다.

국제관계에서 구성주의 이론을 따르는 코가(Koga 2010) 역시 아세안 회원국과 대외 파트너들의 관계를 이어나가게 해주는 효과적인 도구로 아세안 방식을 옹호한다.

사회구성주의 이론에 따르면, 국제관계의 관념적 요소는 행위자들 간, 그리고 행위자와 구조 간의 상호작용을 통해 정체성과 이해관계의 공식화를 추진한다. 이런 관점에서 제도는 특정한 상황에서 특정한 행위자 집단이 할 수 있는 적절한 행동을 정의하는, 어느 정도 신뢰할 수 있는 관행과 규정의 모음집으로 간주할 수 있다. 아세안 방식이라는 컨센서스와 의사결정 과정은 회원국의 행동을 제한하지 않고 오히려 협력을 모색하기 때문에, 냉전과 탈냉전 시대를 거치면서 아세안 방식이 아세안 안팎에서 자리를 잡았다고 생각한다.

실제로 아세안 방식은 유럽연합 같은 보다 엄격한 기구들이 지향하는 법적인 구조는 아니지만 성명서와 공동선언문, 그리고 아세안의 상호작용에서 나오는 비공식 문서들은 향후 진행되는 행동과 협력의 기초가 된다. 그리고 이러한 결정들은 모두 아세안의 이익을 증진하고 보호하며 발전시키는 것을 목표로 하는 특정한 활동으로 바뀌게 된다.

앞서 언급했듯이, 디팍 나이르는 아세안 방식의 상당 부분을 차지하는 "체면을 지키려는" 관행과 태도의 기원, 그리고 실행 및 결과를 이론화했다. 아세안은 이 개념을 잘 활용하여 분쟁을 피할 수 있었으며 이 "체면치레 방식"은 "그저 이성적이기만 한 법적 기구의 방식과는 대조되는, 상대방의 감정이나 처지에 관해 관심을 두는 태도를 더 높이 평가하는 방식"으로 사용된다.

내가 의장직에 있는 동안 특히 예산과 관련해서 체면 문제가 중요하게 여겨졌던 사례가 있었다. 상주대표위원회가 장관들에게 승인받아야 하는 아세안 사무국 연간 예산 집행이 계속 지연되던 때가 있었는데, 중요한 비용을 계속 확보하기 위해 전년도 예산에 필요한 내용을 추가할 수 있는 필리핀과 다르게 아세안 사무국은 연례 아세안 외교장관회의AMM 기간에 외교부 장관들의 승인을 받은 후에야 예산을 확보할 수 있었다. 그런데 어느 회원국의 상주대표가 아마도 자국 관료들의 내부적인 오해 때문이었는지, 3대 공동체의 진행 상황을 모니터링하고 법률 서비스를 강화하며 사무국 건물과 사무총장 관저를 수리하는 데 필요한 인력 고용 자금 같은 중요한 예산의 승인을 계속 가로막았다. 예산은 부문별이 아니라 전체가 한꺼번에 승인받아야 하므로 결국 다른 부문 예산까지 문제가 되었다. 7월 초로 예정된 예산안 제출일이 거의 다 되어서야 나는 해당 회원국에 아세안을 위한 자금 여력이 없어서가 아니라 단지 고위 관리들이 연루된 관료주의 때문에 이런 상황이 벌어졌다는 사실을 알게 되었다. 화가 났고 크게 좌절했지만, 나는 그런 기분을 회의 석상에서 공개적으로 드러내 누구를 탓하거나 비난하는 대신, 그 회원국 고위급 장관에게 문제가 정리될 수 있도록 조용히 도움을 요청했다. 장관은 즉시 상황을 이해했고 얼마 지나지 않아 예산안이 승인되었으며 사무국은 다음 해 예산 증액을 확보했다.

협상 중인 특정 사안에 대해 지루한 논쟁이 벌어졌을 때 이렇게 공개적인 대립을 피하는 접근방식으로 큰 도움을 받은 적도 있었다. 한 회원국이 회의에 정식 대사를 파견하지 않았는데, 대신 참석한 대표는 그 자리가 너무 어색했는지, 아니면 준비가 부족했거나 자국을 위해 섣부른 결정을 내릴 수는 없다고 생각했는지, 별다른 논쟁의 여지가 없는 가장 단순한 문제까지 계속 의견을 유보하거나 심지어 반대하고 나섰다. 이 대표 때문에 지금까지 협상해온 많은 문제의 결론을 제대로 내릴 수 없었고 나는 의장으로서 점점 초조해졌다. 그래서 사실상 지위가 낮은 이 대표를 회의 석상에서 공개 비난하는 대신, 해당 회원국의 고위급 인사에게 적절한 협상 자격과 권한이 있는 새 대표를 보내달라고 조용히 부탁했다. 그 회원국은 이렇게 체면을 살려주는 나의 접근방식을 높이 평가하여 대사급 대표를 새로 파견했으며 그후 모든 일이 잘 해결되었다.

아세안 회원국들은 특히 인권과 남중국해, 북라카인주 관련 문제에 대해 내부에서조차 직접적인 대립적 접근방식을 지향해야 한다는 엄청난 압박을 받고 있다. 지금까지 아세안은 공개적인 대결을 종용하는 이러한 압박에 굴복하지 않았지만 그렇다고 문제를 완전히 무시하겠다는 의미는 아니다. 아세안은 이런 까다로운 문제들에 대해 아세안 방식과 일치하는 방식으로 논의를 진행하며 누구도 이런 식의 개입을 회원국에 대한 내정 간섭이라고 부르지는 않는다. 대신 필리핀의 경우, 앞서 언급한 것과 같은 어려운 문제들을 논의할 때는 언제나 '작은 손가락에 난 작은 상처의 고통도 결국 온몸으로 퍼져나가는 법'이라는 필리핀 속담을 떠올리곤 한다.

나는 미얀마에 북라카인주 난민들의 상황을 해결하기 위한 구체적인 조치를 할 것을 촉구하는 일부 회원국 장관들의 리트리트에 참석했는데 그 자리에서 일부 회원국 장관들은 미얀마에 대해 북라카인주 난민 상황을 해결하기 위해 구체적인 조치를 할 것을 촉구했다. 한편 아세안 회원국들은 그들을 서방 국가들이 부르는 로힝야라는 명칭으로 부르지 말아달라는 미얀마의 요청도 받아들였다. 로힝야라는 명칭 자체가 그들을 미얀마 국민으로 공식 인정한다는 뜻이 되기 때문이라는 것이 그 이유였다. 이런 정체성 문제 역시 중요한 쟁점 중 하나다. 아세안 회원국들은 아세안 밖에서 보통 그러는 것처럼, 미얀마의 인권침해를 비난하는 대신 난민들의 상황을 돕고 인권침해라는 우려를 해소하기 위해 무엇을 할 수 있을지 미얀마 측에 먼저 문의했다. 이런 모임과 논의의 결과인지는 모르겠지만, 어쨌든 그 이후 미얀마는 난민들에 관한 주요 문제를 해결하기 위해 방글라데시와 양국 협의에 착수했고 아세안 사무총장의 시찰단 파견을 포함해 일정 부분 아세안의 개입을 허락했다. 하지만 나는 지금도 여전히 미얀마가 북라카인주의 가엾은 사람들을 돕기 위해 더 많이 일해야 한다고 생각한다.

아세안 연계성조정위원회의 아세안 중심성

자카르타에 있는 또 다른 아세안 기구로서 아세안 중심성을 실천하고 있는 기구가 내가 6년 동안 참여했고 2017년에 의장직까지 맡았던 아세안 연계성조정위원회ACCC다. 이 위원회는 아세안 중심성의 실천과 대외 파트너들과의 관계 모두에서 아세안 방식의 컨센서스가 이뤄졌는지 확인하는 시험대이기도 하다. 연계성조정위원회는 아세안 상주대표나 회원국들이 임명한 기타 특별대표로 구성되며, 주로 아세안 연계성 기본계획MPAC 2025의 실천 과정을 조정하고 이를 통해 대외 파트너들과 협력하는 임무를 맡고 있다. 연계성조정위원회의 운영세칙TOR에 대해서는 「부록 C」에 자세히 나와 있다.

아세안 연계성기본계획 2025는 다음과 같은 5가지 전략적 영역으로 구성되어 있다. 즉 i) 지속 가능한 인프라, ii) 디지털 혁신, iii) 원활한 물류, iv) 규제 우수성, v) 사람들의 이동성이다. 전략적 영역에 따라 총 15개의 핵심 세부 계획이 있는데, 연계성기본계획 2025가 3대 아세안공동체, 그중에서도 특히 아세안 경제공동체AEC에 의한 협력과 실행을 필요로 하는 또 다른 아세안 계획이라는 사실은 누구나 알 수 있다.

아세안 연계성ASEAN Connectivity은 일종의 역설이다. 아세안 연계성은 어떤 공동체 뿌리도 없는 독자적인 개념일 수도 있고 동시에 너무 많은 뿌리를 가져 모든 아세안공동체를 아우르는 개념일 수도 있다. 제1차

10개년 아세안 연계성기본계획은 2007년 연계성기본계획 1이라는 이름으로 발표되었지만 원래 의도된 사용자들의 계획과 목표에 대한 주체가 누구인지 불분명해지는 등 여러 가지 이유로 인해 실행률이 38퍼센트 선에 그쳤다. 그래서 우리가 또 다른 연계성기본계획에 대해 논의할 때, 나는 몇몇 동료와 함께 모든 회원국이 주체가 되어 이 계획에 대한 소유권을 행사할 수 있게 만들자고 주장했다. 그래야 전보다 실행률이 높아지기 때문이다. 다시 말해 세부적인 계획이 다 현실적이어야 함은 물론, 다른 부문에서도 이 계획을 실행할 의향이 있는지 확인하지 않고 그저 우리가 바라는 내용만 막연히 늘어놓아서는 안 된다는 뜻이었다.

그러나 그렇게 해서 만들어진 연계성기본계획 2025도 처음부터 생각대로 진행되지 않으면서 아세안 계획 중에서도 실행이 어려운 계획이라는 사실이 다시 한번 입증되었다. 무엇보다 계획의 핵심적인 부분이 원래부터 하나가 아닌 3대 아세안공동체 모두에 속해 있는 게 문제였다. 하나의 아세안 기구가 선두에 서서 계획을 이끌지 못할뿐더러 앞서 논의한 바와 같이 각 공동체가 각자의 계획에만 집중하는 경향 때문에, 독자적 계획안이 될 수 없는 연계성기본계획을 소홀히 여기는 경우가 많았다. 새로운 연계성기본계획이 2016년 11월 발표되었지만 해가 바뀐 후에도 직접적인 이해당사자들 사이에서조차 제대로 된 승인이 거의 이루어지지 않았다. 고위급 경제 관료, 아세안의 재무 및 중앙은행 책임자들, 고위급 교통부 인사들 같은 대부분의 아세안 관료는 모두 각각의 체계에 따라 자체적인 사업계획이나 청사진을 갖고 있었으며, 그들이 계획하지 않은 새 계획까지 떠안을 생각이 없었다.

실질적으로 계획을 실행해야 하는 기구의 의욕 부족을 해결하기 위해, 전해의 아세안 의장국인 라오스는 다양한 아세안 기구들에 이 계획을 널리 알리기 위한 포럼을 소집하기로 했다. 라오스가 의장국으로서 준비한 '아세안 연계성기본계획 2025 실행과 개념 정립을 위한 워크숍'이라는 이름의 이 행사는 2017년 2월 개최될 예정이었는데, 내가 책임자가 된 2017년 1월 초까지도 여기에 참석하겠다고 연락해온 아세안 기구는 단 한 곳뿐이었다. 아세안 사무국의 아세안 연계성 담당자인 림 체친과 내 부하 직원인 한 웬세슬라오는 크게 낙담했다. 나는 긴급회의를 소집해 우리가 세운 전략을 다시 살펴봤다. 그렇게 해서 행사 일정이 2017년 7월로 변경되었고 모든 이해당사자가 여기에 참석할 수 있도록 다른 조치들도 취하기로 결정되었다. 여기에는 아세안-호주 개발협력계획 IIAADCP II를 통해 자금을 대기로 한 호주 정부, 역시 자금 지원을 약속한 아세안·동아시아경제연구소ERIA와의 협상도 포함되었다.

우리는 아세안-호주 개발협력계획 II가 후원하는 연계성 포럼과 아세안·동아시아경제연구소가 주최하는 연례 연계성 포럼을 연달아 개최하여 일단 한 행사에 참여하기 위해 모인 대표들이 내친김에 계속 다른 행사에 참여하게 만들겠다는 전략을 세웠다. 그렇지만 아세안·동아시아경제연구소와 호주 정부 모두 재정 지원에 대한 지침이 엄격해서 일종의 공동 행사 진행을 위한 준비는 처음부터 수월하지 않았다. 사실상 공동 행사여서 자금을 지원하면서도 행사의 주체가 되지 못한다면 문제가 될 수 있었다. 우리는 지혜를 짜내 협상을 계속했고 아세안·동아시아경제연구소도, 아세안-호주 개발협력계획 II 관계자들도 아세안 연계성 향상이 공동의 목표라는 것에 동의했기 때문에 서로 유연성을 발휘하여 원하는 방향으로 작업을 진행할 수 있었다. 이 대단히 드문 기회를 통해 교통, 금융, 이민, 교육, 무역, 산업, 관광 등과 관련된 각 아세안 기구의 10개 회원국 대표 및 다양한 이해당사자들이 참여했고, 아세안 연계성과 관련된 3대 공동체 내에서 핵심 계획을 공식적으로 실천하는 데 각자 힘을 더하기로 했다. 2017년 7월 필리핀 알라방에서 열린 포럼에서 대표들은 해당 주제에 대한 전문가이자 각각의 계획과 관련된 사람들로서 아세안 연계성에 대한 도전을 해결하고 아세안 연계성 기본계획 2025의 단계적 실천을 돕기 위해 준비한 계획서 초안에 기술적인 지원까지 해주었다.

다만 여전히 해결해야 할 과제가 하나 더 있었는데, 아세안에는 물리적 인프라 역할을 할 각각의 부문별 기관이 없었다. 아세안 연계성 기본계획 2025의 핵심 계획에는 계획 실천을 감독할 이행주도기관LIB이 있어야 하지만 아세안에 그런 기관이 없었기 때문에 대신 고위경제관리회의SEOM가 이행주도기관으로 지정되었다. 고위경제관리회의로부터 직접 보고받는 아세안 경제장관회의AEMM가 금융, 교통, 통신, 과학기술, 농업 등 많은 분야를 다루는 아세안 경제공동체의 최종 조정자나 마찬가지였기 때문이다. 그런데 고위경제관리회의 측에서는 자신들

〈사진 5-3〉 제8차 아세안 연계성 심포지엄

도 자체적으로 아세안 경제공동체 청사진을 추진해야 하는 부담이 있기 때문에 새로운 분야의 이행주도기관이 되고 싶지 않다는 뜻을 분명하게 전해왔다. 실제로 2017년 2월 보라카이에서 열린 회의에서 고위경제관리회의는 아세안 연계성기본계획 2025에 관여하지 않고 자신들의 계획에만 집중하기로 의견을 모았다.

그래서 연계성조정위원회에서는 이 문제를 아세안 방식으로 해결하기로 했다. 나의 지휘 아래 고위경제관리회의와의 직접적인 대립을 피하고 대신 림체친과 내가 2017년 3월 방콕에서 열린 고위경제관리회의에 참석하여 아세안 연계성기본계획 2025가 무엇인지, 이 계획을 이행하기 위해 왜 고위경제관리회의가 필요한지에 대해 설명했다. 나는 연계성조정위원회와 고위경제관리회의는 서로 협력관계에 있을뿐더러 이행주도기관 역할이 그렇게 복잡하거나 어렵지 않고, 무엇보다 우리가 모두 힘을 합치는 것이 중요하다는 사실을 알리기 위해 노력했다. 상주대표가 고위경제관리회의에 참석하는 것은 드문 일이었기 때문에 나는 적지 않은 호감을 얻었다. 그렇지만 나는 이에 멈추지 않고 계속해서 내 의견을 알렸다. 그리고 얼마 뒤, 나는 고위경제관리회의 의장인 필리핀 통상산업부의 안나 로베니올과 비공식 양자 회담을 열어 다음과 같은 4가지 해결책을 제시했다.

a. 공동자문회의의 요약 기록에 반영될 수 있는 "이행주도기관"이라는 용어에 대해 새롭게 정의한다. 이 정의를 통해 고위경제관리회의는 핵심 계획을 추진하는 유일한 책임자는 아니지만 적어도 전반적인 조정자 역할을 해야 한다. 이런 타협안을 통해 고위경제관리회의가 아세안 연계성기본계획 2025 추진에 참여하도록 장려한다.

b. 고위경제관리회의의 권한 또는 범위를 벗어난 일이 발생할 경우 고위경제관리회의가 어떤 조치를 할 필요는 없다. 다만 전반적인 조정자 역할만 수행한다. 연계성조정위원회 의장은 여러 추진 기관들에 서신을 보내 고위경제관리회의와의 협력을 촉구한다.

c. 또한 아세안 사무국은 아세안 연계성기본계획 2025에 따른 결과물들을 관리하는 지원 역할을 할 것이다. 연계성조정위원회와 아세안 사무국은 아세안 대화상대국이나 기타 대외 파트너로부터 자금을 지원받아 지원 역할을 계속하기 위한 프로젝트 개념서와 제안서를 준비할 것이다. 고위경제관리회의는 계획의 준비 및 추진을 위한 감독 역할을 한다.

d. 연계성조정위원회와 아세안 사무국은 주요 이행주도기관들과 협력하기 위해 무엇보다 분야별 회의에 참여함으로써 연계성기본계획을 추진하는 분야별 기관들과도 관계를 이어갈 것이다.

당장 완전한 컨센서스가 이루어지지는 않았지만 고위경제관리회의 의장의 태도가 다소 부드러워졌고, 다음 날 이어진 공동자문회의 이후 고위경제관리회의는 마침내 물리적 기반 시설을 지원하는 주요 계획 1번의 이행주도기관이 되는 데 합의했다.

또한 연계성조정위원회는 연계성 분야를 공동자문회의의 영구 또는 정규 의제 항목으로 만드는 데 성공했으며 이를 통해 물리적 인프라를 위한 이행주도기관에 대한 새로운 정의가 공식화하는 장이 되었다. 나는 아세안 비전 2025의 구성 방식 때문에 아세안이 내부적으로 서로 협력하지 못하고 제각기 움직이는 것을 가장 두려워했는데, 이렇게 연계성 문제가 아세안공동체 구조 안에 포함되면서 중요한 고비를 하나 넘은 것 같았다.

아세안 평화화해연구소의 아세안 중심성

아세안 평화화해연구소ASEAN-IPR는 자카르타에 자리하고 있는 또 다른 아세안 기구로, 최소 8명의 상주대표위원회 대표와 수도에서 온 대표 2명(보통 인도네시아와 태국에서 온다)으로 구성되어 있다. 이 연구소의 운영세칙에는 다음과 같은 기능들이 명시되어 있다.

a. 평화, 분쟁 관리 및 분쟁 해결에 관한 연구 활동

b. 아세안 정치안보공동체(APSC) 청사진에서 합의된 활동 및 아세안 회원국이 합의한 추가 활동 추진

「부록 D」에 나와 있는 아세안 평화화해연구소의 운영세칙

아세안 회원국 간의 큰 차이에도 불구하고 컨센서스에 도달하여 아세안 중심성을 성취한 또 다른 사례를 살펴보자. 나는 아세안 평화화해연구소라는 틀 아래에서 아세안 여성 중재자 네트워크ASEAN Women Mediators Network라는 것을 한번 구축해보자고 제안했다. 전 세계 다른 지역에서는 자체적으로 구성된 이런 여성 중재자들의 모임이 있는데 아세안에는 왜 없는지 그 이유가 항상 궁금했었다. 예컨대 아프리카에는 펨와이즈-아프리카FemWise-Africa가 있고 지중해 연안 지역과 북유럽에도 각각 여성들만의 중재자 모임이 있으며 영연방에는 영연방 여성 중재자들Women Mediators Across the Commonwealth이라는 단체가 있다. 그리고 전 세계 지역 여성 중재자 네트워크 연합Global Alliance of Regional Women Mediator Networks도 빠트릴 수 없다. 이 모임들은 평화와 화해의 과정에서 여성이 차지하고 있는 중요한 역할에 대한 살아 있는 증거나 다름없다. 노르웨이 주재 대사로도 근무했던 나는 2015년 오슬로에서 시작된 북

유럽 여성 중재자 네트워크Nordic Women Mediators Network에 대해서도 잘 알고 있었다.[6] 따라서 나는 주아세안 노르웨이 대사인 모르텐 회그룬드를 비롯한 노르웨이 측 인사들의 도움을 받기 위해 개인적으로 접촉했고, 이들은 아세안에 비슷한 종류의 단체를 만들기 위해 지원해주기로 동의했다. 나는 분쟁 중재, 평화 회담 촉진, 평화 구축 및 협상을 포함해 평화와 안보 분야에 대한 다양한 전문 지식을 가진 여성들로 구성된 아세안만의 단체를 만들고 싶었다. 평화와 화해 분야에 있어서 중재, 정전 조치, 헌법 개정, 민군 관계, 국제인도법, 인권, 소통 및 포괄적인 전략에 대해 잘 아는 여성들이 있다.

나는 아세안 회원국 내에도 이런 자질과 전문성을 갖춘 여성들이 있다는 사실을 알고 있었지만, 이들이 평화 프로세스와 화해에서 어떤 노력을 하고 있는지 아는 사람은 그리 많지 않았을뿐더러 전 세계적으로도 여성이 가장 크게 기여할 수 있는 분야에서 여성 대표를 거의 찾아볼 수 없다.

아세안만의 여성 중재자 네트워크를 구축하자는 제안은 2015년 12월 세부에서 필리핀 대표부 주최로 열린 심포지엄[7]의 직접적인 결과이기도 하다. 이 심포지엄에서 우리는 평화 프로세스와 화해에 참여하는 여성 평화운동가 연합을 구축하자고 제안했다. 참석자 중에는 인도네시아 출신의 샤디아 마르하반이 있었다. 마르하반은 인도네시아의 자유아체운동GAM에 아동 전투원으로 참여했고 헬싱키 회담에서 30년 분쟁을 마무리 짓는 중재자로 나서서 크게 활약했다. 마르하반은 이후 국제적인 중재 전문가로 명성을 얻었다. 또 다른 저명인사로는 필리핀계 이슬람 조직인 모로이슬람해방전선MILF과의 회담에서 필리핀 대표로 나섰던 미리암 코로넬-페레르 교수가 있었는데, 그녀는 실제로 시행된 평화 협상에서 협정서에 서명한 최초의 여성 대표이기도 했다. 여성주의 관점에서 우리는 여성이 협상가, 중재자, 조력자 혹은 평화 유지 주체로서 더 큰 역할을 할 수 있다면 필리핀과 미얀마, 태국을 포함한 아세안의 여러 분쟁 지역에 평화 프로세스와 화해를 가져오는 데 많은 진전이 있을 것이라는 전제를 내걸었다.

2017년 4월에 열린 아세안 평화화해연구소 회의에서 나는 아세안의 이름을 앞세워 함께 중지를 모으는 절차적 방식인 이른바 '개념 정리Concept Note'를 통해 동료들에게 이를 알렸다. 그렇지만 모든 회원국에 필요한 자격을 갖춘 여성 중재자가 충분하지 않다는 단순한 현실 때문에 아세안의 공식 승인을 바로 얻지는 못했다. 그런 인력은 주로 필리핀과 인도네시아, 미얀마 같은 곳에 몰려 있었다. 아세안 내부 규정에 따라 아세안 산하에 있는 모든 단체와 기구, 조직에는 모든 회원국 대표가 참여하거나 아니면 적어도 모든 회원국의 암묵적인 승인을 받아야 한다. 그런데 싱가포르나 브루나이처럼 평화 협정이나 내란 문제와 관련 없는 국가들도 있다. 이런 국가의 여성들 사이에서 이런 종류의 전문가가 많지 않은 것은 당연한 일이다. 그래서 그들은 우리 계획을 별반 달가워하지 않았지만 나와 평화화해연구소를 담당하는 알파파라는 이에 굴하지 않았다. 우리는 제안서의 주제를 좀 더 단순하게 '아세안 평화와 화해 여성 전문가ASEAN Women Experts on Peace and Reconciliation'로 바꾸고 참가 자격도 평화 협상에 참여하는 실무자 혹은 전문가로 변경했다. 그렇지만 이렇게 바꾼 제안 역시 모든 회원국에 그런 전문가가 있다고는 생각하기 어려웠는지 공식 승인을 받지 못했다. 또한 일부 회원국의 경우 우리가 평화화해연구소에 직접 영향력을 행사하고 책임자인 소장을 임명하기 전까지는 그런 기구를 독자적으로 만들 수 없다고 주장했다. 이는 평화화해연구소 사무국의 운영세칙과 협의가 필요한 또 다른 중요한 걸림돌이었다.

몇 개월에 걸친 심의 끝에 우리는 요구 조건을 모두 충족시킬 수 있었고, 2017년 10월 필리핀이 주최한 국제인도법에 대한 평화화해연구소 심포지엄의 부속 행사에서 나는 제니 레즐란 대사를 평화화해연구소 초대 소장으로 임명한다고 발표했다. 세 차례에 걸친 시도 끝에 마침내 나의 제안이 만장일치로 승인되었다. 나는 이 아세안 여성 전문가들의 네트워크에 아세안 여성평화등록위원회AWPR라는 이름을 붙였고 이 위원회가 어떤 식으로든 평화와 안보, 화해를 위해 일하는 모든 회원국 여성의 대표가 될 것으로 기대했다. 이 여성들은 중재자, 협상가, 조력자, 평화와 화해 문제를 연구하는 학자나 교사일 수도 있고 또는 그저 각자의 조국에서 이런 운동을 지지하는 사람일 수도 있다. 누가 여기에 참여할 수 있는지 문턱을 낮추는 일은 모든 회원국이 딱히 마다할 이유가 없었다. 알파파라는 크게 기뻐하며 누구보다도 열심히 위원회 출범을 준비했다.

세부Cebu 심포지엄에서 꿈이 이루어진 지 3년 후인 2018년 12월 13일, 우리는 노르웨이 정부의 자금 지원을 받아 제니퍼 오레타 박사를 대표로 하는 아테네오 데 마닐라 대학교와 함께 세부에서 아세안 여성평화등록위원회의 문을 열었다. 위원회 출범을 막으려는 한 회원국의 마지막 시도는 그 나라 대사의 외교적 능수능란함을 통해 피해 갈 수 있었다. 이 회원국은 여성평화등록위원회에 파견할 대표자를 정할 수 없다며 거듭 반대 의사를 밝혔지만, 관련 회의에는 계속 참석하겠다고 말했다.[8] 또한 그동안 계속해서 여성평화등록위원회의 의제를 내전에서 사이버 안보 같은 비전통적 안보 위협 문제로 바꾸기 위해 노력

〈사진 5-4〉 아세안 여성평화등록위원회 출범식

했다. 자국의 내란 위협을 외국의 간섭에 노출하고 싶지 않았기 때문이다. 사실 이 회원국은 내전으로 인한 안보 위협이 불거질 때마다 대단히 신중하게 관련 회의에 대처해왔는데, 섣불리 자국 상황을 밝힐 경우 상황이 더 악화되고 복잡해질 수 있다는 게 이들의 주장이었다. 어쨌든 우리는 다소 어색해질 수도 있는 상황을 피해 위원회 출범을 일사천리로 진행했다.

위원회가 시작되는 날 기조연설을 맡은 사람은 다름 아닌 아세안 사무총장 다토 림 족 호이였다. 아세안 사무총장이 여성 문제와 관련된 행사에 직접 참석해 연설한 것은 이번이 처음이었으며, 따라서 그가 특히나 이 활동을 중요하게 생각한다는 사실을 알 수 있었다. "평화와 안보 분야에서 여성의 권리와 성평등을 주요 이슈로 부각하기 위해 일종의 집단행동이 필요한 것은 의심의 여지가 없습니다." 그의 연설은 이렇게 시작되었다. "이와 관련하여 아세안 여성평화등록위원회의 설립은 이 문제를 해결하고 평화를 위한 협력자로서 여성들의 역량을 구축하며 역내 평화와 분쟁에 대한 보다 성평등적인 접근을 장려하기 위한 중요한 시작이라고 볼 수 있습니다."

나는 "놀라운 출발"이라는 덕담을 건넸다. 초반에 두 회원국이 대표를 파견하지 못했지만, 필리핀과 베트남, 라오스 같은 다른 국가들은 고위급 인사를 파견했다. 그리고 현재는 아세안 회원국 모두가 저명한 협상가, 중재자, 평화 문제 연구 학자 및 교사, 그리고 평화와 화해 운동을 지지하는 여성 운동가들을 이곳에 대표로 파견 중이다. 여성평화등록위원회는 평화화해연구소의 위임을 받아 평화와 화해 분야의 여성 전문가들을 확보하기 위한 기관으로, 운영세칙에 명시된 바와 같이 아세안 헌장의 목적 및 원칙, 그리고 아세안 정치안보공동체 청사진 2025를 준수하고, "아세안의 여성, 평화 및 안보 증진에 관한 공동성명서" 이행에 대한 기여를 목표로 한다. 동 공동성명서는 2017년 11월 13일에 열린 제31차 아세안 정상회의 의제에 채택되어 모든 갈등 예방을 위한 계획 중에서도 특히 성별에 따라 달라지는 의견을 하나로 합치는 데 도움을 주었다. 여성 평화운동가 중 일부는 이미 각자의 조국에서 평화와 화해를 위한 노력에 적극 참여하고 있지만, 언제 어디서든 전문가가 필요할 때마다 모든 회원국이 이런 전문가들을 불러 도움을 받게 하는 것이 나의 꿈이다.

나는 갈등과 오해로 가득 찬 이 지역에서 평화를 구축하고 계속 유지하는 데 큰 도움을 줄 수 있는 여성들의 잠재력에 많은 희망을 걸고 있다. 여성평화등록위원회는 2019년 8월 22~23일 캄보디아 수도 프놈펜에서 열린 여성, 평화, 안보 의제 이행에 관한 지역 심포지엄과는 별도로 2019년 9월 프놈펜에서 첫 번째 비공식 회의를 열었고, 코로나바이러스로 인해 여러 일정이 잠시 연기되었다가 2020년 3월 자카르타에서

대표들 간에 안면을 트고 향후 계획을 세우는 공식 회의를 개최했다. 머지않은 장래에 아세안 지도자들을 비롯한 다른 관리들 역시 아세안 여성 평화운동가들의 전문성을 활용할 수 있게 되기를 바란다. 어린아이의 조심스러운 발걸음을 뒤에서 따라가는 엄마처럼, 나 역시 여성평화등록위원회의 발전을 뒤에서 지켜보려 한다.

주

1 하퍼콜린스(HarperCollins, 2019).

2 상주대표위원회는 2017년 아세안에서 사용하는 축약어들을 소개하는 책자를 발간했다.

3 2013년 2월, 자신들을 술루왕국군이라고 부르는 필리핀 키람 일족 일부가 사바의 외딴 지역 라하드 다투를 점령하고 소유권을 주장했다. 필리핀과 말레이시아 간에 잠시 긴장감을 불러일으켰던 이 짧은 분쟁은 결국 말레이시아 경찰의 공격으로 말레이시아 경찰 2명, 키람 일족 12명이 사망하고 많은 부상자가 나온 끝에 막을 내렸다.

4 PCA 판정 56–57, 조항 145–48 참조.

5 2020년에 베트남이 아세안 의장국이 되면서 아세안은 아세안 헌장의 재검토에 착수했지만, 각 조항의 이행을 확인하고 평가하는 데 그쳤고 본문 수정 작업은 없었다.

6 오슬로평화연구소(Peace Research Institute Oslo 2015), 북유럽여성중재자(https://www.prio.org/Projects/Project/?x=1725).

7 2015년 3월 18~19일, 평화 과정 및 분쟁 해결에 대한 여성의 참여 강화 AIPR 토론회.

8 이 책을 쓸 당시 모든 아세안 회원국이 대표를 파견했다. 아세안 여성평화등록위원회(AWPR)는 아세안-IPR 웹사이트(https://asean-aipr.org/)를 통해 접속할 수 있다.

제6장

아세안 대외 파트너들과의 외교 원칙으로서의 아세안 중심성

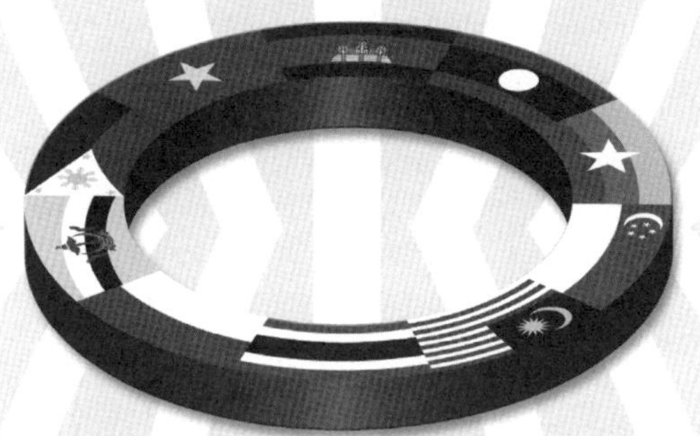

ASEAN Centrality

아세안에 관해 이야기할 때마다 나는 언제나 아세안의 중요성과 적절성에 대한 질문을 받는다. 아세안이 남중국해, 북라카인주 문제, 인권 문제라는 3대 주요 이슈를 제대로 해결하지 못하는 것처럼 알려져 있기 때문이다. 아세안이 제 역할을 하지 못한다는 주장을 반박하려면 아세안과 정식으로 교류하기 위해 미국, 중국, 러시아, 일본, 유럽연합 등의 강대국들이 공식적인 파트너십을 맺고 있으며, 여러 국가가 줄 서고 있다는 사실을 보여주는 것이 제일 빠른 방법일 것이다. 아세안의 대외 파트너가 되는 과정은 그 신청부터 길고 험난하다. 심지어 동남아 우호협력조약 가입문서에 서명하는 아주 단순해 보이는 작업조차 마무리되는 데 몇 개월의 시간이 걸리고 때로는 성가신 절차가 뒤따른다. 아세안이 제 역할을 못 하는 기구라면 왜 이런 번거로운 과정을 겪으면서까지 아세안과 정식으로 교류하려 하겠는가? 당연히 아세안을 중요하게 여기고 있기 때문이다. 물론 모두가 아세안이 경제적, 정치·안보적 측면에서 성장함으로써 이익을 얻기를 바라고, 또한 자신들의 문제를 아세안과 함께 풀어나가는 것도 바라고 있을 것이다. 이런 상황의 역학 관계가 제6장의 주제인데, 나는 이 장에서도 앞서 소개한 자문화기술지 방식을 사용하려 한다.

아세안은 대외 파트너를 선정할 때 어떤 우선순위가 있는지 직접적으로 밝힌 적이 없지만 일반적으로 우선순위가 있다고 알려져 있다. 예컨대 대화상대국 중 9개국은 전략대화상대국으로 하위 분류가 되었고, 캐나다는 전략대화상대국이 되고자 하는 희망을 표시했다.[1] 이에 대한 카테고리는 다음 〈표 6-1〉과 같다.

아세안에 대한 관심이 점점 더 커지고 있는 현실은 아세안의 공식적인 대외 파트너가 되기를 기다리고 있는 신청국의 숫자만 봐도 알 수 있다. 현재 방글라데시, 영국, 모로코, 피지(참관국 지위), 에콰도르, 이집트, 몽골 등이 승인을 기다리고 있다.

1976년 발표된 동남아 우호협력조약은 아세안의 모든 회원국과 대외 파트너, 참관국이 반드시 가입해야 하는 기본적인 평화조약이다. 따라서 아세안과 공식적으로 교류를 맺으려는 국가나 지역 기구가 있다면 이 조약을 첫 번째 단계로 생각하면 된다. 현재까지 동남아 우호협력조약 당사국은 43개국이며, 아세안 10개국과 그 밖에 30개국, 유엔안전보장이사회 상임이사국, 지역 기구인 유럽연합 등을 포함한다. 최근에 바레인(2019), 독일(2020), 콜롬비아, 쿠바, 그리고 남아프리카공화국(2020)이 가입했다.

아랍에미리트, 카타르, 네덜란드, 헬레닉공화국(그리스)으로부터 가입 신청을 받아 아세안 회원국들로부터 동의를 받았고 아세안 주요 회의 계기에 가입 서명이 이루어질 예정이다. 벨라루스, 덴마크, 베네수엘라도

〈표 6-1〉 아세안 대외 파트너 목록(2021년 2월 기준)

대화상대국	• 미국 • 호주 • 캐나다 • 중국 • 유럽연합 • 인도 • 일본 • 뉴질랜드 • 한국 • 러시아
부분대화상대국	• 노르웨이 • 파키스탄 • 스위스 • 튀르키예
개발파트너	• 칠레 • 프랑스 • 독일 • 이탈리아
지역 기구	• 걸프협력회의(GCC) • 경제협력기구(ECO) • 태평양동맹(PA) • 남미공동시장(MERCOSUR) • 라틴아메리카-카리브 국가공동체(CELAC) • 남아시아지역협력연합(SAARC)
국제기구	• 유엔(UN)

가입 신청을 해서 현재 검토 중이다.

협력관계 구축의 타당성에 대한 심의는 보통 상주대표위원회에서 심도 있게 논의된다. 실제로 관계를 이어나갈 수 있는 역량 이외에 승인을 받을 수 있는 기준 중 하나는 아세안의 모든 회원국과 외교관계가 수립되어 있는지다. 이스라엘의 경우 2015년 필리핀이 아세안 경제발전에 기여할 잠재력이 있다는 이유에서 대화상대국으로 추천했지만, 당시 3개 회원국과 외교관계가 없었기 때문에 추천이 반려되었다. 반면에 튀르키예가 부분대화상대국이 되겠다며 신청했을 때는 지지를 보낸 회원국이 적지 않게 있었다.

11개의 대화상대국인 호주, 캐나다, 중국, 유럽연합, 인도, 일본, 한국, 뉴질랜드, 미국, 러시아, 영국은 각국의 대표단 수준에 따라 각각 다양한 방식으로 아세안과 매년 회의를 연다. 예를 들어 아세안-미국 고위관리회의SOM, 아세안-중국 장관회의 등이 그것인데, 이러한 양자회담에 대해 언급할 때 아세안이라는 이름이 먼저 나오지만, 각국의 자체 문서에는 '일본-아세안 회의'처럼 자국의 이름을 먼저 집어넣는다.

자카르타의 상주대표위원회에는 대외 파트너들과 관계를 이어가는 공식적인 방식이 있다. 대화상대국의 경우 공동협력위원회JCC를 구성하며, 부분대화상대국과는 공동부분협력위원회JSCC를 구성한다. 이러한 국가들과 아세안 간의 관계는 '조정국Country Coordinator'이라고 부르는 지정된 아세안 회원국이 관리한다. 아세안 사무국은 주로 부분대화상대국 및 기타 협력 상대 간의 조정자 역할을 한다. 또한 일부 부분대화상대국은 아세안+3APT이나 동아시아 정상회의EAS 같은 자카르타에서 열리는 다른 기구나 회의에도 참여한다. 11개국 중 캐나다와 유럽연합의 경우 동아시아 정상회의의 회원국이 아니지만, 이들은 아세안 최고의 전략 기구에 함께하고 싶다는 뜻을 밝힌 바 있다. 다만 이 문제는 몇 가지 이유로 아직 마무리되지 않았는데 만일 유럽연합을 동아시아 정상회의에 받아들일 경우, 불가피하게 동아시아 정상회의의 의제가 복잡해질 수 있다는 가능성이 발목을 잡는 것으로 보인다.

자카르타에는 아세안 문제만을 담당하는 대화상대국 대사들이 상주하며 양측의 주요 이슈들을 긴밀하고 집중적으로 논의한다. 부분대화상대국의 경우 전담 대사를 파견한 국가는 노르웨이가 유일하다. 노르웨이 대사는 나에게 아직 노르웨이가 대화상대국이 되지 못했지만 그렇게 행동하고 협력할 것이라고 넌지시 알려준 바 있다. 나는 노르웨이 주재 대사를 지냈기 때문에 노르웨이가 아세안의 대화상대국이 될 자격이 충분하다는 사실을 잘 알고 있다.

아세안 부분대화상대국은 자카르타에서 상주대표위원회와 연례 회의를 열지만, 아세안과 양자 고위관리회의나 장관급 회담은 열지 않는다는 점에서 대화상대국과 다르다. 상주대표위원회는 이 밖에도 이란 · 아프가니스탄 · 아제르바이잔 · 우즈베키스탄 · 카자흐스탄 · 키르기스스탄 · 튀르키예 · 타지키스탄 · 투르크메니스탄 · 파키스탄으로 구성된 경제협력기구ECO, 사우디아라비아 · 쿠웨이트 · 아랍에미리트 · 카타르 · 오만 · 바레인으로 구성된 걸프협력회의GCC, 멕시코 · 칠레 · 페루 · 콜롬비아로 구성된 태평양동맹PA, 아르헨티나 · 브라질 · 우루과이 · 파라과이로 구성된 남미공동시장MERCOSUR과 정기적으로 회의를 개최하고 있다.

아세안 대외 파트너 고위급 인사들과 상주대표위원회의 관계에서의 아세안 중심성

정기적으로 열리는 회의와 별도로 상주대표위원회와 접촉하여 관계를 이어가고자 하는 대외 파트너 관료들은 회의의 필요성이나 의제 내용, 국가/단체의 성격에 따라 상주대표위원회의 승인을 받아야 한다. 그리고 상주대표위원회가 회의의 의제, 형식, 목표를 결정할 수 있을 때 아세안 중심성이 발휘된다. 원칙적으로 상주대표위원회는 아세안의 이익에 해를 끼치는 경우가 아니라면 언제든 대외 파트너 관료들과의 교류를 환영한다.

상주대표위원회는 2017년 5월 호주의 맬컴 턴불 총리와 줄리 비숍 외교부 장관, 2017년 4월 미국의 마이크 펜스 부통령, 2017년 9월 중국의 첸커밍 상무부 부부장, 2018년 2월에는 모로코의 무니아 부세타 외교부 장관을 만났다. 그리고 2017년 1월 노르웨이의 라일라 보카리 외교부 차관, 2017년 11월 중국의 류옌둥 국무원 부총리, 2018년 9월에는 중국의 국무위원이자 외교부장인 왕이 및 알리바바 창업자 잭 마와 회담했다. 상주대표위원회는 또한 미로슬라프 젠카 정무 담당 사무차장을 비롯한 유엔 관료들과도 매년 회의를 개최하고 있다.

아세안과의 공식 교류를 원하는 대외 파트너들은 상주대표위원회와 아세안 사무국의 승인을 시작으로 아세안에서 정한 절차를 반드시 따라야 한다. 내가 의장으로 있는 동안에도 상주대표위원회는 튀르키예 외교부 부차관 우미트 야르딤과 모로코 외교 · 국제협력부 장관 무니아 부세타를 만났다. 두 나라 모두 아세안의 부분대화상대국 지위를 얻는 것이 목적이었다. 상주대표위원회는 이런 요청들에 호의적으로 대응했으며 고위관리급회의를 통해 아세안 장관들에게도 적절하게 건의했다.

상주대표위원회는 아세안의 대외 관계 강화를 위해 여러 대외 파트너를 직접 방문하기도 했는데, 2018년 7월 1일에서 7일까지는 인도를 방문하여 아세안 창설 50주년 및 아세안-인도 대화관계 수립 25주년을 기념하는 동시에 2019년 1월로 예정된 뉴델리 정상회담을 준비했다. 우리는 프리티 사란 외교부 동아시아 담당 차관을 비롯해 많은 인도 고위급 인사들을 만나 뉴델리 정상회담을 위한 문서들에 대해 논의했다. 상주대표위원회는 인도 측 제안에 대해 이렇게 답변했다.

1. 인도와 아세안 지도부는 뉴델리 선언을 발표할 것이다. 상주대표위원회는 자카르타에서 아세안 주재 인도 대사 수레시 레디와 이 문제에 대해 논의하기로 합의했다.
2. 상주대표위원회가 제안한 테러리즘 대응에 관한 공동성명서는 관련 아세안 기구인 초국가 범죄 대응 고위관리회의(SOMTC)와의 조정 및 협상을 거쳐야 한다.
3. 생물다양성에 관한 공동성명서는 양측이 모두 관심 있는 문제 중 하나로 확인되었다.
4. 해양 협력에 관한 협정의 경우 상주대표위원회는 이와 관련된 별도의 공동성명서 발표를 정중히 거절한다. 대신 해양 협력 문제와 더불어 항공 및 해상 연계성 문제를 뉴델리 선언에 포함할 것을 제안한다. 방대한 문서를 한꺼번에 협상할 만한 물리적인 여유가 부족하기 때문이다.(다만 나는 아세안이 남중국해 문제처럼 지금도 주요 당사국들 사이에서 충분히 논란이 되는 문제에 당사국을 하나 더 추가할 경우 상황이 더욱 복잡해질 수 있기 때문에 신중하게 접근하려는 것이 진짜 이유였다고 생각한다.)
5. 아세안-인도센터에 대한 양해각서 문제는 양측 관계에는 별문제가 없음에도 다소 문제가 있는 상황이라고 볼 수 있다. 아세안은 그동안 이 센터가 아세안의 공식 허가 없이 아세안이라는 이름을 사용하고 있을뿐더러 아세안의 직접적인 참여나 활동 범위를 벗어나 운영되는 경우가 있음을 지적해왔다. 중-아세안센터, 한-아세안센터, 일-아세안센터, 러-아세안센터 등의 다른 기구들이 양측 컨센서스로 활동을 벌이는 것과 다르게, 아세안-인도센터의 책임자는 아세안의 동의 없이 성명을 발표하는 등의 활동을 해왔다. 따라서 상주대표위원회는 '아세안-인도센터'라

는 이름의 기구라면 아세안이 관리해야 한다고 주장했다. 오랜 논의와 협상 끝에 이 문제와 관련하여 양측이 정식 MOU에 서명하기로 원칙적으로 합의했지만, 내부 행정상의 문제로 인해 인도는 합의한 내용 중 자신들의 책임 분야를 제대로 이행하지 못했으며 MOU는 계속 그 상태로 계류 중이다. 상주대표위원회는 MOU를 바탕으로 정식 컨센서스가 이루어지지 않는다면 아세안-인도센터에 아세안이라는 이름이 들어갈 법적 권리가 없다는 의견을 인도 측에 전달했다.

상주대표위원회는 2017년에는 중국의 베이징과 난닝, 항저우를 방문하여 왕이 외교부장 겸 국무위원을 비롯한 중국의 고위급 인사들을 만났다(〈사진 6-1〉 참고). 그 자리에서 아세안과 중국 간의 전략적 협력관계의 여러 가지 측면을 고려한 많은 이야기가 오갔다. 나는 아세안을 대표하는 입장에서 왕이 부장에게 지금의 지역 구조를 규정하려는 다양한 개념의 출현을 고려한다면, 아세안 중심성에 대한 존중이 필요하다고 설명했다. 나는 중국이 아세안과 다양한 분야에서 협력하는 부분에 대해서는 감사를 표시했으며 동아시아 정상회의, 아세안 지역안보포럼, 아세안+3 등 아세안이 주도하는 여러 기구들에 힘을 실어달라고 요청했다. 그리고 지역 안보 구조에 대한 모든 논의는 결국 아세안 중심성을 기반으로 고려되어야 한다고 강조했다.

왕이 부장은 먼저 중국은 언제나 아세안을 높이 평가해왔다며 상주대표위원회를 안심시켰다. 그는 "중국은 계속해서 아세안을 중국의 외교 상황 및 주변 외교관계와 관련해 중요시할 것"이라고 덧붙였다. 그는 아세안과 중국이 협력하여 다자간 규칙을 비롯해 공동 이익과 지역 안보를 확고히 수호할 것을 촉구하고 아세안 중심성이 동아시아 지역의 안정을

〈사진 6-1〉 중국 왕이 외교부장을 만난 상주대표위원회

지켜야 한다고 강조하면서 주요 국가들의 경쟁 때문에 아세안 중심성이 약화되는 일은 없어야 한다고 주장했다. 아세안과 중국이 힘을 합쳐 다자주의를 수호하며 규범에 기반을 둔 국제 질서를 유지해야 한다. 규범이 더 이상 지켜지지 않고 국제 질서가 더 이상 존중되지 않으면 중소 규모 국가들이 피해자가 될 것이다. 따라서 중국은 아세안 회원국 및 기타 국가들과 협력하여 다자주의, 국제 질서 및 세계무역기구를 기반으로 하는 자유무역 체제 구축에 더욱 매진해야 한다. 왕이 부장은 아세안과 중국이 역내 평화와 안정을 유지하는 가운데 공동의 이익을 지켜나가야 하며, 특히 남중국해 문제와 관련하여 역외 다른 주요 국가들이 개입해 지리적 · 전략적 경쟁을 벌이는 일은 용납할 수 없다고 강조하면서 이 문제는 중국의 일관된 관심사라고 말했다.

이에 대해 나는 아세안이 중국을 중요한 주요 협력 대상 중 하나로 생각하고 있으며 중국의 평화로운 부상은 역내 평화와 안정을 유지하는 데

중요한 요소라고 대응했다. 그리고 국제법, 특히 1982년 제정된 유엔 해양법협약에 근거하여 서로의 시각 차이를 평화적으로 해결하겠다는 약속을 강조했다. 또한 왕이 부장에게 남중국해의 평화와 안정에 대한 아세안의 열망과 함께 이런 원칙에 대한 우리의 약속을 현장의 현실에서 입증할 필요성을 반복해 전달했다.

이번 중국 방문에서 상주대표위원회는 아세안이 4차 산업혁명의 혜택을 최대한 활용할 수 있는 기술에 대한 실질적인 조언을 받기 위해 알리바바의 창업자 잭 마(마윈)도 만났다. 내 친구이기도 한 미얀마의 민 르윈 대사는 이렇게 이야기했다. 예전에는 나이 든 사람이 어린 사람을 가르쳤지만 지금 나이 든 우리는 적어도 컴퓨터나 디지털 기술 같은 첨단기술과 중소기업의 관계에 대해 젊은 세대에게, 특히 대부분 20대 후반인 전문가들에게 배워야 한다고. 잭 마는 정부 측 인사는 아니지만 아세안의 경제발전과 관련해 반드시 관계를 이어가야 할 중요한 인물이었다. 나는 그를 현대의 공자라고 생각했다. 실용주의를 따르는 철학자 잭 마는 마치 귀중한 지혜라도 배우는 것처럼 사람들의 이야기를 참을성 있게 들어주었다. 심지어 터무니없거나 어리석다고 생각되는 이야기도 그는 다 들어주었다.

상주대표위원회는 또한 2017년 5월 27일부터 6월 3일까지 호주 외교통상부 초청으로 시드니와 캔버라를 방문하여 2018년 3월 17일부터 18일까지 시드니에서 열리는 아세안-호주 특별 정상회담을 준비했다. 호주는 상주대표위원회의 방문을 아세안에 대한 지속적인 협력을 강조하고 전 세계 및 지역 발전에 발맞춰 양측의 적극적인 참여를 촉구하는 기회로 삼으려고 했다. 맬컴 턴불 총리와의 회담 중에는 아세안 중심성이 다시 한번 중요한 주제로 떠올랐다. 턴불 총리는 다가오는 아세안-호주 정상회담에서 지역 구조 속 아세안 중심성의 중요성을 강조할 것이라고 밝혔다. 아세안은 법치를 수호하고 규칙에 기반을 둔 질서로 평화와 안정을 증진하는 데 있어 호주의 믿을 수 있는 협력 대상이기 때문이라고 했다. 호주는 외교정책에서도 인도-태평양 개념을 지지하고 변화하는 정치 · 안보 구조에서 아세안 중심성을 유지하겠다는 약속을 계속 되풀이했다. 상주대표위원회는 줄리 비숍 외교부 장관을 만났을 때도 같은 의중을 전달받았다. 나는 대표 자격으로 호주가 아세안의 강력한 조력자이며 3대 중심축 전반에 걸쳐 협력과 도움이 계속되어야 한다고 답했다. 그리고 여성의 경제적 역량 강화와 이주노동자 처우, 기술 · 직업 교육에 대한 아세안의 계획을 지원하고 동시에 모든 회원국에 대한 역콜롬보 플랜Colombo Plan을 고려해달라고 요청했다.

불편한 상대와의 만남을 거부한 상주대표위원회

상주대표위원회는 아세안에 해를 끼치거나 아세안 발전에 도움이 되지 않는다고 판단되는 경우 만남이나 회의를 거부함으로써 불편한 감정을 표시해왔다. 예를 들어 어느 부분대화상대국의 경우, 그동안 상주대표위원회와 우호적인 분위기 속에서 열어왔던 연례 회의를 한동안 의도적으로 거부한 적이 있었다. 그러자 해당 국가에서 다시 회의를 열자고 요청했고 자국의 곤란한 상황을 논의하기 위해 개인적으로 대사가 나를 찾아오기도 했다. 이 국가는 또한 해당 국가별로 관계를 관리하는 아세안 사무차장에게 서신을 보내 자신들의 요청을 공식적으로 알렸다. 나는 개인적으로 찾아온 대사에게 상주대표위원회가 2016년 말부터 회의를 연기해온 이유를 솔직하게 말해줬다. 해당 국가가 2016년 9월 베네수엘라에서 열린 비동맹운동NAM 정상회의에서 아세안을 비방하고 어려운 도전에 직면해 서로 힘을 합치려는 노력을 방해했기 때문이라고 하자, 대사는 비동맹운동에서 다른 관계자가 어떻게 행동했는지까지는 알지 못했고 자국이 나서서 아세안을 비방할 의도는 없었다고 해명했다. 어쨌든 아세안은 여전히 회의 요청을 받아들이지 않고 있다.

가끔 유럽의 일부 국가가 상주대표위원회에 자국 수도를 방문해달라고 초청하는 경우가 있는데, 이런 방문도 아세안에 도움이 되지 않을 것으로 생각될 때가 있다. 무턱대고 찾아갔다가 도저히 받아들일 수 없는 제안을 받거나 초청국의 의도에 휘말릴 수 있기 때문이다. 아세안이 감당하기 힘든 인권 문제에만 초점이 맞춰지거나 혹은 역량 밖의 약속을 하도록 압력을 받을 수도 있는 것이다.

아세안 연계성조정위원회와 대외 파트너들의 관계에서의 아세안 중심성

아세안 연계성조정위원회ACCC가 아세안 연계성과 관련해 아세안 중심성을 이뤄낸 또 다른 사례는 바로 대화상대국들과의 관계다. 연계성조정위원회는 유럽연합, 일본, 중국 등 대화상대국들과 아세안 연계성기본계획MPAC 2025의 이행을 지원할 수 있는 다양한 방법을 모색해왔다.

2017년 7월 25일 연계성조정위원회는 일본 대사를 통해 일본 측과 접촉했다. 만남의 주제는 아세안 연계성에 대한 일본의 지원 여부와 방식이었는데, 일본은 자신들만의 자유롭고 개방적인 인도-태평양 전략FOIPS을 언급했으며, 이 전략을 통해 아세안을 비롯한 이웃 지역들과의 연계성을 강화하려는 것 같았다. 일본은 물리적인 기반 시설뿐만 아니라 세관 절차나 인구 이동 같은 제도적 장치와 체계도 개선되어야 한다고 강조했다. 메콩-일본 연계성 이니셔티브Mekong-Japan Connectivity Initiative는 기반 시설 공사 지원과 제도적 시스템 및 인적자원 개발 강화를 통해 해당 지역의 '활기찬 연계성'을 구축하려는 일본의 해외 계획 중 하나다. 일본은 향후 5년 동안 전 세계에 약 2,000억 달러에 달하는 자금을 지원하여 양질의 기반 시설을 위한 협력체계 확장을 추진하겠다는 의사를 밝혔다. 또한 투명성을 개선하고 타당성 조사와 작업 시작 사이의 기간을 합리적으로 정하는 등 양질의 기반 시설 투자 홍보를 위한 조치를 더욱 개선하는 것이 목표라고 했다. 이를 위해 일본국제협력단JICA와 일본수출투자보험NEXI, 일본해외인프라투자공사JOIN, 일본국제협력은행JBIC의 지원을 통해 공적개발원조ODA의 차관을 더 늘리고 민간 기업과 민관협력PPP에 대한 투자와 자금 조달을 장려하겠다고 했다.

그렇지만 아세안은 일본 측으로부터 다음과 같은 내용도 전달받았다. 양질의 기반 시설을 위한 협력체계는 새로운 재원 조달 방식보다 1950년대 일본국제협력단이 세계 각국과 경제협력 계획을 추진하기 시작한 이후의 경험에 따라 재원 규모와 비용 효율성을 포함하는 양질의 기반 시설 투자가 강조되어야 한다는 것이었다. 타당성 조사를 수행하기 위한 자금 지원과 절차가 더 간소화하고 투명해질 필요가 있었다. 양질의 기반 시설을 위한 협력체계에 더 많은 일본 기관이 참여할 예정인데 각각의 기관에는 저마다 자체적인 표준과 절차가 있다. 아세안 연계성기본계획 2025에 대한 지원에는 일본의 부문별 전문가가 각각의 아세안 부문별 유관 기구의 전문가와 상호 긴밀히 소통하는 것이 가장 중요하며, 이 경우 일본은 각각의 아세안 회원국들과 양자 협력 방식으로 계획을 추진할 것이다.

나는 일본 측 대표단과 아세안 연계성기본계획 2025에 대해 논의했고 내 동료들은 일본이 어떤 도움을 줄 수 있는지 의견을 제시했다. 회의를 마칠 무렵에는 앞서 언급했던 일본의 기반 시설 지원 계획에 따라 일본

측과 협력하는 일 외에도 아세안 연계성기본계획 2025에 포함된 해당 지역의 의제들 사이에서 어떻게 동반 상승효과를 끌어내느냐가 바로 아세안이 해결해야 할 과제라는 데 모두가 동의했다. 아세안 연계성기본계획 2025가 무색해지지 않고 각 회원국이 일본과 협력하는 양자 이니셔티브에 포함되거나 연계되는 것이 중요하다는 뜻이었다.[2]

연계성조정위원회는 또한 중국 대표단과도 접촉해 아세안 연계성기본계획 2025 지원 방안에 대해 논의했다. 알라방에서 열린 아세안 연계성기본계획 2025 포럼에서 양웨이췬 중국 상무부 아시아국 부국장은 시진핑 주석의 일대일로BRI 계획이 포함하는 영역, 즉 정책 조정, 기반 시설 연계성, 자유무역, 금융 통합 및 사람들 간의 더 긴밀한 유대감을 강조했는데 이 내용은 아세안 연계성기본계획 2025에서도 똑같이 강조하는 우선순위였다. 양웨이췬 부국장은 중국이 잠재적인 자원을 동원하고, 2014년 중국으로부터 400억 달러를 기부받고 아시아인프라투자은행AIIB으로부터 1,000억 달러를 대출하여 설립된 실크로드기금SRF과 같은 기존의 다른 재원도 활용할 용의가 있다고 말했다. 이후에 내가 중국의 첸커밍 상무부 부부장과 공동의장을 맡았던 아세안 연계성조정위원회+중국 회의에서도 이 내용이 반복되어 전달되었는데, 이 회의에서 논의한 내용 중 상기 5가지 항목이 아세안 연계성기본계획 2025와 연동되었다.

나는 아세안을 대표하여 아세안 연계성기본계획 2025는 회복력 있고 포용적이며 사람 우선 및 사람 중심의 아세안공동체를 실현하고 세계 경제와의 통합을 진행하는 촉매제 역할을 한다고 강조했다. 아세안 국민과 아세안 사업공동체를 위한 이 거대한 계획은 중국을 포함한 아세안 대외 파트너들의 지원과 협조를 통해서만 실현될 수 있다. 그렇지만 아세안 연계성기본계획 2025에 대한 외부의 지원은 그 안에 들어 있는 전략과 목표, 계획을 따라야 하며 아세안이 일대일로 계획을 따르는 방식은 아니라고 주장했다.

연계성 문제와 관련하여 아세안 중심성이 나타난 또 다른 구체적인 사례는 기반 시설 연계성에서 아세안과 중국의 협력 심화에 대한 아세안-중국 지도부 공동성명서에 일대일로 계획을 핵심 전략으로 포함하려는 첸커밍 부부장과의 논의 과정에서도 나타났다. 이 제안은 원래 고위경제관리회의에서 아세안과 중국의 공통 이슈로 연계성조정위원회에 제시한 바 있었다. 그렇지만 연계성조정위원회는 자신들에게 이 문제를 협상할 권한도, 역량도 없다고 판단했다. 첸커밍 부부장의 제안에 대한 연계성조정위원회의 답변이 무엇인지 문의해 온 가오옌 중국 상무부 부장에게 나는 정중하게 이런 사정을 알리는 편지를 전했다. 결국 연계성조정위원회에서 아세안과 중국의 공동성명서 문제를 논의하지는 않았는데, 대신 나중에 고위경제관리회의와 중국 상무부가 협상하는 방식을 통해 성명서가 발표되었다.

나는 또한 2017년 7월 마닐라에서 열린 연계성조정위원회 회의에서 모든 아세안 대외 파트너들과의 접점을 만들었다. 중국 같은 대외 파트너들은 연계성기본계획 2025를 각자의 기반 시설 관련 의제에 연결 짓기를 원했다. 나와 연계성조정위원회 및 아세안 사무국 동료들은 아세안 회원국의 필요와 역량, 시장성을 바탕으로 잠재적 기반 시설 계획의 최종 내용을 완성하고 기존 시설 개선 및 지속 가능한 기반 시설 확충을 위한 계획을 세우고자 하는 아세안의 열망을 대외 파트너들에게 전달했다.

동아시아 정상회의 자카르타 대사회의와 아세안 중심성

동아시아 정상회의 자카르타 대사회의EAMJ는 아세안 의정서에 따라 회원국 대사들 사이에 알파벳순으로 배치된 +8개국 대사들 주변에 상주 대표위원회 위원들이 자리 잡고 앉은 후 시작된다. 아세안 회원국이 아닌 +8개국에는 따로 조력자가 배치되지 않고 각국 대사가 해당 국가의 대표 자격으로 발언하기 때문에 의장이 회의 전체를 잘 진행해야 한다. 동아시아 정상회의 자카르타 대사회의 의장은 언제나 아세안 출신이 임명되며 공동의장이 없으므로 시간 관리와 의제 설정, 어조 및 용어, 참가국 숫자와 수준 등을 아세안의 목적과 재량에 따라 정할 수 있다는 점에서 아세안에 유리한 자리라고 할 수 있다. 발언 기회와 순서는 이미 정해져 있는데, 자기 순서가 되어 발언하기를 원한다면 자국 깃발을 들어 올리거나 전자 녹음 장치를 눌러 발언 순서를 나타내야 한다.

동아시아 정상회의EAS는 아세안이 주도하는 기구로 아시아-태평양 지역의 전략 포럼 중에서 가장 중요한 위치를 차지하고 있으며, 여기에는 아세안 회원국 10개국과 +8개국(미국, 한국, 일본, 중국, 러시아, 호주, 인도, 뉴질랜드)이 포함되어 있다. 동아시아 정상회의의 6대 우선순위 영역에 이전까지는 정치나 안보 문제가 포함되지 않았지만, 필리핀이 아세안 의장국이 되면서 동아시아 정상회의는 +8개국 지도자와 장관들이 남중국해와 한반도 문제 같은 중요한 전략적 이슈들을 논의하는 자리가 되었다. 동아시아 정상회의는 장관들과 고위 관리들의 회의뿐만 아니라 각국 정상들이 모일 기회를 제공한다. 그렇지만 2017년 이전까지만 해도 동아시아 정상회의가 제공하는 이런 기회가 공식적으로 인정받은 것은 아니었고, 따라서 회의에서 오가는 언급과 요구 역시 공식적으로는 인정받지 못했다. 어쨌든 동아시아 정상회의의 6대 우선순위 영역은 에너지, 교육, 금융, 유행병을 포함한 글로벌 보건, 환경과 재난 관리, 아세안 연계성이었는데, 필리핀이 아세안 의장국으로 있는 동안 해양 안보와 협력이 추

〈그림 6-1〉 EAMJ 좌석 배치

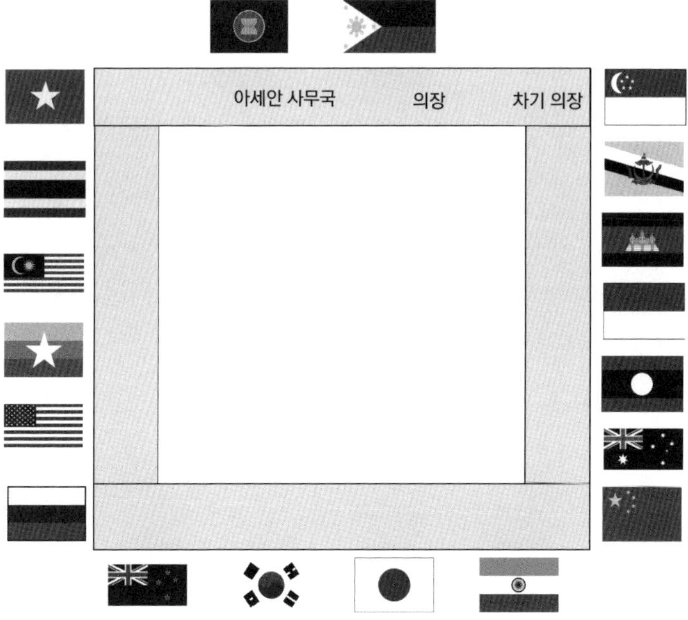

가되어 우선순위 영역이 7개가 되었다.

2017년 동아시아 정상회의 자카르타 본부(후에 EAMJ로 변경됨)가 새로운 모습을 갖추면서 18개 참가국의 아이디어와 국익이 맞부딪치는 진정한 의미의 전쟁터가 되었다. 대부분의 회의에서 서로 팽팽하게 자신들의 의견을 굽히지 않았다는 뜻이다. 동아시아 정상회의 대사들은 자국의 국익을 위해 싸울 수 있도록 훈련받은 전문 외교관들이다. 그렇지만 물론 다자간 회의에서 서로 협력하는 경우의 혜택도 잘 알고 있다. 그런 의미에서 2017년 1월 이 기구의 책임자가 된 나는 큰 두려움을 느꼈다. 벌써부터 앞날이 순탄치 않을 거라는 예감이 들 정도였다. 라오스가 아세안 의장국이었던 전해 회의에서 강대국들의 방해로 해결되지 못한 중요한 이슈들이 많이 남아 있었다. 나는 임기 동안, 이 이슈들을 아세안이 인정하는 방식으로 해결하겠다고 다짐했다. 아세안 외의 참가국들이 정상들의 성명서에 여러 제안을 담으려 해서 더 많은 협상이 진행되어야 한다는 이야기도 들렸고, 이에 더해 역시 만만치 않은 작업인 새로운 5개년 행동계획을 협상하는 작업도 있었다. 이 모든 상황을 볼 때 협상 과정이 명료하지 못하고 18개 참가국 사이에 서로 도저히 인정할 수 없는 차이가 있는 것처럼 느껴지기도 했다. 따라서 아세안은 이런 상황을 해결하기 위해 강력한 지도력을 발휘할 필요가 있었고, 동아시아 정상회의를 자신들을 위한 외교 무대로 전환하려는 강대국들의 시도를 막아내는 아세안의 역량이야말로 아세안 중심성을 생생하게 확인해볼 수 있는 기준이었다.

지금부터 이런저런 이야기를 풀어놓는 동안 참가국 간의 관계가 위태로워지지 않도록 정확한 국가명은 밝히지 않을 것이다. 그렇지만 아세안이 동아시아 정상회의에서 아세안과 아세안 이외 참가국 간의 입장 차이를 어떻게 관리했는지 보여주기 위해 회원국과 그 외 국가들은 구분할 것이다. 어쨌든 서로 협상과 관계를 이어나가는 과정에서 각 대표들이 보여준 갈등 속에서도 아세안은 아세안 중심성을 유지할 수 있었다. 이와 관련해서 나는 몇 가지 사례를 보여주려고 한다.

1. 자카르타 주재 EAS 대사들의 운영세칙과 관련된 협상
2. 문서들과 관련된 협상 절차
3. 2017년 EAS 정상 성명서 관련 협상
   1) 화학무기에 관한 EAS 성명서
   2) 자금 세탁 및 테러 자금 조달 방지에 관한 EAS 성명서

3) 빈곤 문제 해결을 위한 EAS 성명서

4) 테러리즘과 그 주장, 선전의 이념적 도전에 대응하기 위한 EAS 성명서

4. 2018-2022 EAS 마닐라 행동계획 관련 협상

동아시아 정상회의 4개 성명서 관련 협상에서의 아세안 리더십

11월 12일, 우리가 협상에 들어갔던 4개 문서 모두를 동아시아 정상회의 정상들이 채택하기 전까지 18개 참가국의 모든 대사와 외교관 실무진은 마닐라 소피텔 플라자호텔의 한 회의실에 말 그대로 한밤중까지 11시간 동안 꽁꽁 묶여 있었다.(무엇보다 트럼프 미국 대통령이 아세안 회의에 참석한 것은 아주 보기 드문 일이었다.) 내가 보기에 이때는 아세안 중심성과 나 자신에게 대단히 중요한 상황이었다. 합의된 성명을 발표하지 못한다면 주최측 입장에서는 체면을 잃는 것이나 다름없었다. 아세안이 아세안 주최로 열린 회의에서 모든 참가국의 컨센서스를 끌어내지 못하다니! 그렇다면 우리가 내세워온 아세안 중심성이 결국 실패했다는 뜻이 되지 않는가. 정상들이 발표하는 공동성명서는 모든 종류의 위협으로부터 지역의 평화와 안보를 유지하기 위한 규범을 만드는 도구나 마찬가지인데, 그것이 없다면 18개 참가국 지도부에게 남는 것은 그저 실질적인 성과 없이 진행 상황만 담은 의장의 성명서뿐이다. 고위급 인사 중에 아세안이 협상을 제대로 마무리할 수 있을 거라고 낙관한 사람은 거의 없었다. 사실, 동아시아 정상회의 의장이 언급한 문서들이 채택되고 발행되는 것은 논의 사항이 아니었다.

이 운명의 밤이 찾아오기 몇 개월 전, 우리는 18개 참가국의 다양한 관심사와 제안, 논평, 추가 사항을 하나로 합치기 위해 수많은 개별 협상의 시간을 가졌다. 아세안 회원국들과 +8개국은 모두 협상장에서 강경

한 태도를 취했으며 이는 표준 협상 자세였다. 누구도 주장을 굽히지 않을 것 같았고 결정의 시간이 가까워질수록 서로의 입장은 더욱 난처해졌다. 모든 협상이 그런 식으로 진행되었다. 하지만 나는 18개 참가국 모두가 성명서를 마무리하고 싶어 한다고 느꼈다. 이 점에서 우리는 결국 하나가 될 수밖에 없었다. 나는 문득 효과적인 협상 기술 중 하나인 '환경지도environmental mapping'를 떠올렸다. 나는 그들의 생각과 관심사를 알아내기 위해 소그룹 혹은 단독으로 모든 이해당사자와 대화를 진행하면서, 의장의 중재 역할을 다하는 동시에 아세안 중심성 원칙을 수호할 방법을 찾았다. 자카르타 래플스호텔 찻집의 햇살 따뜻한 구석 자리에 앉아 가장 중요한 동아시아 정상회의 국가의 대사들을 비밀리에 만났던 일이 지금도 기억난다. 그야말로 정신과 의사가 환자를 한 명씩 따로 만나 무엇이 걱정되고 불안한지 알아내고 대화를 어떻게 끌어나갈 수 있을지 알아보는 그런 기분이었다. 나는 그들이 절대 양보할 수 없는 한계와 가능하다고 생각하는 타협점을 찾아내고 싶었다. 의전 담당관에게 미리 지시한 대로 그들은 서로 마주치는 일 없이 내가 있는 자리로 차례차례 모습을 드러냈다. 그렇게 가까이 마주 앉아 일대일 대화를 나누면서 나는 타협점을 찾아갔다. 그 과정에서 교착 상태를 타개할 만한 방법을 떠올릴 수 있었다.

수개월에 걸친 논쟁과 교섭, 협상 작업 끝에 아세안 이외의 참가국들이 삽입해서 서로 일관되지 못하게 보일 수도 있는 난감한 내용들을 제외한 네 가지 문서가 마침내 정리되었다. 문제가 되는 부분은 모두 아세안 이외의 참가국들과 관련 있었고 이런 상황은 다시 한번 아세안 중심성을 시험하는 무대가 되었다. 모든 일은 한꺼번에 정리가 되어야 했다. 문서들을 순서대로 완성하고 진행하는 게 아니라 모두 동시에 완성해야 했다. 예컨대 어떤 문서를 먼저 공개하면 다른 문서에 특정한 내용을 삽입한 당사자가 난감해지는 상황이 벌어질 수도 있었다. 나는 마지막 협상이 마치 "OK 목장의 결투" 같았다고 농담을 던졌다. 물론 동일한 제목의 옛날 서부영화에 익숙하지 않은 신세대 직원들은 무슨 말인지 제대로 알아듣지 못했을 것이다.

어쨌든 역사적인 밤, 즉 동아시아 정상회의 전날 밤에 나는 우리가 이전의 실패에도 불구하고 제대로 마무리 지을 수 있다고 낙관했다. 밤 11시경이 되자 나는 직원들에게 음식과 음료수를 제공해달라고 요청했고, 간단한 회식이 끝난 후 관련 협상가들은 기분이 조금 풀어진 것 같았다. 우리는 소매를 걷어붙인 채 지난번 협상장에서 아직 해결되지 못한 부분들을 살펴봤다. 다음은 그 과정에서 아세안 중심성의 원칙을 적용하여 문제를 어떻게 해결할 수 있었는지를 보여준다.

화학무기에 관한 동아시아 정상회의 성명서

이 문서와 관련해서 아직 해결되지 못한 세 가지 문제가 있었다. i) 2017년 2월 13일 말레이시아 쿠알라룸푸르 국제공항에서 북한 지도자 김정은의 배다른 형제인 김정남 살해에 사용된 특정 화학물질에 대한 언급, ii) '인류는 운명 공동체'라는 문구의 사용, iii) 과거 적국이 상대편 영토에 남기고 간 화학무기에 대한 언급이었다.

먼저, 첫 번째 문제에 대해 아세안이 동의했던 문장은 다음과 같다.

> 공공의 안전과 안보에 중대한 위험을 초래한 쿠알라룸푸르에서의 조선민주주의인민공화국 국민에 대한 VX 신경작용제 관련 화학무기 사건을 규탄한다.

그렇지만 앞서 언급한 바와 같이 두 회원국이 김정남 살해에 사용된 화학물질, 즉 VX 신경작용제라는 이름을 명시하기로 했던 이전 동의를 철회했다. 그리고 왜 그러는지에 대한 어떤 정당한 이유도 제시하지 않았기 때문에 나는 혼란스럽기 그지없었다. 모든 회원국이 아세안 중심성을 고려해서 각자의 입장을 내세우려 할 때 적어도 그 이유를 밝혀야 아세안 이외의 참가국들 앞에서 아세안의 입장을 방어할 수 있을 것이 아닌가. 그렇지만 끝끝내 이유를 알 수 없었고 체면을 더 중요시하는 사례를 다시 한번 확인한 셈이었다.

그런데 나는 이 문제가 두 회원국의 국익과 관련된 대단히 중요한 사안인 동시에, 자칫 잘못 판단하면 암살에 가담했던 해당 국가 국민에게 피해가 돌아갈 수 있음을 직감했다. 아세안 문서에서 신경작용제 명칭을 구체적으로 언급했다가는 이 사건과 관련해 진행되는 형사 고발에서 이들 용의자가 무죄 판결을 받을 가능성을 떨어트릴 수도 있는 상황이었다. 그렇다면 우리 아세안 전체는 정당한 이유가 있든 없든 지지해야만 했다. 앞서 언급했던 아세안 두 회원국과 아세안 외 두 참가국이 전체 단락 삭제에 동의했다. 물론 양보에 대한 대가를 염두에 둔 협상 기술이었다. 당연한 일이지만 아세안 이외의 참가국 중 상당수가 이 삭제 제안을 받아들이지 않았다. 화학무기금지기구OPCW가 발표한 문서에서 이미 신경작용제의 이름이 언급되었을뿐더러 삭제에 동의한 네 나라가 이 문서의 발표에는 찬성했었기 때문이다. 아세안은 이 사실을 부정할 수 없었다. 타협점을 찾으려는 노력 끝에 우리는 동아시아 정상회의 문서에서 신경작용제의 이름을 정확하게 언급하지 않고 대신 화학무기금지기구와 유엔총회 결의안에 나오는 관련 조항을 인용했다. 그 인용한 원문에 해당 화학무기의 이름이 나와 있었다. 두 회원국은 이에 만족했고 아세안 이외의 참가국들 역시 모두가 동의하여 모든 18개국이 이 타협안에 동의하게 되었다. 그렇게 해서 성명서의 마지막 단락이 다음과 같이 바뀌었다.

> 화학무기금지기구 집행위원회가 말레이시아 정부가 발표한 화학무기 사건에 대해 2017년 3월 8일자 EC-84/DEC.8 문서를 통해 나타낸 심각한 우려를 우리는 주목해야 한다.

그 운명의 밤에 우리가 마무리해야 했던 또 다른 커다란 논쟁거리는 '인류는 운명 공동체'라는 문구의 삽입 여부였다. 아세안 이외의 참가국 하나가 논의 중인 다른 문서들과 마찬가지로 화학무기 관련 문서에도 이 문구를 삽입하자고 주장했다. 물론 인류를 파괴할 수 있는 화학무기 사용을 포기하자는 성명서에 넣기에 아무런 문제가 없고 심지어 매우 적절하게 여겨졌지만, 대부분의 동아시아 정상회의 참가국은 동아시아 정상회의의 열망이 반영된 것이 아니라 그저 거국적인 표현이나 구호처럼 들린다며 이에 반대했다. 2017년 9월 아세안이 제시했던 초안은 다음과 같다.

> 이 세대뿐만 아니라 다음 세대를 위해 지역 및 국제 안보와 안전을 보장하고자 하는 공통의 열망을 강조한다.

그런데 여기에 문제의 문구가 들어가면 다음과 같이 바뀐다.

> 이 세대뿐만 아니라 인류는 운명 공동체라는 목표를 향해 전진하는 다음 세대를 위해 지역 및 국제 안보와 안전을 보장하고자 하는 공통의 열망을

강조한다.

이 문제는 특히 아세안을 제외한 대부분의 17개 참가국 입장에서는 협상을 벌일 만한 사안이 아니었다. 우리의 협상은 교착 상태에 빠져들었고 '운명 공동체'라는 문구에 대한 어떤 수정도 받아들여지지 않을 것만 같았다. '인류 공동의 비전, 공동 운명'과 같은 대안이 제시되기도 했다. 그러다 회의 내내 조용히 듣기만 하던 어떤 아시아 국가 대사가 갑자기 고개를 들고 뭔가를 말하려 했다. 나는 즉시 발언을 허락했다. "아세안 비전 2025에 나오는 살피고 나누는 공동체라는 표현은 어떨까요?" 그의 말에 나는 참으로 멋진 생각이라고 소리쳤다. "살피고 나누는 공동체라는 문구를 삽입하는 것에 반대하는 분 있나요?" 내가 이렇게 제안하자 아무도 이의를 제기하지 않았다.

그렇게 해서 화학무기에 관한 동아시아 정상회의 성명서의 마지막 문장에서 '인류는 운명 공동체'라는 말이 빠지고 최종안은 다음과 같이 결정되었다.

> 이 세대뿐만 아니라 다음 세대를 위해 지역 및 국제 안보와 안전을 보장하고자 하는 공통의 열망을 강조한다.

그리고 빈곤 퇴치에 관한 성명서 최종본 본문 11번째 단락에 다음과 같이 앞서 합의한 문구가 들어갔다.

> 극빈 문제를 포함한 모든 형태와 차원의 빈곤 근절은 전 세계적으로 가장 중요한 도전 과제이며 살피고 나누는 공동체 구축을 위한 지속 가능한 개

발에 필수 요건이라는 우리의 인식을 재확인한다.

그런데 화학무기에 관한 성명서에는 여전히 문제가 남아 있었다. 아세안 이외의 한 참가국이 성명서 본문 조항 4번에 다음과 같은 내용을 포함하자고 주장했다.

> 화학무기 포기 당사국이 필요로 하는 모든 재정, 기술, 전문가, 시설 및 기타 자원을 제공하여 화학무기를 파괴해야 한다는 화학무기금지협약 조항을 상기해야 한다. 그리고 포기 당사국이 Z국 영토에 Y국이 버리고 간 화학무기를 가능한 한 빨리 완전히 폐기하기 위해 최대한의 노력을 계속할 것을 촉구한다.(Z국에서 제안) EC-84/2에서, 2017년 3월 9일 화학무기금지기구 집행위원회 제84차 회의 보고서.

여기서 쟁점이 된 것은 특정 국가의 이름을 언급하고 "Z국 영토에 Y국이 버리고 간 화학무기"라는 표현이 포함된 부분이었다. 이를 반대하는 참가국 입장은 이 문제가 이미 해당 양국 간에 해결되고 있으며 동아시아 정상회의 문서에서 더 이상 언급되어서는 안 된다는 것이었는데, 필리핀을 포함한 많은 참가국이 이 주장에 동의했다. 나 역시 참가국들로부터 더는 양보할 수 없다는 말을 들었다. 만일 이런 부분이 포함된다면 화학무기에 관한 성명서 전체에 동의하지 않을 것이며 그러면 연쇄적으로 다른 문서도 승인되지 않아 결국 전체 협상 과정이 무너질 터였다. 그런데 사실 이는 일종의 인질로서 각 참가국이 자신들의 입장을 내세우고 상대방을 견제하기 위한 수단이기도 했다. 어떤 문서에 자신들이 원하는 부분을 넣을 수 없다면 다른 문서에 대해 불가능한 요구 사항을 내미는 것이다. 아세안은 단결과 합의 요구를 규합했고 마침내 많은 물밑 거래와 보상이 오고 간 끝에 다소 공격적인 요소를 뺀 마지막 부분이 채택되었다. 아세안에서는 협상을 진행할 때 지금도 이런 방식을 사용한다.

> 모든 해당 국가는 비축된 화학무기를 폐기할 것을 촉구한다. 그리고 협약 및 검증을 위한 부속 조항에 따라, 승인된 결정의 완전한 적용에 따라 모든 종류의 화학무기를 가능한 한 최단 시간 내에 완전히 폐기하겠다는 의지를 표명해야 한다.

자금 세탁 및 테러 자금 조달 방지에 관한 동아시아 정상회의 성명서

이 문서의 경우, 협상 마지막 단계에서 다시 한번 운명 공동체를 "인류 공동의 미래"로 바꾼 것을 제외하면 큰 이견은 없었다. 한 동아시아 정상회의 참가국이 처음 제안했던 내용은 다음과 같다.

> 지역 및 국제 평화와 안보를 위협하고 인류 공동의 미래를 지향하는 공동체를 만들기 위한 노력을 가로막는 테러리즘의 확산에 대해 심각한 우려를 표명한다.

우리는 이 부분을 마무리하기 위해 앞서와 똑같은 노력을 기울였고, 불필요한 부분을 삭제한 후 다음과 같은 최종본을 만들었다.

> 지역 및 국제 평화와 안보를 위협하는 테러리즘의 확산에 대해 심각한 우려를 표명한다.

빈곤 퇴치 협력에 관한 동아시아 정상회의 성명서

이 성명서에서 아세안 이외의 참가국 하나가 제안한 문제의 부분은 다음과 같다.

> 부패와 사기를 줄이기 위해 〔예산 절차에 대한 입법부 감독 보장, 최고 감사 기관의 역량 강화, 정부 예산 문서 열람 가능, 신뢰성, 완전성 및 투명성 보장을 포함하여〕 국내 재정 투명성을 구축하고 강화하는 관리 방식을 장려한다.

많은 아세안 회원국과 일부 아세안 이외 참가국은 한 국가의 입법 및 예산 절차와 제도에 대한 침해로 간주할 수 있는 이런 내용의 추가에 반대했다. 일부 회원국의 경우, 다른 국가들과 다르게 예산 절차는 입법부의 감독을 받지 않는다. 게다가 이 문서 원본에는 이런 내용 자체가 빠져 있었다. 문제를 해결하기 위해 (다른 성명서의 논쟁적인 부분을 어느 정도 인정하는 방식의) 일부 협상이 진행되었다. 그 결과로 나온 성명서 최종본에는 앞서 언급된 내용이 나오지 않는데, 다시 말해 각 참가국이 내세우는 서로 다른 조건들을 공동의 목표를 위해 하나로 합칠 때 아세안 중심성이 효과를 발휘했다는 뜻이다. 이런 처음의 의도가 가장 크게 반영된 최종본 내용은 다음과 같다.

> 다양한 부문 및 다양한 이해당사자를 비롯해 시민사회 조직 및 민간 부문과의 협력을 장려하는 공동체 기반의 접근방식을 통해 정부 전체 접근법으로 다양한 차원의 빈곤을 퇴치하는 것을 장려한다.

테러리즘과 그 주장, 선전의 이념적 도전에 대응하기 위한 동아시아 정상회의 성명서

이 성명서를 처음 제안한 나라는 아세안 이외 참가국이었으며 원래 제목 역시 충분히 승인될 만한 부분이었다. '테러 집단이 내세우는 이념에 대응하기 위한 EAS 성명서'라는 원제목은 나중에 '테러를 조장하는 이념의 확산에 대응하기 위한 동아시아 정상회의 성명서'로 수정되었는데, 한 아세안 회원국이 '테러 집단이 내세우는 이념'이라는 표현이 부적절하다고 주장했기 때문이다. 그렇게 주장한 이유를 분명히 알 수는 없었지만, 나는 나중에 해당 국가 국민에게는 중대한 문제가 된다는 사실을 깨달았다. 우리는 아세안 회원국들이 무엇을 우려하는지 이해하고 아세안 전체의 입장에 포함하기로 했다. 명시적으로 언급하지는 않았지만, 특정 종교를 테러 집단의 이념과 동일시하는 일부 사람들의 오해 때문이라고 추측할 수 있었다. 나는 비슷한 사안에 대한 유엔 결의안과 다른 국제 협약 등을 인용하며 수정안을 받아들이려 하지 않는 아세안 이외 참가국들을 설득해야 했다. '테러 집단이 내세우는 이념'이라는 표현을 삭제하려는 아세안의 의지에 대해 이 7개의 참가국은 대신 그 이념이 뜻하는 바를 명확히 보여주기 위해 몇 가지 내용을 더하자고 주장했다. 그렇게 해서 나온 최종 제목은 다소 길고 산만했지만, 모든 회원국과 참가국을 만족시킬 수 있었다. 그 최종본은 다음과 같다. "테러리즘과 그 주장, 선전의 이념적 도전에 대응하기 위한 EAS 성명서".

그런데 테러리즘과 관련해서 또 다른 부분이 논쟁의 대상이 되었다.

유엔 대테러국, 동남아지역대테러센터(SEARCCT), 자카르타법집행협력센터(JCLEC), 세계온건주의운동재단(GMMF), 국제법집행학회(ILEA)를 비롯해 필요한 경우 아세안 및 역내 다른 관련 기구를 포함한 유엔과 국제 및 지역 기구들은 테러리즘과 테러 관련 위협을 방지하고 대응하는 전략, 기술 및 전술을 계속해서 개발한다.

여기서 받아들여질 수 없었던 두 가지 요소는 세계온건주의운동재단에 대한 언급과 마지막의 "테러 관련 위협을 방지하고"라는 부분이었다. 아세안 이외 참가국 중 일부는 당시에 발생했던 금전과 관련된 부정행위 혐의 때문에 이 재단을 언급하는 것을 반대했다.[3] 온건주의라는 개념 자체는 문제 될 것이 없었다. 실제로 지난 2015년에는 지역 전체에 평화를 구축하고 극단주의를 억제하는 데 도움이 되는 조치를 설명하는 이 재단과 관련하여 랑카위 선언이 발표되기도 했다. 다만, 공식 선언문이나 성명서에서 조금이라도 의혹이 있는 재단의 이름을 언급하는 것은 부적절하다는 주장이었다. 결국 회원국들은 재단 이름을 삭제하는 데 동의하는 대신에 유엔 대테러국, 동남아지역대테러센터 같은 대테러 기관들의 이름도 삭제하자고 제안했다. 당시 해당 재단에 관한 불미스러운 소문은 아직 입증되지 않은 상태였지만 조심할 필요가 있었기 때문에 협상은 성사되었다. 그렇게 해서 만들어진 최종본은 다음과 같다.

필요한 경우 아세안 및 역내 다른 관련 기구를 포함한 유엔과 국제 및 지역 기구들은 테러리즘과 테러 관련 위협에 대응하는 전략, 기술 및 전술을 계속해서 개발한다.

앞서 언급했던 "테러 관련 위협을 방지하고"라는 부분에 대한 이의 제기의 경우, '방지'라는 표현에 대해 모든 아세안 회원국과 일부 참가국이 테러 방지 혹은 예방이라는 명목으로 일부 국가에서 개인의 자유 축소를 정당화하는 데 이용할 수 있다며 두려움을 표시했기 때문에 역시 삭제되었다.

지역 안보 구조에 초점을 맞춘 동아시아 정상회의 협력에 관한 마닐라 행동계획 협상

아세안 중심성의 중요성이 입증된 또 다른 사례는 2017년 12월 말 만료된 동아시아 정상회의 개발 이니셔티브에 대한 프놈펜 선언과 관련된 후속 행동계획 협상이었다. 나는 의도적으로 이 문서의 협상 일정을 아세안 정상회의 이후로 연기했다. 앞서 논의했던 네 건의 동아시아 정상회의 성명서 협상을 어렵게 만들 수 있는 논쟁을 하나라도 더 피하기 위해서였다.

그렇지만 이 문서의 협상 과정에서 불거진 세 가지 쟁점은 아세안 중심성 논의와 관련해 언급할 가치가 있다. i) 새로운 행동계획을 협상할 것인가, 아니면 해양 안보 및 협력 문제를 협력 영역의 우선순위로 포함하는 그것와 연관되어 있는 지금의 계획을 그저 확장하는 데 그칠 것인가, ii) 문서의 공식 제목, iii) '지역 안보 구조'라는 표현의 처리 문제였다.

확장된 행동계획 혹은 협의가 이뤄진 새 행동계획과 동아시아 정상회의 우선협상 영역으로서의 해양 협력 포함

마닐라 행동계획과 관련한 첫 번째 문제는 새로운 계획을 세울 것인지, 아니면 그저 현재 계획을 확장할 것인지였다. 아세안 이외 참가국 일부가 단순 확장을 제안했지만, 대부분의 참가국은 이에 동의하지 않았다. 단순 확장에 대한 지지가 추가 요소에 대한 가능성을 미리 방지하기 위한 것임은 누가 봐도 분명했다. 일부 아세안 회원국, 특히 필리핀의 경우 기존에 존재하던 것들, 즉 환경 및 에너지 협력, 교육 협력, 금융 협력, 글로벌 보건 및 유행병 관련 협력, 아세안 연계성 협력, 무역 및 경제 협력, 식량 안보 협력과 함께 해양 안보 및 협력을 새로운 협력 내용으로 추가하자고 일찌감치 제안했었다. 처음에는 해양 협력과 관련해 아세안 회원국들 내에서도 공감대를 얻기가 쉽지 않았다. 나는 이 부분에서 모순을 발견했는데, 최근 몇 년 동안 동아시아 정상회의는 남중국해와 해양 플라스틱 쓰레기, 해적 등과 같은 해양 문제를 앞장서서 논의하는 전략 포럼이 되었기 때문이다. 따라서 이를 반대할 만한 확실한 주장이 나올 수 없는 상황이었기에 까다로운 협상을 거친 후 아세안 이외 참가국들까지 결국 모두의 합의와 지지를 끌어냈다. 이렇게 새로운 계획 수립을 반대할 이유가 사라지자, 2017년 4월 12일 동아시아 정상회의 자카르타 대사회의의 첫 번째 회의에서 나는 이 문제의 최종 해결을 위해 다음과 같은 점을 지적하며 직접 개입했다.

- 지금의 행동계획도 이미 이전에 확장이 된 내용이다. 따라서 또 다른 확장은 각국 정상들의 결정과 제안에 따라 기존의 협력을 강화하고 새로운 협력관계를 모색하는 데 큰 도움이 되지 않는다.
- 지금의 행동계획은 EAS 개발계획에 대한 2012 프놈펜 선언까지만 다루고 있다.
- 새로운 행동계획은 기존의 행동계획을 기반으로 하며 지도자들의 결정에 따라 새로운 협력 영역을 포함하게 될 것이다.
- EAS 10주년을 기념하는 쿠알라룸푸르 선언을 통해 우리는 새로운 행동계획 초안을 작성할 권한을 부여받은 것이나 마찬가지다. "현재의 우선

순위와 의제 및 관심사를 반영하여 협력 영역을 정기적으로 검토할 것"을 분명하게 요구했기 때문이다. 해양 협력 문제가 EAS 논의에서 점점 더 많이 등장하고 있다는 점을 인식하고 이를 협력 우선 분야로 포함하는 것은 추가로 고려할 만한 가치가 있는 문제다.

당연한 일이지만 새로운 행동계획을 협상하자는 아세안의 주장이 힘을 얻었고, 결국 2017년이 끝나기 3일 전에 새로운 행동계획이 완성되어 승인받았다.

동아시아 정상회의 행동계획 제목에 대한 아세안 결의안

이 문제의 경우 아세안 회원국과만 관련이 있기 때문에 해결 과정이 그리 복잡하지는 않았다. 이전 행동계획의 제목은 동아시아 정상회의 개발계획에 대한 프놈펜 선언이었다. 이렇게 중요 문서의 이름 혹은 제목은 행사를 주최한 도시의 이름을 따서 명명하는 게 관례였고 새로운 행동계획서는 의장국인 필리핀 수도 마닐라에서 협상을 끝내고 완성될 예정이었기 때문에 나는 새로운 제목을 동아시아 정상회의 협력 마닐라 행동계획이라고 부르는 게 적절하다고 생각했다. 그런데 일부 회원국에서 원래 제목의 요소를 어떻게든 새로운 제목에 반영해야 한다고 생각했기 때문에 내가 먼저 나서서 타협안을 제시하니 의외로 문제가 빠르게 해결되었다. 타협을 거친 새 제목은 2018-2022 동아시아 정상회의 개발계획 프놈펜 선언 이행을 위한 마닐라 행동계획이 되었다.

두 번째 문제는 동아시아 정상회의 지역안보구조회의와 관련이 있는데, 이 회의는 동아시아 정상회의의 정규 회의는 아니지만 모든 동아시아 정상회의 참가국의 자발적인 계획에 따라 일종의 동아시아 정상회의 행사처럼 열려왔다. 이전 회의의 주최국은 러시아, 호주, 태국, 브루나이, 인도네시아였다. 그런데 대부분의 동아시아 정상회의 참가국은 모든 18개 참가국에서 많은 숫자의 참가자를 초대하는 이전 형식의 회의가 계속되는 것은 더 이상 실행이 어려울뿐더러 유용하지도 않다고 생각하게 되었다. 다시 말해 이런 회의를 계속 연례행사처럼 이어간다 해도 실용적이고 구체적인 결과가 나오지 않는다고 생각한 것이다. 그래서 폐지하고 싶었지만, 여전히 일부에서는 전 세계에서 가장 갈등이 심한 지역 중 두 곳이 포함된 아시아-태평양 지역의 지역 안보 구조에 대한 논의는 그만한 가치가 있다고 본 건지 회의가 계속되어야 한다고 주장했다. 결국 2017년 5월 방콕에서 열린 마지막 회의에서 타협안이 제시되었다. "지역 개발 협력 계획과 안보 정책 및 계획에 대한 정보를 교환할 수 있는" 권한을 보유한 동아시아 정상회의 자카르타 대사회의EAMJ에 어떤 식으로든 모든 것을 맡기자는 제안이었다. 방콕 회의에서 동아시아 정상회의 자카르타 대사회의가 지역 안보 구조에 대한 의제 토론을 어떻게 끌어안을 수 있는지, 그 구체적인 방식에 대해서는 정해지지 않았다. 그저 중앙정부 관리들이 참석할 수 있다고 명시했을 뿐인데, 많은 동아시아 정상회의 참가국들은 지역 안보 구조에 대한 정책적 논의는 아세안의 고위급 관리와 장관 및 지도자들이 다룰 만한 문제이기 때문에 회의가 열릴 때마다 한 번씩 의제에 포함될 수 있고 또 정해진 지침을 준수하면 된다고 생각했다. 반면에 지역안보구조회의의 주요 지지자들은 그 정해진 지침이라는 것이 결국 모든 동아시아 정상회의 자카르타 대사회의에서 지역 안보 구조가 중요한 의제가 되리라는 것을 암시한다고 생각했다. 동아시아 정상회의 자카르타 대사회의는 정책을 논의하는 회의가 아니라 동아시아 정상회의 고위관리회의의 지침에 따라서만 행동하고 아세안 고위급 인사들이 내린 결정을 검토하는 작업만 해야 한다고 일부 동아시아 정상회의 참가국이 반대하고 나설 경우 문제가 복잡해질 거라고 주장했다. 또 다른 동아시아 정상회의 참가국은 각국 관리들의 동아시아 정상회의 자카르타 대사회의 참석을 의무화하는 것은 비용과 인력을 추가해야 하는 문제로 이어져 상황을 더 복잡하게 만들 뿐이며, 자카르타에 이미 부임해 있는 대표들만으로도 동아시아 정상회의 자카르타 대사회의를 구성할 만하다고 주장하기도 했다.

전혀 다른 의견을 내세운 아세안 이외 참가국도 있었다. 동아시아 정상회의 자카르타 대사회의는 의제의 정규 요소로 '지역 안보' 구조 문제를 포함해야 하며 모든 동아시아 정상회의 자카르타 대사회의의 부문별 회의에서도 각국 중앙정부 관리와 전문가들을 참석시켜 이 문제를 부대 행사처럼 다뤄야 한다는 것이 이 참가국 대표의 입장이었다. 본국에서 강력한 지시가 있었는지 그의 태도는 사뭇 완강했다. 그는 이 내용을 본문 조항에 포함하여 모든 이해당사자가 이를 위한 실질적인 조치를 하게 되기를 바랐다. 반면에 또 다른 아세안 이외 참가국 대표는 역내안보설계RSA가 5개년 행동계획에 포함할 정도의 가치는 없다면서 아예 더 이상의 회의나 논의 자체를 하지 말자고 주장했다. 아세안 이외 참가국들이 제기한 서로 다른 주장들 사이에서 아세안은 절충안을 제시해야 했다. 지역 안보 구조 문제를 본문 조항이 아닌 서문 조항 중 하나로만 언급하면 여전히 동아시아 정상회의의 의제로 남게 되지만 본문 조항에 포함되는 경우와 다르게 이를 실제로 추진할 의무는 없다. 동아시아 정상회의 자카르타 대사회의에서도 아세안의 해결책을 받아들였다. 따라서 마닐라 행동계획 서문 조항 최종본은 다음과 같이 결정되었다.

EAS가 아세안을 원동력으로 진화하는 지역 구조의 필수 구성 요소라는 점을 감안할 때, EAS는 제12차 EAS 의장성명에 명시된 바와 같이 각국 중앙 정부에서 파견된 고위급 인사들이 선택적으로 참여하는 동아시아 정상회의 자카르타 대사회의를 통해 이러한 논의를 계속할 수 있다.

다만 방콕 동아시아 정상회의 지역안보구조회의가 갖고 있는 상징적인 의미를 잊지 않기 위해, 나는 동아시아 정상회의 자카르타 대사회의 내에서 동아시아 정상회의 참가국들이 각각의 인도-태평양 개념, 전략, 구상을 발표하는 소규모의 브레인스토밍 회의 같은 활동을 진행할 수 있도록 했다. 이 회의를 통해 미국, 일본, 호주, 인도, 인도네시아 등이 인도-태평양 지역에 대한 자국의 이해와 전략을 발표했다.

아세안, 동아시아 정상회의 운영세칙 협상이 계속 지연되는 것에 반대

아세안을 아세안 이외 동아시아 정상회의 참가국 간에 벌어지는 논쟁 속으로 끌어들였던 또 다른 중요한 문제는 동아시아 정상회의 자카르타 대사회의의 운영세칙이었다. 동아시아 정상회의 자카르타 대사회의가 그 기능과 임무를 수행하는 데 꼭 필요한 운영세칙 협상은 아세안 이외 참가국 두 나라로 인해 과도할 정도로 지연되고 있었다. 결국 상주대표위원회는 2016년의 8개월 이상을 아세안 이외 참가 8개국과 함께 운영세칙 관련 논의로 보내야 했다. 상주대표위원회는 동아시아 정상회의 자카르타 대사회의가 성명서와 선언문 관련 협상을 포함해서 지도부, 장관 그리고 고위급 인사들에 의해 중요한 업무들을 점점 더 많이 맡게 될 것으로 예상했다. 다양하면서도 때로는 상호 배타적인 이해관계와 입장을 가진 온갖 참여자들이 있는 경우, 정확한 운영세칙도 정해져 있지 않다면 이러한 작업을 수행하는 것은 불가능하며 아세안이 주도하는 구조의 중심성도 약화될 것이다. 그렇지만 필리핀 전에 아세안 의장국을 맡았던 라오스는 아세안 이외 참가국 두 나라의 반대로 동아시아 정상회의 자카르타 대사회의의 권한을 공식적으로 정리하지 못했다. 나로서는 이런 상황 때문에 의장직 수행에 어려움을 겪고 싶지 않았다.

먼저 제안된 운영세칙 관련 내용은 여러 가지 문제로 인해 교착 상태에 빠졌다. 무엇보다 동아시아 정상회의 자카르타 대사회의가 다루는 업무 범위가 문제였다. 아세안 이외 참가국 두 나라의 대사들은 자카르타에 주재하는 아세안 이외 동아시아 정상회의 상주대표와 대사들이 이 문제를 다룰 권한과 역량이 있는지 의문을 제기하고, 협상은 과거에 그랬듯이 제안 국가의 수도에서 이루어져야 한다고 주장했다. 나와 아세안 회원국 입장에서 보면 협상 과정에서의 우선권과 통제권이 제안한 국가, 즉 아세안이 아닌 다른 국가에 부당하게 넘어갈 수도 있다는 뜻이었다. 두 나라의 대사들은 계속해서 본국에 있는 지도부, 장관, 고위급 인사만이 협상 중인 문서나 해결 중인 중요 문제에 대한 결정을 내릴 권한이 있다고 주장했다. 반면에 아세안 소속 대사들은 우리는 모두 특명전권대사로서 각국을 대표해 이곳에 파견되었고 당연히 그런 문제를 협상할 권한을 위임받았다고 주장했으며, 지금도 기억이 생생할 정도로 아세안 이외 참가국 대표들과 뜨거운 논쟁을 벌였다. 나로서는 2016년 한 해 동안 몇 개월에 걸쳐 계속된 이 갈등이 2017년 내가 의장직을 맡는 동안 진행할 많은 계획을 가로막지 않기를 바랐다. 그래서 2017년 2월 인도네시아 수라카르타에서 열린 동아시아 정상회의 리트리트에서 상황을 마무리 짓기로 결심했다. 아세안 중심성이 이런 문제로 흔들릴 수는 없었다.

2017년 1월 18일 내가 의장을 맡은 후 처음 열린 상주대표위원회 회의에서, 나는 우리가 이미 많은 시간을 낭비했고 더 이상 운영세칙 협상을 진행하지 않겠다는 뜻을 아세안 동료들에게 전했다. 운영세칙이 공식적으로 정해지지 않더라도 동아시아 정상회의의 각 중앙정부에서 부여한 권한이 우리에게 있기 때문에 동아시아 정상회의 자카르타 대사회의가 제 기능을 하는 데는 아무 문제가 없다는 사실을 아세안 이외 참가국들에 알리자는 게 나의 제안이었다. 나는 이전에 있었던 동아시아 정상회의 선언문에서 다음 조항을 인용하며 동아시아 정상회의 대사가 자카르타에서 주어진 임무를 수행할 충분한 근거가 된다고 주장했다.

1. 2016년 11월 비엔티안에서 발표된 제11차 동아시아 정상회의 의장성명은 이렇게 천명하고 있다. "우리는 자카르타의 아세안 상주대표위원회와 아세안 이외 참가국 대사들이 2016년 4월 이후 두 차례 회의를 소집한 것에 감사하며 아세안 사무국 내에 EAS 관련 부서를 설립한 것을 환영한다."
2. 2015년 동아시아 정상회의 10주년 기념 쿠알라룸푸르 선언에서 동아시아 정상회의 지도자들은 EAS를 강화하기 위한 계획을 추진하겠다고 발표했는데, 그중에서도 특히 "자카르타의 아세안 상주대표위원회와 동아시아 정상회의의 아세안 이외 참가국 대사들이 본국의 결정을 논의하고 지역 개발 협력 계획과 안보 정책 및 계획에 대한 정보를 교환하기 위해 정기적인 교류를 행한다"라는 부분을 강조했다.

나는 또한 동아시아 정상회의 자카르타 대사회의가 이미 동아시아 정상회의 고위관리회의와 동아시아 정상회의 장관 및 지도부에 제출하는 선언문과 성명 같은 결과 문서를 협상하기 위한 공식 회의를 여러 차례

연 적이 있다는 사실을 제시했다. 그리고 이런 기능을 하는 기구의 이름을 제안했는데, 이렇게 해서 동아시아 정상회의 자카르타 대사회의라는 이름이 공식적으로 등장하게 되었다.

동료들은 나의 전략에 동의했고 상주대표위원회의 결정을 공식 승인받기 위해 아세안 고위관리회의에 이 내용을 제출했다. 동아시아 정상회의 자카르타 대사회의의 전체 구성원이 이 제안을 수용할 수 있도록 준비하기 위해 나는 나와 같은 생각을 가진 아세안 이외 참가국 대표들과 양자 대화를 갖고 아세안의 의지를 전달했다.

그렇게 해서, 2017년 4월 12일에 열린 첫 번째 동아시아 정상회의 회의에서 나는 다음과 같이 제안했다.

> EAS 지도부가 우리에게 부여한 사명에 따라 우리에겐 자카르타에서의 협력을 더욱 강화하며, 이러한 협력을 중요한 계획을 감시하고 구현하기 위한 중요한 무대로 만들어야 할 책임이 있습니다. 우리는 지금 이 책임을 발전시키는 초기 단계에 있으며 의장과 의장국은 우리가 부여받은 임무를 완수하는 데 최선을 다할 것을 약속합니다.

항상 하는 이야기지만 이런 문제는 늘 시간과의 싸움이다. 우리는 이미 자카르타에서 동아시아 정상회의의 운영세칙에 대해 8개월 이상 토론만 하며 시간을 보냈다. 나는 우리가 더 이상 이 문제를 논의하지 않을 것이며 앞서 언급한 것처럼 본국이 우리 대표들에게 부여한 임무에 따라 운영해나갈 것이라고 발표했다.

우리의 단호한 의지에 아무도 반대 의견을 내지 못했다. 아세안이 주도하는 정식 기구의 임무와 정체성을 공고히 하기 위해 아세안 의장국 필리핀은 동아시아 정상회의 의장성명에 다음과 같은 내용을 삽입하기 위해 노력했다.

> 우리는 동아시아 정상회의 지도부의 결정과 이니셔티브를 효과적으로 구현하기 위해 동아시아 정상회의와 동아시아 정상회의의 작업 과정을 강화하기 위한 지속적인 노력을 환영한다. 아울러 우리는 자카르타에서 동아시아 정상회의 대사들이 맡고 있는 중요한 역할에 대해 지지를 천명한다. 동아시아 정상회의 대사들은 본국의 결정 수행에 대해 논의하며 쿠알라룸푸르 선언과 동아시아 정상회의 절차에 따라 지역 개발 협력 계획과 안보 정책 계획에 대한 정보를 교환하며 지역 안보 구조 관련 대화를 발전시키는데 중요한 역할을 하고 있다. 우리는 제13차 동아시아 정상회의 결의안을 마무리 짓는 과정에서 자카르타 동아시아 정상회의 대사들의 노고를 위로한다. 또한 동아시아 정상회의의 조정 및 협력을 효과적으로 지원하기 위해 아세안 사무국 내의 동아시아 정상회의 관련 부서가 더욱 강화된 것을 환영한다.

이렇게 해서 아세안은 자체적인 절차를 고수하면서 외교력을 앞세워 문제를 해결할 수 있었다.

동아시아 정상회의 문서 협상에 사용되는 절차

운영세칙에 대한 논의는 중단하기로 했지만 동아시아 정상회의 자카르타 대사회의에는 여전히 고위급 관리와 장관들이 협상을 통해 업무를 처리할 때 따라야 할 지침이 필요했다. 공식적으로 따라야 할 지침이 없으면 고위급 인사들도 혼란스러울 수밖에 없다. 앞서 논의한 바와 같이 이런 혼란을 해결하기 위해 상주대표위원회는 동아시아 정상회의 운영 세칙 대신, 협상 과정을 거쳐 동아시아 정상회의 선언문 및 성명서 발표에 대한 아세안 과정 및 절차라는 내부 문서를 만들었다. 이 문서는 '아세안 전용' 문서이며 아세안 회원국만이 최종본 결정에 참여했다. 아세안에서만 승인했다는 의미의 이 아세안 전용 문서는 동아시아 정상회의 자카르타 대사회의가 좀 더 큰 규모로 열렸을 때 지저분한 논쟁을 피하기 위해 다시 정리되었다. 여기에는 정상회담과 장관급 회의, 고위관리회의에서 나오는 동아시아 정상회의 결의안을 협상할 때 따라야 할 절차와 원칙이 자세히 설명되어 있으며 협상 과정과 형식, 용어, 일정에서 아세안 중심성을 보장하는 요소도 포함되어 있다. 아세안 내부 문서는 아세안 절차에 대해 다음과 같이 설명한다.

i) 제안국은 제안한 문서에 대한 개념을 요약하여 제출한다.
ii) 고위관리회의는 동아시아 정상회의 자카르타 대사회의에 제안된 문서 내용을 협상하는 임무를 부여한다.
iii) 상주대표위원회는 검토 및 승인을 위해 아세안의 분야별 기구들과 협의한다.
iv) 개념 요약본이 아세안의 분야별 기구의 승인을 받은 후, 의장은 아세안 사무국의 지원을 받아 아세안 회원국에서 심의할 수 있도록 초안을 준비한다.
v) 아세안 회원국 간에 초안에 대한 컨센서스가 끝나면 동아시아 정상회의 자카르타 대사회의가 협상을 통해 최종본을 완성한다.

과거에는 처음 제안한 국가가 제출한 초안을 가지고 협상을 진행했다. 예컨대 2016년에 아세안 이외 참가국이 해양 협력과 핵 비확산에 관한 두 가지 성명을 발표하자고 제안한 적이 있었다. 그런데 협상과 관련된 규칙이나 조건이 전혀 없었기 때문에 제안국의 수도에서 문서 완성과 관련된 협상이 진행되었다. 협상의 진짜 당사자와는 관련 없는 장소에서 협상이 진행되는 현실성 떨어지는 상황 때문에 모든 절차와 과정이 길게 늘어졌다. 용어와 목표의 의미를 해석할 때 벌어지는 차이로 인해 몇 개월이 넘는 협상에도 불구하고 한 가지 문서만 완성되었고, 상주대표위원회와 처음 제안했던 참가국 대사는 2016년 문서 최종 승인을 위한 동아시아 정상회의가 열리기 이틀 전에야 최종본에 합의할 수 있었다.

필리핀이 의장국이 되면서 아세안 중심성의 본질을 구현하기 위해 협상 대상이 되는 모든 문서에 대해 먼저 아세안의 검토를 거치도록 결정했다. 이것은 큰 변화였다. 관련 문서가 처음부터 아세안의 관점에서 시작되는 것을 보장하는 협상 기술이었다. 따라서 아세안 이외 참가국이 성명서 혹은 선언문의 요약본이나 초안을 제출하더라도 아세안에서 먼저 검토한 후에 비로소 협상이 시작된다. 그 자세한 절차는 다음과 같은데, 먼저 아세안 의장이 아세안 사무국의 도움을 받아 제안국이 제출한 요약본을 바탕으로 초안을 준비한다. 상주대표위원회는 준비된 초안을 심의하고 '아세안이 합의한' 내용을 만들어 아세안 이외 8개 참가국이 협상할 때 사용하도록 한다. 이렇게 되자 더 이상 이 과정에 개입할 수 없게 된 아세안 이외 참가국들 사이에서 소란이 일어났다. 어떤 동아시아 정상회의 고위관리회의에서는 회의 내 자국을 대표하던 아세안 이외 참가국의 대사이자 동아시아 정상회의 자카르타 대사회의의 회원인 한 인사가 협상의 규칙을 멋대로 바꾼다며 나를 공개적으로 비난하기도 했다. 나는 이런 감정 폭발에 대응하기 위해 먼저 고위관리회의의 발언 허가를 얻었다. 나는 아세안의 대외 파트너들이 진정으로 아세안 중심성을 존중한다면 아세안에서 먼저 문서를 검토하고 협상에 들어간다 해도 아무런 문제가 없다고 말했다. 그러나 아세안 이외 참가국 중 일부가 "규칙의 임의 변경"을 이유로 필리핀 정부에 나를 '보고'했고 논의는 지연되었다. 나는 이에 대해서도 애초에 동아시아 정상회의 문서를 협상하는 데 규칙이나 합의된 절차는 없었으며 아세안이 문서를 먼저 확인하는 것이 더 좋을 것 같다고 대답했다. 물론 본국 정부의 선배 관리들은 내가 한 행동이 옳은 일이며 아세안 중심성은 유지되어야 한다고 말했다.

사실 내가 도입한 절차로 인해 동아시아 정상회의 협상이 다소 지연되었는지도 모른다. 그렇지만 나는 여전히 아세안이 먼저 합의한 문서를 기초로 아세안 이외 참가국들과 협상을 벌이는 것이 최종 결과물에서 아세안 중심성을 보장하며 작업을 주어진 시간 안에 끝마칠 수 있는 가장 효율적인 절차라고 믿는다. 지금도 아세안에서는 이 관행을 그대로 따르고 있다.

아세안+1 구조에서의 아세안 중심성

아세안+1 구조에서는 대화상대국과 조정국이 회의의 공동의장 자격으로 참석한다. 회의장 배치도는 〈그림 6-2〉와 같다. 통상적인 공식 촬영을 할 때도 같은 위치를 지킨다.

대화상대국과의 공식 회의 전에 아세안은 '조정회의'라고 부르는 아세안 내부 전용 협의를 먼저 수행한다. 실제 회의에서 아세안 회원국들이 서로 모순되는 입장을 내놓지 않도록 논의할 주제에 대해 미리 아세안의 입장을 조정하기 위한 협의다. 예를 들어 아세안이 아직 컨센서스에 이르지 못한 문제에 대해서는 합의안이 나올 때까지 내부 상황과 논

〈그림 6-2〉 아세안-중국 공동협력위원회(JCC) 회의장 배치도

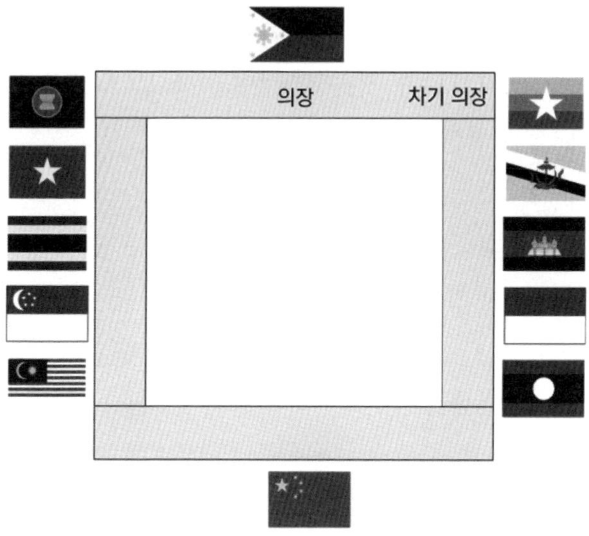

의 내용을 대외 파트너에게 알리지 않는다. 특정 사안에 대한 컨센서스가 이루어지지 않을 경우, 의장은 또 다른 비공개 협의를 진행하면서 이 상황을 대화상대국에 전달할 방법을 찾아야 한다. 또한 대화상대국이 회원국을 난처하게 만들거나 아세안을 훈계 또는 비판하는 것처럼 들리는 문제를 언급하지 않도록 신경 써야 한다.

아세안 측에서 공식 회의가 필요 없거나 바람직스럽지 않다고 판단하거나 아예 필요가 없을 경우 이어지는 논의는 비공식적인 조찬이나 오찬의 형식으로 진행되며 이를 통해 자연스럽게 비공식 논의임을 나타낸다. 이런 회동에 대한 기록은 남기지 않고 어떤 당사자도 구속받지 않는다. 미국, 이탈리아, 노르웨이에서 방문한 관리들과 이런 식으로 아침 혹은 점심 식사를 함께하며 논의하는 경우가 종종 있었다.

공동부분협력위원회JSCC 의장은 아세안 사무국 사무차장이 맡아 정치와 안보 분야를 총괄하며, 맞은편에는 부분대화상대국의 대사가 공동의장 자격으로 자리한다. 각 회원국은 중간 탁자 주위에 알파벳 순서로 자리 잡고 앉는데, 대표단의 수장이나 구성원 자격으로 중앙정부 및 기타 기관의 대표를 참석시킬 수 있다.

부분대화상대국은 아세안의 고위급 관리, 장관, 지도부와는 별도의 회의를 열지 않고 대신에 3자간 장관회의 등을 열어 부분대화상대국의 장관, 아세안 의장국 장관, 그리고 장관급으로 인정받는 사무총장이 자리를 함께한다.

〈그림 6-3〉은 국력과 영토 크기의 차이에 상관없이 상주대표위원회와 모든 대외 파트너가 회의를 열 때의 자리 배치도다. 각국의 위치는 아세안이 결정한다. 이러한 회의를 전체 대화상대국이 참여할 경우 공동협력위원회JCC 회의라고 하고, 부분대화상대국에 대해서는 공동부분협력위원회JSCC 회의라고 한다. 호주, 캐나다, 중국, 유럽연합, 인도, 일본, 한국, 뉴질랜드, 러시아, 미국, 영국이 11개의 대화상대국이며 브라질, 모로코, 노르웨이, 파키스탄, 남아프리카공화국, 스위스, 튀르키예, 아랍에미리트연합국이 부분대화상대국이다. 각 아세안 회원국은 3년 동안 특정 대화상대국의 조정국으로 지정되며, 부분대화상대국과의 관계는 아세안 사무국이 맡는다. 필리핀의 경우 2012년에서 2015년까지 호주, 2015년에서 2018년까지 캐나다, 그리고 2018년에서 2021년까지는 중국의 조정국이었다. 아세안과 대화상대국의 회의는 1년에 한 번 열리지만, 특히 각국 지도부와 장관들이 중요한 문서 발표를 협상할 때는 비공식적으로 회의가 열리기도 한다.

회의장 배치도는 회의 참석자가 모두 동등한 지위를 갖고 있음을 나타낸다. 외부 참석자에게 할당되는 숫자는 아세안에서 결정한다. 〈그림 6-2〉를 보면 대외 파트너인 중국 대표가 아세안 내의 조정국 대표인 의장 맞은편에 자리를 잡는다. 보통 외교부 대사가 대표를 맡지만 2017년 11월 상주대표위원회와 회담을 가진 류옌둥 중국 국무원 부총리처럼 중앙정부의 고위급 인사가 대표를 맡기도 한다. 그 주위를 아세안 회원국들이 알파벳 순서대로 둘러싸는데, 차기 조정국인 미얀마는 현 조정국의 왼쪽에 자리를 잡는다. 아세안 사무국 대표는 항상 의장의 오른쪽 자리다. 보통 첫 줄의 두 자리는 아세안 회원국에, 그리고 네 자리에서 여섯 자리는 대화상대국에 주어진다.

지금까지 언급한 것처럼, 아세안 내에는 대화상대국과 부분대화상대국, 개발파트너, 역내 협력 그룹, 유엔과 시민사회로 분류될 수 있는 외부

〈그림 6-3〉 공동부분협력위원회(JSCC) 회의장 배치도

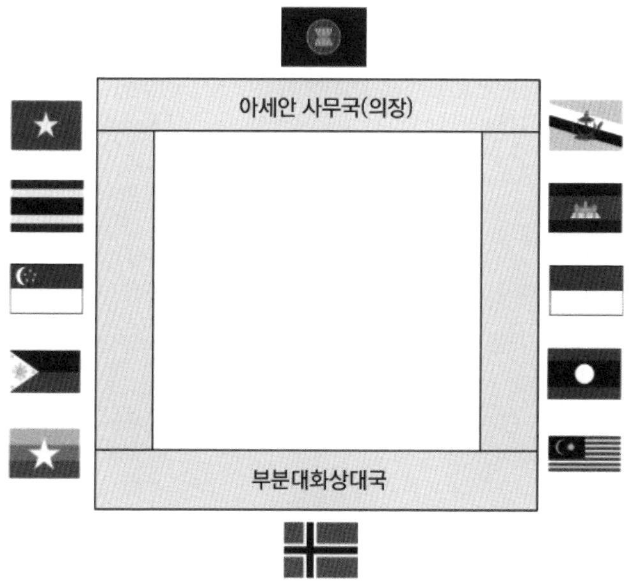

협력 상대와 공식적으로 상호소통을 할 수 있도록 다양한 기구와 모임들이 포함되어 있다.

예컨대 자카르타에서 아세안 정상과 대화상대국 대표가 만나는 아세안+1 회의가 있는데, 이는 정상회의, 장관급 회의 혹은 고위관리회의라고 부른다. 자카르타에서는 이 회의를 특별히 공동협력위원회JCC라고 부른다. 상주대표위원회는 보통 이런 고위급 양자 회의에서 발표되거나 채택되는 문서를 협상하고 준비하는 임무를 맡는다.

아세안이 정한 대화상대국은 11개국이며, 회원국들은 각각 3년 동안 돌아가면서 조정국 역할을 맡는다. 조정국은 대화상대국과 아세안 간의 관계를 조율한다. 다시 말해 대외 파트너의 대사, 관리들과 긴밀하게 논의하여 관계를 조정하고 발전시키는 임무를 맡고 있다. 필리핀은 2018년 8월까지 캐나다의 조정국, 2019년 4월까지 중국의 조정국을 맡았다. 2017년 기준으로 대화상대국에 대한 각각의 조정국은 다음과 같다.

호주 — 미얀마

캐나다 — 필리핀

중국 — 싱가포르

유럽연합 — 태국

인도 — 브루나이

일본 — 캄보디아

한국 — 베트남

뉴질랜드 — 인도네시아

러시아 — 라오스

미국 — 말레이시아

지금부터는 아세안과 대화상대국의 관계에 대한 몇 가지 사례와 아세안 중심성이 어떻게 논의의 의제와 과정 전면에 드러나게 되었는지를 살펴보려고 한다.

아세안+미국: 상주대표위원회와 마이크 펜스 부통령

2017년 4월에 있었던 상주대표위원회와 마이크 펜스 미국 부통령의 만남은 나에게는 물론, 아세안에도 특히 중요했다. 몇 주 전부터 회의와 관련된 세부 사항에 대해 아세안 주재 미국 대표부와의 광범위한 조율이 있었고, 마침내 그날이 왔다. 당시 아세안은 근래에 미국이 동남아시아에서 철수할 것으로 추측하면서 새롭게 출범한 트럼프 행정부가 아세안에 대한 미국 입장을 분명히 밝히지 않는 상황을 불안하게 지켜보고 있었다.

아세안 사무국은 미국의 고위급 인사가 방문할 때면 늘 그랬듯이, 어떤 회의실이 가장 안전한지에 대한 확인까지 포함해서 '특수 요원들'이 아세안 사무국 건물과 부지 내부에 대해 진행하는 까다로운 보안 검색을 허락했다. 그렇지만 상주대표위원회는 회의가 진행되는 형태와 방식이 더 중요하다고 주장했다. 양측의 만남은 서로 평등한 위치에서 진행되어야 했다. 보안상의 이유로 규모가 작은 회의실을 골랐는데 어쨌든 나는 펜스 부통령과 나란히 앉아 공동의장 자격으로 회의를 주재했다. 두 사람의 발언 시간은 거의 비슷했지만 다른 회원국에 대해서는 발언 시간에 제한을 걸었다.

나는 펜스 부통령에게 이렇게 말했다. "나는 소원을 비는 것보다 기도드리는 쪽을 믿습니다. 소원은 이루어지지 않지만, 기도는 이루어지기 때문입니다." 펜스 부통령이 나와 마찬가지로 기독교 신자라는 사실을 알고 한 말이었다. 나의 세 가지 기도는 다음과 같았다. i) 미국이 아세안의 위상을 어떻게 보고 있는지 분명하고 확실하게 알려주기를, ii) 그해 11월 마닐라에서 열리는 아세안과 미국의 정상회의에 트럼프 대통령이 참석하기를, iii) 미국이 아세안에 파견되는 미국 대표에 지금의 대리공사 대신 전력투구할 대사급 인사를 임명해주기를. 이 말을 들은 펜스 부통령은 슬며시 웃으며 특히 첫 번째 기도를 포함해 모든 기도가 다 이루어질 것이라고 화답했다. 회의가 끝난 후 그는 아세안 사무국에서 열린 언론 간담회 연설에서 "트럼프 대통령이 미국과 아세안의 전략적 협력관계에 부여하는 가치와 함께 이미 맺고 있는 강력한 관계를 기반으로 하는 더 확고하고 흔들리지 않는 신뢰 관계"를 강조했다. 그리고 특히 남중국해, 한반도 문제와 관련해 이 지역의 평화와 안정을 유지하기 위해 미

〈사진 6-2〉 미국 마이크 펜스 부통령과의 아세안+1 회의에서 공동의장을 맡고 있는 저자의 모습

국의 지원을 더욱 강화할 것을 다짐했다.[4]

그해 말 트럼프 대통령은 마닐라 정상회의에 극적으로 모습을 드러낸 후 4개국 안보협의체 쿼드와 함께하는 미국의 자유롭고 개방적인 인도-태평양 전략FOIPS을 천명했다. 다만 미국은 지금까지도 아세안에 정식대사를 파견하겠다는 약속을 아직 이행하지 않고 있다. 나로서는 특별히 아세안을 무시하는 행동이라고는 생각하지 않지만, 세계 각지에 아세안처럼 미국의 정식 대사가 부임하지 않아 비슷한 곤경을 겪는 지역이 많이 있다.

아세안-중국 공동협력위원회

아세안과 중국은 협력과 관련된 모든 주요 사안을 아우르는 가장 실질적인 관계를 맺고 있다. 또한 남중국해 문제로 인해 가장 복잡한 관계이기도 하다. 물론 중국은 부상하는 강대국이며, 아세안은 까다롭긴 하지만 중국과의 관계를 통해 얻을 수 있는 혜택을 염두에 두고 중국과의 균형을 유지하는 전략을 내세우고 있다. 이 전략은 중국이 책임감 있는 패권 국가가 되도록 도울 수 있다는 아세안의 믿음을 바탕으로 한다. 아세안-중국 공동협력위원회는 특히 경제적 · 사회문화적 측면에 중점을 두고 있는데, 정치 · 안보 분야의 경우 남중국해와 한반도 및 다른 통상적 및 비통상적 안보 위협들과 관련된 문서를 협상할 때를 제외하면 고위관리회의와 장관들이 전담한다.

2017년 중국-아세안 정상회의에서 리커창 국무원 총리는 역내 기구에 대한 점증하는 연성 외교의 일환으로 초기 출연금 1,000만 달러를 포함하는 새로운 아세안-중국 협력기금을 발표했다. 다만 그중 상당한 액수가 이미 국가 간 양자 관계에 투입되고 있었다. 아세안-중국 관계의 조정국 책임자인 나의 실질적인 임무 중 하나는 이 기금의 사용 방향을 결정하고 아세안이 지출 및 회계에 참여할 수 있는 행정 구조를 만드는 것이었다. 이를 위해 중국과 아세안 대표로 구성된 아세안-중국 사업 관리 부서가 구성되었고, 협력기금을 활용하는 모든 사업계획의 승인을 위해 상주대표위원회에 계획서를 제출하는 임무가 맡겨졌다.(한국, 호주, 일본 및 노르웨이와도 협력기금을 공동 관리하기 위한 비슷한 컨센서스가 있었다.) 아세안은 또한 리커창 총리가 함께 발표했던 아세안-중국 차세대 지도자 장학 프로그램의 참여 자격에 대한 승인에 있어 상주대표위원회가 일정한 역할을 할 수 있도록 했다.

아세안, 대외 파트너의 간섭에 반대

아세안과 대화상대국 간의 양자 회의는 대화상대국이 아세안과의 관계에서 자국의 관심사를 드러낼 기회가 된다. 그중에서 특히 서구 민주주의 국가들이 인권 문제로 내세우고 싶어 하는 것이 바로 북라카인주(로힝야) 문제다.

예를 들어 서구의 한 대화상대국이 특사까지 앞세워 공동협력위원회 회의에서 로힝야 문제를 거론했을 때, 아세안은 이 문제가 별도의 의제 항목이 되는 것을 거부했으며 그대신 해당 국가의 개발과 관련된 일반 의제 항목에 포함해야 한다고 주장했다. 또한 회의의 분위기가 훈계의 방식이 되어서는 안 되며 그들의 발표 자체도 반드시 사실을 기반으로 해야 한다고 경고했다. 그리고 서방 국가들이 부르는 명칭인 로힝야가 아니라 북라카인 문제로 불러달라는 미얀마의 요청을 받아들였다. '로힝야'라는 명칭 자체가 이들을 공식적으로 미얀마 국민으로 인정한다는 뜻이기 때문이며, 이런 정체성 문제 역시 북라카인주의 해당 그룹 사람들에게는 중요한 쟁점 중 하나다. 반면에 유럽연합과 호주, 미국, 뉴질랜드 같은 서방의 대화상대국들은 인권 문제를 앞세우며 미얀마와 정반대의 요청을 해왔다. 이에 대해 아세안은 이 문제가 양자 회의의 주제가 되려면 아세안이 정한 절차와 용어에 따라 이루어져야 한다고 언제나 주장해 왔다.

또 다른 예를 살펴보면, 아세안은 사이버 및 디지털 경제에 대해 X라는 국가와 아세안+X 형식으로 성명을 발표하기로 협상했는데, 갑자기 대화상대국인 X국이 성명문의 목적과 성격 변경을 요구했지만 동의하지 않았다. 처음부터 이 문서의 목적과 성격은 빠르게 성장하는 디지털 경제에 대한 공격 방지 방법 등 주로 경제 문제에 집중되어 있었다. 아세안과 X국은 몇 개월 전부터 이 문서의 내용을 협의하기 위해 많은 회의를 거쳤으며 2017년 11월 10일 마지막 초안이 성안 단계에 이르렀는데 사실상 전체 협상의 막바지 구간에 와 있었다. 그렇게 해서 아세안+1의 성명으로 완성된 문서를 발표하기 바로 전날, X국이 갑자기 문서의 정체성 자체를 완전히 정치적인 것으로 바꾸자고 한 것이다. X국은 내용이 완전히 뒤바뀔 정도로 많은 조항들을 삽입했고 결국 정치·안보 관련 문서처럼 되었다. 그러나 아세안이 사이버 보안, 특히 테러리즘 등의 비통상적인 안보 위협과 관련된 보안의 중요성을 미처 깨닫지 못했다는 오해를 받지 않기 위해, 나는 아세안이 반대하는 것은 X국이 갑자기 모든 것을 바꾸려 하는 올바르지 못한 태도, 그것도 다른 회원국들이 제대로 된 결정을 내릴 시간적 여유도 주지 않고 자신들의 의견만 주장하는 태도라는 사실을 강조하려 했다. 그렇게 해서 일단 아세안이 협상에서 한 걸음 물러서게 되면 X국의 조정국이 다른 회원국들의 지원을 받아 개입해야 한다. 우리는 X국이 성명서 발표 직전에 성명서의 목적과 방향성을 바꿀

수는 없다고 주장했다. 우리는 문서의 모든 문단에 대한 입장을 결정하기 위해 경제부처들과 상담을 해야 했다. 이 시점에서 갑자기 문서의 정체성 자체를 바꾸자고 하는 것은 각자의 이익을 정확하게 반영하기 위해 정무 라인 관련 기관들과 협의할 시간조차 주지 않겠다는 것이었다. 그날 밤 회의는 결렬되었고 성명서 발표도 연기되었다. 아마도 대화상대국 X는 과거에도 이런 식으로 불합리하게 행동해왔던 모양인데, 아세안의 거부 입장을 마주하고 크게 실망한 것 같았다. 훗날 X국의 대사는 내가 깜짝 놀랄 정도로 강경하게 나왔다고 말했다. 나는 필리핀과 아세안이 논의 중인 주제를 가볍게 여기지는 않지만, 위험이 너무 크고 잃을 게 많다 싶을 때는 그렇게 다른 태도를 취해야 할 때도 있는 법이라고 답했다.

대화상대국이 내세우는 입장에 대해 아세안이 반대했던 또 다른 사례는 유럽연합이다. 유럽연합은 아세안과 유럽연합의 관계를 '전략적 동반자' 수준으로 높이려 했고 2014년 브뤼셀에서 열린 제20차 아세안-유럽연합 장관회의에서 양측 모두 그렇게 노력하기로 합의했다. 이 목표를 달성하기 위해 아세안과 유럽연합은 2016년 10월 제26차 아세안 경제장관회의에서 채택될 예정인 '아세안-유럽연합의 강화된 협력관계를 위한 방콕 로드맵' 성안 작업에 들어갔다. 그런데 유럽연합은 이런 수준의 승격을 통해 아세안의 공식 승인 없이 자동으로 동아시아 정상회의에 참여하려 했다. 유럽연합은 이전에 있었던 동남아 우호협력조약 참여 사례도 언급했다. 당시에도 유럽연합은 아세안과의 협력을 확대했으며 최고위급 인사의 방문을 비롯해 지위 상승 자격과 관련 있다고 생각한 여러 계획에 함께 참여했다. 당시 아세안 회원국들은 아세안과 유럽연합의 관계가 전략적 수준까지 올라가는 데 반대하지 않았고 필리핀도 제일 먼저 찬성표를 던졌다. 필리핀은 유럽연합이 특히 기후변화와 재난 관리, 생물다양성, 무역 및 투자, 해양 안보 등의 분야에서 아세안과 실제로 협력 관계를 잘 이어나갔다고 생각했다. 그러나 그와 별개로 나는 2018년 1월 30일에 열린 아세안-유럽연합 공동협력위원회에서 유럽연합과의 연관성에 반대한다는 의견을 전달했다. 상주대표위원회 회의에서 회원국들은 유럽연합의 제안에 동의하지 않는다는 의사를 표명했으며 유럽연합의 태도와 주장에는 아세안의 감성에 대한 어느 정도 고압적이고 모욕적인 태도가 들어가 있다고 판단했다. 무엇보다 아세안은 동아시아 정상회의 참여 기회를 아무에게나 주지는 않는다. 회원국이 늘어나면 이미 각국의 이해관계로 어려운 상황이 더 복잡하게 돌아갈 수 있다고 생각하기 때문이다. 따라서 아세안과 유럽연합의 관계가 완전한 전략적 동반자 수준까지 격상되려면 유럽연합이 신청서를 낸 때로부터 6년은 있어야 했으며, 유럽연합 측에서 이 문제를 동아시아 정상회의 참여 수락과 연관 짓지 않는 데 동의해야 했다.[5]

아세안+3 회의에서의 아세안 중심성

상주대표위원회는 +3개국인 중국, 일본, 한국과 정기적으로(적어도 1년에 한 번, 그리고 문서 협상이 필요할 때는 더 자주) 만나고 있다. 아세안+3APT 회의에서는 +3개국이 번갈아 가며 조정국 역할을 수행한다. 그럴 때 조정국은 정중앙에 자리를 잡는다. 〈그림 6-4〉에서는 일본을 조정국으로 가정했다. 그런데 조정국의 의미는 조금 달라서 잠시 3개국을 대표하는 데 그치며, 각자 각국의 관점을 전달할 뿐 3개국 입장을 하나로 합치지는 않는다. 자리 배치 역시 그저 회의에서 환영사 부분이 진행되는 동안 누가 가운데 앉고 누가 먼저 발언하는지 결정하기 위한 목적으로만 이용된다. 회의가 진행되는 동안 3개국 모두 인사말과 맺는말을 할 수 있다. 인사말은 제일 먼저 아세안 의장국 대표, 그리고 조정국, 그다음은 나머지 2개국이 순서대로 한다. 맺는말은 말 그대로 아세안 의장국 대표가 마지막으로 발언하며 그럼으로써 회의가 공식적으로 마무리된다. 〈그림 6-4〉를 보면 아세안+3 회의의 자리 배치도를 확인할 수 있는데, 상주대표위원회가 마치 3개국을 둘러싸는 식으로 자리하고 있다.

아세안+3, 혹은 상주대표위원회+3 대사회의는 자카르타에서 해당 국가 대사들과 정기적으로 만나는 모임인데, 모든 참가국이 자카르타에 아세안 전담 대표를 파견해두기 때문에 가능한 일이다. +3 국가는 중국, 일본 그리고 한국이다. 상주대표위원회+3 회의는 운영세칙을 통해 다음과 같은 권한을 부여받는다.

〈그림 6-4〉 아세안+3(APT) 회의 배치도

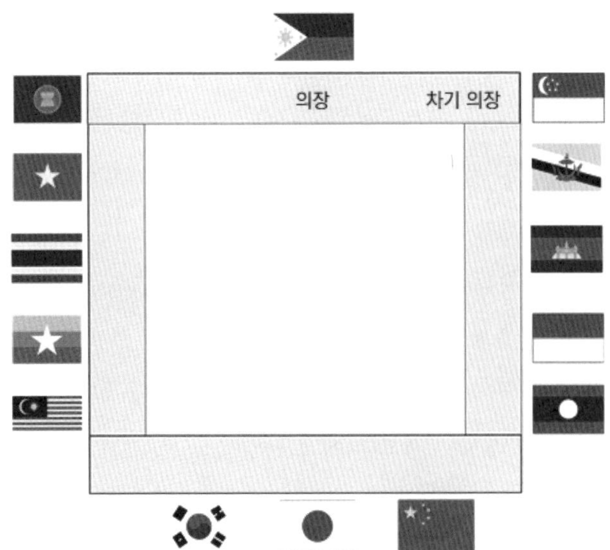

i) 동아시아 협력에서 그 우선순위를 확인한다.

ii) 관련된 문서/결정의 이행을 조정, 확인, 검토한다.

iii) 아세안+3 정상회의, 아세안+3 외교장관회의 및 아세안+3 고위관리회의의 결정에 대한 후속 조치를 조정하고 진행 보고서를 제출한다.

iv) 아세안+3 협력기금으로부터 자금을 지원받는 아세안+3 협력 사업에 대한 승인 기관 역할을 한다. 이런 기제는 아시아 경제에 큰 타격을 주었던 1998년 아시아 금융위기를 통해 탄생했다. 협력관계가 주로 집중하는 영역은 금융, 연계성, 식량 안보, 에너지, 환경 및 생물다양성 보전, 보건과 유행병, 문화, 관광, 과학, 기술 및 혁신, 정보통신기술, 빈곤 퇴치, 재난 관리, 청소년 및 교육이다. 따라서 특히 북한의 핵미사일 실험 이후 때때로 한반도 문제도 거론되곤 하지만 대부분 경제와 금융, 사회문화 협력에 더 초점을 맞추고 있다. 다만 한반도 문제 같은 특별한 경우에 대해서는 정치 · 안보 관련 논의도 허용된다. 아세안과 3개국 모두 한반도 안보 문제에 큰 이해관계를 갖고 있기 때문이다.

아세안+3 포럼에서 아세안 중심성이 실제로 시험대에 오른 적은 없다. 대부분의 주제와 주요 우선순위가 (북한이 일본과 한국을 자극할 수 있는 미사일 실험을 하지 않는 이상) 정치 · 안보 협력보다는 기능적 협력에 집중되어 있기 때문이다. 다만 두 가지 사소한 사례가 있었다.

+3국은 다음의 2017년 아세안+3 20주년 기념 장관 선언의 서문 단락에서 알 수 있듯이, 아세안 중심성 원칙을 준수하도록 되어 있다.

장관들은 동아시아의 평화와 안보, 안정과 번영을 추구하는 협력체계의 전략적 역할을 재확인했다. 그리고 진화하는 지역 구조에서 아세안의 중심적인 역할을 언급하고 아세안+3가 아세안공동체 비전 2025의 구현을 계속 지원하여 동아시아의 더 굳건한 통합을 향한 길을 닦아나갈 것이라고 강조했다. 그리고 올해 아세안+3 20주년 협력 사업이 기존의 협력 분야를 더욱 강화하고 상호 이익을 위한 잠재적인 새로운 이니셔티브를 모색할 좋은 기회를 제공한다는 데에도 동의했다. 바로 그런 점에서 2017년 11월 아세안+3 정상회의를 통해 아세안+3 협력 20주년을 기념하는 마닐라 선언문이 채택되기를 기대한 것이다.

필리핀이 아세안 의장국으로 있는 동안, 자카르타에 있는 아세안 주재 상주대표위원회와 +3개국 대사는 8월 마닐라에서 열린 제18차 아세안+3 외교장관회의에서 채택된 새로운 아세안+3 협력사업계획(2018-2022)을 협상하고 확정했다. 또한 공식 승인을 받기 위해 11월 제20차 아세안+3 정상회의에 제출했다. 이 사업계획을 통해 아세안+3의 협력은 더욱 강화될 것이며 무엇보다 정치 · 안보에 관한 대화와 협력이 심화되고 무역과 투자, 인적 교류, 여성 역량 강화, 성평등 및 지역 연계성이 공고해질 것이다. 이 새로운 이정표를 기념하기 위해 아세안+3 정상들은 정상회의를 마친 후 '아세안+3 협력 20주년 마닐라 선언문'을 발표했다. 선언문은 정치 · 안보에 관한 대화와 협력 강화, 고위급 인사 방문, 대화와 협의, 전통 및 비전통 안보 문제에 대한 협력 강화, 지역 통합 촉진, 동아시아 비전 그룹 II의 선별적 권고 사항 이행을 요청했다. 또한, 이 문서는 자카르타의 아세안+3 구조에 의해 논의되고 마무리되었다.

이 과정에서 아세안 중심성이 간접적으로나마 시험대에 오른 상황이 있었다. 아세안+3 협력기금의 자금이 고갈되어 계획되어 있던 활동이나 사업이 중단될 위험에 처한 것이다. 아세안 사무국에서 하는 자금 관리에 약간의 문제가 있었기 때문인데, 어쨌든 +3개국 중에서 자금 지원이 어렵다는 이야기까지 나왔다. 협력기금은 설립 협약에 따라 출자 비율이 3:3:3:1로 아세안이 10퍼센트를 부담하는 구조였다. 결국 아세안은 아세안 사무국에 자금 관리 방식의 개선을 지시했고 상황은 신속하게 해결되었다. 이 사건을 통해 재무 관련 보고 속도를 높이고 투명성도 더 높이는 등의 경고 제도를 도입하여 문제가 발생할 경우 신속하게 대처할 수 있도록 만들었다. 이런 확인과 개선 작업을 통해 자금 흐름에 문제를 일으킨 여러 장기 보류 사업들이 취소되었으며 도움이 안 된다고 간주된 일부 사업 제안도 철회되었다. 그리고 이전보다 더 엄격한 사업계획 평가 및 승인 제도가 실시되었다. 관련 당사자들은 이런 조치에 만족했으며 기금은 아세안+3 회원들에 의해 다시 채워졌다. 따라서 실용적인 측면에서 보더라도 아세안이 주도하는 체계가 강화되어 본래의 목적을 충실히 달성할 수 있어야 한다. 그래야 아세안이 제도와 구조를 강화해야 한다는 비판의 목소리에 당당하게 대응할 수 있다.

자카르타에서 아세안-대외 파트너 간 아세안 중심성 실현이 실패한 사례

형평성을 위해, 나는 최근의 분석 프레임하에 정의된 아세안 중심성이 아세안의 이익에 도움이 되지 않았던 몇 가지 사례를 언급하고자 한다. 성명서 관련 협상 절차와 방식을 결정하기 전에 어느 대화상대국에서 핵비확산을 위한 정상 선언문의 협상과 채택을 제안해왔다. 이 제안국은 자국 수도에서 선언문에 대한 협상과 채택을 주장했는데 이는 아세안 회원국에 역효과를 낳았다. 제안국 수도에 주재하는 대사관들이 기술과 거리 문제 등으로 민감한 문서를 협상하는 데 어려움을 겪었고 따라서 제안국의 계획안에 대한 대응이 계속 지연되었기 때문이다. 게다가 제안국은 자신들의 계획안에 따라 초안을 만들자고 주장했다. 시작부터 자신들의 의견과 관심사를 더 중요하게 취급하고 자카르타에 있는 다른 관련 당사자들의 의견과 제안은 그저 서면 형식으로만 제공받아 자국 수도 담당자들에게 보내 적당히 처리하겠다는 의도였다. 그렇게 처리된 초안을 다시 가져와 승인만 받겠다는 것이었는데, 이런 장거리 협상은 아세안 입장에서는 이상적인 방법이 아니었다. 우선 두 동아시아 정상회의 회원국이 동아시아 정상회의가 정한 우선순위 영역에 포함되지 않는다는 사실을 근거로 핵 비확산 선언문 작성을 거부하고 나섰다.(이 시기 동아시아 정상회의에서 정한 6대 우선순위 영역은 에너지, 교육, 금융, 유행병을 포함한 글로벌 보건, 환경과 재난 관리, 아세안 연계성이었다.) 그리고 다시 한 동아시아 정상회의 회원국이 아예 참여 자체를 거부함으로써 협상은 난항을 겪게 되었다. 하지만 서로 협력하겠다는 정신으로 두 차례 긴급 심야 협상이 진행되었고, 결국 동아시아 정상회의는 핵 비확산에 관한 동아시아 정상회의 성명서를 채택했다.

오늘날까지 영향을 미치고 있는 아세안 중심성의 실패 사례는 또 있다. 대외 파트너들이 자금을 필요로 하는 협력 사업과 아세안 회원국 참여 유형 및 수준을 결정하는 문제에 대해 아세안의 의견을 듣기를 거부한 것이다. 준비해놓은 자금이 아세안 사무국과 무관하다는 것이 그 이유였다. 만일 처음부터 아세안 사무국 주도로 자금이 준비되었다면 아세안과 대화상대국이 함께 관리하는 게 맞다. 일반적으로 대외 파트너와 함께 사업을 진행할 때 사용하는 개발 협력 자금은 아세안 사무국에 예치되어 대화상대국과 아세안 사무국, 회원국, 보통 관련 조정국의 대표들이 관리한다. 예컨대 아세안-호주 개발협력계획의 경우 현재 2단계 AADCP II까지 실행 중인데 지금까지 최소 6,000만 달러의 자금이 소요되었다. 아세안-일본 통합기금JAIF 1단계와 2단계는 2018년 5월 31일 기준으로 6억 6,000만 달러에 달한다.[6] 그리고 아세안-한국 협력기금AKCF은 1억 2,400만 달러, 아세안-중국 협력기금CAF은 처음 1,000만 달러 수준이었는데 이 기금들은 소진되는 즉시 보충하도록 되어 있다. 그런데 이들 국가를 제외한 다른 대화상대국들의 경우에는 아세안과의 대화 관계를 위한 기금을 각국의 중앙정부가 관리하고 있다. 게다가 아세안과 직접적인 협력을 추진하기 위해 배정된 전용 기금이 없었기 때문에 아세안은 애초에 기금 사용을 위한 우선순위 영역 결정, 사업 수혜자 및 사업 방식 결정에 참여할 기회조차 없었다. 전용 기금이 없는 아세안은 해당 국가들이 벌이는 사업의 혜택을 받으려면 국제적 경쟁을 해야 하는 입장이었다.

대화상대국의 일방적인 사업 우선순위 결정은 결국 관료적 형식주의에 빠지고 말았다. 해당 국가의 수도에 있는 승인 기관 측에서 볼 때 투명성이 부족한 장거리 협의 방식 때문이었다. 이 문제에 대한 특별한 사례는 또 있었다. 아세안과 어느 대화상대국의 청년층 관련 사업으로, 원래 2017년 필리핀이 아세안 의장국이 되면서 시행될 예정이었던 이 사업은 필리핀을 중심으로 하는 아세안과 대화상대국 간에 오가는 장황한 의사소통 과정에 해당 상대국의 지난한 사무 처리 과정과 복잡한 요구 사항이 겹치면서 무려 3년이 넘도록 제대로 진행되지 못했다. 심지어 이 상대국 대표가 필리핀/아세안에 해야 할 일을 지시하는 듯한 태도를 보인 적도 있었다. 2019년 4월 이 대표가 내게 보내온 편지 내용은 다음과 같다.

> 사업 제안서의 예산 내역이 필리핀 국가청년위원회와의 사전 컨센서스를 통해 수정되었다면, 공동협력위원회가 승인하고 자금을 지출하기 전에 아

세안 측의 재승인 절차가 필요합니다. 이 재승인 절차가 빨리 진행되도록 힘써주시기를 바랍니다.

나는 즉시 답장을 보내 이미 아세안에서 승인한 문제를 다시 승인할 필요가 없다고 강조했다. 이 사업계획은 이미 오랫동안 표류 중이었고 필리핀은 해당 상대국이 불필요하다고 판단한 내역에 대해서는 예산안에서 삭제하기로 이미 합의도 해준 상태였다.

이 상대국은 관련 기구를 직접 찾아가 자신들이 아세안 내에서 오랫동안 추진하려 했던 의제를 실행에 옮길 수 있는 실무진 구성을 요구함으로써 아세안 내부의 각기 다른 기구 간에 불거진 조정력 부족을 이용하려고까지 했다. 아세안이 정한 절차에 따르면 공동협력위원회 내에서 서로 협력하기로 한 상주대표위원회와 대화상대국이 함께 승인해야 그런 실무진 구성이 가능하다.

주

1 중국은 포괄적 전략적 동반자로 인정받기 위해 노력해왔지만, 아직 중국에 대한 입장이 정해지지 않았고 일반적인 전략적 동반자와 포괄적 전략적 동반자를 구분하는 경계 역시 명확하지 않기 때문에 이 문제는 여전히 논의 중이다.

2 일본은 2020년에 아세안과 일본이 채택한 새로운 전략 계획서의 인도-태평양 전략을 수정했다. 일본이 내세우는 자유롭고 개방적인 인도-태평양 전략(FOIPS)과 아세안이 내세우는 인도-태평양에 대한 아세안의 전망(AOIP) 사이에서 동반 상승효과를 끌어내기 위해서였다.

3 세계온건주의운동재단 이사장 다툭 나샤루딘 마트 이사는 재단 자금의 개인적 전용을 포함해 33건의 돈세탁 및 배임 혐의로 기소되었다. (https://www.thestar.com.my/news/nation/2019/10/21/nasharudin-mat-isa-to-be-charged-with-graft)

4 아세안 필리핀 상주대표 특별 보고, 〈아세안 상주대표위원회와 미국 마이크 펜스 부통령 회동〉. 2017년 4월 21일자 언론 보도 참조.

5 2020년 12월 1일 아세안-EU 장관회의.

6 https://www.ASEANsdgscities.org/about

제7장

아세안에 대한 인지도 제고를 위한 열망으로서의 아세안 중심성

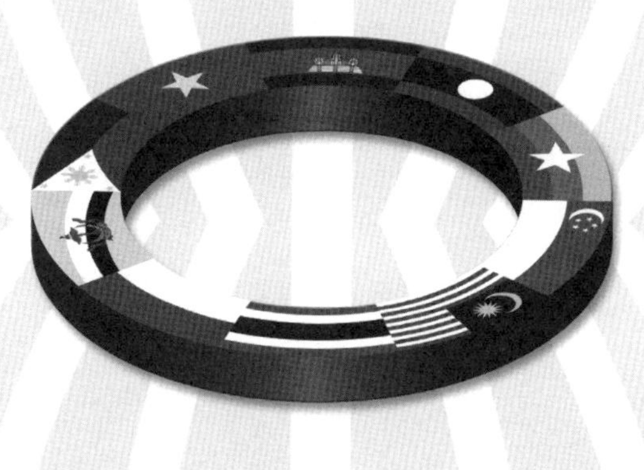

지역 기구로서 과연 아세안이 꾸준하고 유관한 역할을 하고 있는지를 확인할 수 있는 또 다른 척도는 이 지역 사람들이 과연 스스로를 아세안 소속으로 생각하고 있는지일 것이다. 따라서 내가 생각하는 아세안 중심성 정의의 마지막 측면은 동남아시아를 포함한 전 세계 사람들이 아세안을 좀 더 잘 알아주었으면 하는 나의 간절한 열망, 그리고 이와 관련하여 아세안에 대한 소속감이나 정체성을 높이는 것이다. 아세안은 진정으로 중요한 지역 기구이며, 그 사실이 아세안 안팎의 모든 사람에게 알려져야 하지만 안타깝게도 지금까지의 현실은 그렇지 못했다. 50년의 역사를 가진 아세안이라는 지역 기구에 대한 인식과 소속감 부족을 자주 한탄해왔던 나는 지난 2019년 아세안 창설 52주년을 맞아 《필리핀 스타》에 다음과 같은 글을 기고했다.

지난 오랜 세월 동안 동남아시아 지역 사람들은 정체성을 잃고 과거 식민지의 주인과 스스로를 동일시해왔다. 타낫 코만 전 태국 외교부 장관은 아세안 회원국들이 정체성을 찾기 위해 서로를 바라보기보다는 전 식민국들을 더 바라보는 의존적 경향을 보이는 모습을 보고 마치 우물 안 개구리처럼 전혀 달라진 세상을 알아보지 못한다고 불평한 적이 있다. 그런데 아세안의 회원국이 되면서 이러한 의존적 경향이 모두 바뀌었다. 예컨대 지금 필리핀 사람들은 다양성 속에서 단합을 이룩한 새로운 정체성을 자랑스럽게 여기고 있는데, 아세안이 내세우는 구호이기도 한 다양성 속의 통합을 통해 이 지역 사람들은 서로의 차이점에도 불구하고 평화와 화합 속에서 살아갈 수 있다. 또한 다른 아세안 회원국들도 공통의 정체성을 확립할 수 있었다. 아세안 내에서 공통의 정체성을 찾는다는 것은 우리가 모두 서로 비슷한 특성을 가지고 비슷한 방식으로 일하는 것을 의미하지는 않는다. 우리 필리핀 사람들은 평화와 안정 속에 살면서 경제 번영을 누리고, 각자에게 존엄성과 사회적 보호를 제공하며 공동의 도전에 대처할 수 있는 수단을 확보한다는 공통된 꿈을 갖게 되었다.

나의 목표는 사람들이 아세안의 존재를 잘 알도록 하는 것이다. 사실 아세안은 완벽한 기구가 아니며 아세안에 대한 많은 비판에는 그만한 근거가 있다. 아세안 회원국들은 서구 민주주의 사회가 인권 증진과 보호의 모범으로 생각할 만한 국가들이 아니다. 그렇지만 아세안은 단순한 국가 모임 이상의 의미가 있다. 각 회원국의 꿈과 의지가 하나로 합쳐졌을 때 아세안은 평화와 안보, 경제 번영과 존엄성을 아세안 각국 국민들에게 제공하기 위해 함께 일할 수 있다. 아세안의 존재 자체와 성공 사례는 사람들이 아세안에 대해 더 많이 배우고 그 잠재력을 최대한 이용하는 방법과 초창기의 실패를 초래했던 함정을 피하는 방법을 알려주는 일종의 안내자가 될 수 있다. 아세안이 과연 무엇을 할 수 있고 무엇을 할 수 없는지를 이해한다면 교육자, 농부, 구직자와 대기업을 포함한 많은 사람에게 큰 도움이 될 수 있을 텐데, 아쉽게도 아직 갈 길이 멀다.

나는 아세안재단ASEAN Foundation과 아세안·동아시아경제연구소ERIA에서 실시한 아세안에 대한 인식 관련 두 가지 설문조사 결과를 보고 깜짝 놀랐다. 설문조사 결과에 의하면 아세안 소속 국민들은 아세안이 무슨 일을 하는지에 대해 거의 알지 못했다. 2017년 실시된 ERIA 설문조사에서 '아세안으로서 소속감을 느끼는가?'라는 부제가 붙은 질문에 대한 답변은 실로 다양했다. 응답자의 4분의 3 정도가 소속감을 '보통'에서 '매우 많이' 느낀다고 대답했지만, 이것은 사실 아세안 경제공동체AEC에 대한 인식만을 가리키며 다른 공동체에 대해서는 그리 소속감을 느끼지 못했다. 아세안재단이 실시한 2014년 설문조사의 경우 필리핀이 미얀마와 함께 가장 낮은 점수를 기록하는 등, 아세안에 대한 응답자들의 인식은 2017년과 비교해 훨씬 더 낮았다. 어쨌든 두 번에 걸친 설문조사의 결과는 대체로 일반 사람들은 아세안이 무엇이며 자신들의 이익을 위해 무엇을 하고 있는지 제대로 알지 못한다는 사실을 보여주었다.

나는 이 결과들을 보고 2018년 아세안 사무국에 아세안에 대한 인식과 관련해 또 다른 설문조사를 하자고 촉구했다.[1] 2017년 필리핀에서 개최된 아세안 창설 50주년 기념행사를 위해 필리핀이 쏟아부었던 노력이 좋은 결과로 2018년 설문조사에서 나타나기를 기대했던 것이다. 필리핀 대통령공보실에서는 필리핀이 아세안 의장국으로서 50주년 기념행사에 대한 다양한 회의를 성공적으로 개최한 것을 적극적으로 홍보하기를 원했다. 내가 의장을 맡았던 상주대표위원회CPR 또한 아세안 정보장관회의AMRI를 지원하는 아세안 사무국 인사(당시 필리핀 로미오 아르카 담당관)를 통해 아세안에 대한 인식 수준을 높이는 데 아세안 사무국 플랫폼을 적극 활용해줄 것을 촉구했다. 2018년 발표된 설문조사 결과는 고무적이었다. 아세안 사무국은 기업, 시민사회단체, 일반 국민 등 다양한 응답자들을 대상으로 설문조사를 실시했는데, 응답자들 사이에서 아세안에 대한 소속감이 크게 높아졌다는 놀라운 결과를 내놓았다. 일반 국민의 경우 아세안 대부분 지역에서 94퍼센트 이상이 자신이 어느 정도는 아세안 소속임을 느낀다고 응답했다. 2017년 ERIA가 실시한 조사 결과보다 무려 13%p나 증가한 것이다. 또한 응답자의 5분의 2는 아세안에 강한 소속감을 느낀다고 응답했다. 필리핀과 인도네시아, 태국 국민의 경우 50퍼센트 이상이 '매우 그렇다'고 응답함으로써 아세안에 대한 소속감이 가장 강하다는 사실을 보여주었다. 이 소속감은 '정체성의 공유'라는 감정과도 연결되는데, 사람들은 소속감에 영향을 미치는 핵심 요인으로 경제를 꼽았다. 아세안공동체를 구성하는 3대 중심축에 대한 인식은 국가마다 달랐고 일부 국가 국민들은 여전히 아세안에 대한 소속감을 크게 느끼지 못했지만 어쨌든 아세안에 대한 소속감을 느끼며 정체성이 강화되는 현상은 아세안공동체 형성에 큰 도움이 된다.[2]

아세안은 아세안 소속 국민들을 적절히 대우하고 보호를 제공하는 경우에만 진정한 아세안으로 존재할 수 있다.

나 역시 아세안을 사람들에게 알리기 위한 개인적인 노력을 게을리하지 않았다. 사람들이 아세안에 대해 여전히 잘 모르고 있다는 사실은 나를 진실로 걱정스럽게 만들었다. 나로서는 직접적인 영향을 받는 사람들의 관점에서 이해하는 대신 외부인의 관점에서만 아세안을 바라보는 모습을 비판하지 않을 수 없다. 영국이 유럽연합을 탈퇴하게 된 것도 아마 그런 이유 때문이 아니었을까. 영국 국민은 유럽연합이 자신들을 위해 무엇을 하고 있는지 전혀 알지 못했거나 아니면 만족하지 못했던 게 분명하다. 바쁜 일정에도 불구하고 나는 캐나다의 빅토리아, 일본의 히로시마, 한국의 서울, 중국의 여러 도시, 호주의 캔버라와 시드니를 비롯해 인도네시아와 태국, 필리핀의 여러 도시 등 세계 곳곳을 돌아다니며 아세안에 대해 알렸다.

필리핀이 아세안 의장국을 수임한 후 나의 첫 번째 활동 중 하나는 2017년 1월 29일 하비비센터에서 주최한 〈아세안을 말하다〉 행사에서 호세 타바레스 인도네시아 아세안국장, 《자카르타 포스트》의 자밀 플로레스 기자와 함께 참석한 가운데 한 연설이었다(〈사진 7-1〉 참고). 연사로 나선 나는 아세안의 구조와 절차, 그리고 아세안이 지향하는 원칙에 대해 이야기했고 필리핀이 의장직을 맡은 후 내가 생각하는 우선순위에 대해서도 이야기했다. 나는 신임 의장국 필리핀의 핵심 목표는 아세안 국민의 삶에 긍정적인 변화를 가져다주며 이 지역 구조의 원동력으로서 아세안의 역할을 유지하는 것이라고 강조한 뒤 우선순위 역시 아세안공동체 비전 2025와 관련 청사진, 부문별 기구의 주안점과 시민사회 간의 엄격한 협의를 기반으로 한다는 점을 설명했다. 그리고 필리핀이 이주노동자의 권리에 대한 법적 보호 조치와 오랫동안 기다려온 남중국해 행동규칙을 포함해 우선순위에 오른 의제들을 이미 확인했다고 강조했다. 또한 아세안 창설 50주년을 기념하는 행사와 활동도 계획 중이라고 밝혔다.

아세안 창설 50주년을 기념해 〈채널 뉴스 아시아Channel News Asia〉는

〈사진 7-1〉 하비비센터 행사에서의 연설 장면

오늘날의 세계와 아세안의 관련성에 대한 이야기를 나누기 위해 나를 "아세안의 전망"이라는 프로그램의 토론자 중 한 사람으로 초대했다 (〈사진 7-2〉 참고). 이 프로그램에는 호권핑 싱가포르경영대학교 총장 겸 반얀트리홀딩스 회장, 에드먼드 코 UBS 아시아·태평양 담당 이사, 노니 푸르노모 인도네시아 블루버드그룹 회장도 함께 초청되었다. 테이무어 나빌리의 진행으로 2017년 5월 방송된 이 토론회에서, 먼저 2025년 아세안의 미래 역할과 현재 아세안이 제 역할을 잘하고 있는지에 대한 질문이 나왔다. 다른 토론자들은 아세안의 미래에 대해 조심스럽지만 낙관적인 태도를 보이면서도 아세안의 비효율성에 대해서는 비판의 목소리를 높였다. 자신들의 사업에 도움이 되기보다는 오히려 방해되는 경우가 더 많다는 것이었다. 이들은 아세안 회원국들이 정한 많은 규칙과 규정을 비난하며 자유로운 사업 활동에 방해가 된다고 토로했고, 아세안 지도자들의 많은 선언문과 성명서 역시 확실한 법적 효력도 없을뿐더러 직접적인 도움도 되지 않는다고 말했다. 토론자 중 한 명은 "아세안이 정치적으로, 사회문화적으로 도움이 되는 건 맞습니다. 그렇지만 경제와 기술 부문에서는 그렇지 않습니다"라고 말했다. 그런데 개인적으로 가장 안타까웠던 것은 동남아시아 지역이 아세안과 상관없이 발전해 번영을 이루었다는 발언이었다. 토론자들은 기업 활동은 아세안과 별 관계가 없기 때문에 아세안의 존재에 대해 크게 인식하지 못한다는 의견을 내놓았고, 심지어 한 토론자는 아세안 소속 국민이라고 말할 만한 가치가 있는지도 의문스럽다고 말하기도 했다. 나는 일일이 반박하기 전에 아세안에 대한 입장부터 분명히 밝혀야 했다.

나는 이렇게 말했다. "지난 50년 동안 아세안이 이룩한 가장 중요한 성과 한 가지를 든다면 평화를 구축하는 역량일 것입니다. 이 두 지역은 남중국해와 한반도라는 세계에서 가장 충돌 가능성이 높은 지역이 포함되어 있을뿐더러, 아세안 회원국들 역시 각자 서로 엮여 있는 갈

〈사진 7-2〉 〈채널 뉴스 아시아〉 토론회에 공동 패널리스트로 참석한 저자의 모습

등과 문제들을 고려하면 전쟁을 선포할 만한 이유가 100가지도 넘습니다." 나는 이러한 상황에도 불구하고 아세안 회원국들은 서로 조화롭게 지내며 이런 불안정한 상황을 관리하기로 선택했다고 강조했다. 또한 토론자로 참석한 기업가들이 평화롭게 사업을 하고 큰 이익을 얻을 수 있는 것 역시 이 지역에 아세안이 보장하는 평화와 화합이 있었기 때문이며 그렇지 않았다면 세계의 다른 여러 지역과 마찬가지로 서로 미사일과 화학무기를 내던지며 국민들을 불안에 떨게 하는 지역이 되었을 것이라고 강조했다. 나는 내 연설을 통해 참석한 토론자들이 어느 정도 생각을 바꾸고 아세안이 제공하는 평화와 안정 덕분에 안전하게 사업을 꾸려나갈 수 있다는 사실을 인정하게 되었다고 믿는다. 나는 계속해서 중소기업들과 연계성, 디지털 혁신, 자유무역 및 투자 체제에 대한 아세안의 계획들에 관해 이야기하며 그들의 비판을 진정시키고 좀 더 균형 잡힌 시각으로 상황을 보도록 만들었다. 그러자 곧 아세안에 대해 긍정적으로 말하기 시작했다.

2017년 5월 캐나다 빅토리아에서는 하와이의 아시아태평양안보연구소APCSS[3]가 후원하는 해양 안보 회의가 열렸다. 나는 이 회의에 연사로 초청되어 아세안은 주변 지역이 다시 한번 강대국들의 힘겨루기 무대가 되는 것을 피하고 싶어 하며, 아세안 중심성을 핵심 가치로 하는 새로운 안보 구도 개발을 위해 노력하고 있다고 강조했다(〈사진 7-3〉 참고). 그리고 아세안이 주도하는 동아시아 정상회의와 아세안 지역안보포럼에서 역내 안보 구도를 발전시키기 위한 계획을 논의하는 여러 회의와 워크샵이 개최되었음을 언급했다. 아세안은 역내 안정을 위한 과정에서 중심적이고 적극적인 역할을 해왔으며 동아시아 정상회의, 아세안 +3, 아세안 지역안보포럼, 아세안 확대국방장관회의를 포함한 아세안

〈사진 7-3〉 캐나다 빅토리아에서 열린 해양 안보 회의에서 연설 중인 저자의 모습

이 주도하는 기구들을 통해 남중국해 같은 전략적 문제나 쟁점을 관리하는 일에도 계속 집중해왔다. 지역 안보 구도가 계속 진화하기 위해서는 이상적으로 다음과 같은 특성이 있어야 한다.

a. 강화된 지역 안보 구도는 상호 이익, 상호 신뢰, 투명성, 선린 및 협력 정신을 기반으로 모든 당사자의 이해관계를 인정해야 한다.

b. 역내 안보에 대한 도전을 극복하기 위해 구체적이고 실질적으로 협력을 강화한다.

c. 규칙에 기반을 둔 접근방식과 조정 및 의사소통이 필요하다.

d. 역내 평화와 안보를 유지하기 위해 계속해서 공동의 책임을 추구한다.

e. 공동의 안보, 공동의 안정, 공동의 번영을 위해 헌신한다.

f. 분쟁/갈등의 확대를 방지하기 위한 상호 억제력을 행사한다.

g. 분쟁의 평화적 해결을 모색한다.

h. 동남아 우호협력조약과 동아시아 정상회의의 발리 원칙을 바탕으로 동아시아 정상회의의 우호협력조약의 비전을 더 넓은 지역에서 실현하기 위해 법적 구속력을 가진 기구를 만든다.

2018년 2월 28일 필리핀대학교 아시아센터에서 개최된 〈아세안날레〉에 기조연설자로 초청받은 나는 아세안 국민들에게 아세안이 거둔 놀라운 성공담을 서로에게, 그리고 전 세계에 알리자고 역설했다(〈사진 7-4〉 참고). 나는 1960년대 빈곤과 정치적 불안정 속에서 탄생한 아세안이 어떻게 세계에서 가장 성공적인 지역 기구 중 하나로 여겨지게 되었는지에 대해 이야기했다. 그리고 남중국해와 인권 문제만이 전부가 아니며, 디지털 기술을 통해 아세안의 평범한 사람들이 거둔 놀라운 성공을 알리기 위해 디지털 플랫폼을 사용하는 것을 포함하여 아세안을 알리는

〈사진 7-4〉 2018 아세안날레에서 저자의 연설 장면

데 수많은 사례가 있다고 강조했다.

나는 다양한 장소에서 아세안에 관한 많은 이야기를 전했는데 그때마다 항상 이렇게 시작했다. "제 이름은 부엔수세소입니다. 스페인어에서 '부엔Buen'은 '좋다'는 뜻이고 '수세소suceso'는 '소식'을 뜻합니다. 좋은 소식! 그런 의미에서 오늘은 아세안에 관한 좋은 소식을 전해드리려고 합니다." 그런 다음 청중에게 아세안에 관한 좋은 소식과 나쁜 소식을 포함해 이런저런 소식들을 전하고 여러분도 밖에 나가 아세안에 관한 이야기를 전해달라고 권했다.

아세안에 대한 열정을 가지고 나는 필리핀국립개방대학교에서 아세안 연구와 관련된 석사 과정에도 도전했다. 2018년 1월 출근해서 점심시간에 나의 결정을 알리자 이제 막 아세안 의장국 관련 업무를 마친 동료들은 의아한 표정으로 굳게 입을 다물었다. 그들의 표정은 이렇게 외치고 있었다. "도대체 왜?"

외교관 생활 38년, 그중에서 9년은 아세안에 파견되어 온갖 실무 경험을 쌓은 63세의 외교관이 왜 다시 과제를 제출하고 시험을 치르는 고단한 학생 시절로 돌아가려 하는가? 그런 건 이미 현장에서 다 배우지 않았는가? 심지어 같은 주제로 수많은 연설과 강연까지 해온 사람인데? 나는 석사 과정을 신청하며 실무 경험과 학문을 접목해 아세안에 대한 이해 수준을 올바른 방향으로 높이고 싶다는 계획을 밝혔다. 다시 말해 나는 굳이 대학 강사나 교수 같은 공식적인 길보다는 지금 내가 선택할 수 있는 가장 쉽고도 실용적인 길, 그러니까 학생이 되어 아세안에 대해 알리고 싶었다. 나는 강의실 발표와 과제물 등을 통해 나의 이런 뜻을 동료 학생들과 교수들에게 전달했다. 나는 이 책을 집필할 때 사용한 방식과 내가 알려준 방식으로 아세안을 다시 보게 되었다는 동료 학생들의 반응에 큰 힘을 얻었다. 이제 아세안을 훨씬 더 많이 이해하게 되었다는 학생들도 있었다.

마지막 이야기

나는 자문화기술지라는 방법을 통해 50년 이상 존재해온 아세안의 역사와 더불어 아세안이 무엇을 할 수 있고 무엇을 할 수 없는지, 또 아세안이란 무엇이고 무엇을 주장하면 안 되는지, 그리고 앞으로 아세안이 무엇을 할 것인지에 대한 더 깊은 통찰력을 제공하고 싶었다. 또한 아세안이 각국 정부뿐만 아니라 아세안 국민들에게 적절하고 유용한 도움을 계속 제공할 방법에 관해서도 이야기하고 싶었다.

나는 아세안 중심성에 대해 고견을 들려준 사람들과 다시 의견을 주고받게 되기를 바란다. 아세안은 한 번도 전 세계의 다른 지역 기구들과 똑같은 일을 한다고 주장한 적이 없다. 아세안은 아세안 고유의 특성을 가지고 있으며 이 특성에 적합한 방식으로 목표를 추구할 것이다. 아세안이 지도력을 발휘할 것이라는 기대를 품었던 사람들에게 자문화기술지 방법에 따른 설명은 지도력이라는 개념이 어떻게 구체화될 수 있는지를 보여준다.

앞으로도 또 다른 연구자들이 아세안 의장직 수행이라는 흥미로운 주제와 더불어 아세안 지역 구도 구축의 잠재력과 아세안의 미래에 대해 충분히 설명할 수 있을 것이다. 아세안은 브루나이든 싱가포르든 어떤 회원국이 의장국이 되든 간에 중요하다고 생각하는 대의를 중심으로 회원국들과 아세안 파트너 국가들을 하나로 결집하기 위한 노력을 계속해나갈 것이다.

외교관을 비롯한 공무원들, 특히 협상이나 평화, 안보 및 평화 정착과 화해 업무에 관련된 사람들은 자문화기술지를 사용해 자신의 경험을 기록해서 이 분야의 발전을 돕고 다른 사람들이 자신의 협상 기술을 갈고닦을 수 있도록 도와야 한다. 예를 들어 앞서 언급했던 평화와 화해 과정에서 여성의 역할을 다뤘던 세부 회의에서 페레르 교수는 협상장을 박차고 나가겠다고 협박했던 모로이슬람해방전선의 남성 대표에게 밸런타인데이를 맞아 초콜릿과 장미꽃을 선물했다. 기독교인으로서 이슬람교를 믿는 남성 대표와 협상하는 관습에 얽매이지 않는 행동을 보여주었는데 이는 분명 효과가 있었다. 이런 사례가 자문화기술지 방법을 이용한 연구의 기반이 되어야 한다.

회의나 협상을 할 때 사용하는 요약 보고서는 개인적인 사정이나 소감이 포함되도록 해서 나중에 당시의 기억을 되살리는 데 도움이 되어야 한다.

나는 학생과 실무자, 아세안을 연구하는 교사와 아세안에 대한 관찰자들이 아세안을 더 잘 이해하기 위해 내가 설명한 방식으로 아세안을 살펴보도록 조언하고 싶다. 아세안의 구조와 형식, 원칙과 절차, 운영 방식, 그리고 아세안이 정부와 국민의 복지를 증진하는 방법 등을 연구하고 싶은 사람들이 있을 것이다. 그런 사람들은 아세안을 다른 지역 기구와 비교하지 않으면서 아세안이 실제로 주장하지 않는 부분에 대해서는 섣부르게 평가하지 않는다. 아세안 회원국 내부와 대외 파트너 간의 관계에서 아세안의 행동과 국가 간 상호작용을 분석하는 일은 대단히 중요하다. 그런 분석에서는 자문화기술지 방식의 연구를 통해 발견된 요소를 고려해야 한다. 국제적십자위원회ICRC, 유엔 아시아태평양 경제사회위원회UNESCAP 등과 같은 비정부기구나 정부 관련 기관에서 근무하는 사람들, 그리고 기업에서 지역적이고 세계적인 범위에 대한 전략을 담당하는 사람들의 경우 아세안의 복잡한 구조나 절차를 통해 새로운 방향을 모색할 수 있는 기술과 지식을 제공받을 수 있기 때문에 이런 접근방식을 통해 혜택을 볼 것이다.

아세안의 실무자들이라면 급변하는 세계정세 속에서 아세안의 가치를 유지하기 위해 지역의 정치, 경제, 사회문화 구조라는 중요한 부분들을 논의하고 협상할 때 이 책에서 보여준 사례를 사용하여 아세안 중심성을 발전시키기 위해 노력할 수 있다. 지금까지 이 책을 통해 살펴본 것처럼, 아세안의 대외 파트너들은 아세안이 자신들의 방식과 절차, 자신들이 내세우는 의제를 따르도록 만들기 위해 언제나 기회를 노리고 있다. 예를 들어 인도-태평양 개념이나 전략을 논의할 때 아세안 소속 외교관은 이 책의 앞부분에서 설명한 것처럼 이와 관련된 모든 사업에서 아세안을 중심으로 하는 방향성과 측면을 염두에 두어야 한다. 아세안 중심성은 나탈레가와가 말했던 것처럼 쉽게 얻어지는 것이 아니다.

물론 아세안에도 결함과 약점이 많다. 그렇지만 아세안은 우리가 만든 유일한 지역 기구로서 역내 평화와 안정을 지키겠다는 약속을 지키고 사회경제적 발전을 추구하고 국민의 존엄성과 정체성을 지켜왔다. 아세안 사람들은 아세안을 바로 이런 관점에서 바라보아야 한다. 이러한 올바른 관점과 이해는 아세안의 학생과 교사들이 보다 효과적이고 효율적인 아세안을 만드는 데 기여할 수 있도록 영감을 줄 것이다.

주 ———

1 자카르타의 아세안 사무국이 실시한 2018 아세안 인식도 관련 설문조사(Jakarta: ASEAN Secretariat, 2019). https://asean.org/asean2020/wp-content/uploads/2021/01/Poll-on-ASEAN-Awareness-2018-Report.pdf

2 이 조사 결과를 바탕으로 아세안 사무국은 2021년 의장국 브루나이가 발표하게 될 아세안 정체성과 관련된 새로운 계획을 세웠다. 그런데 이 계획에는 다음과 같은 변수들이 있었다. 1) 아세안에 대한 인식: 자신을 아세안의 일부로 여기는 사람들의 비율, 2) 아세안과의 관련성: 사람들이 아세안으로부터 도움을 받는 방법에 대한 이해, 3) 아세안에 대한 감사: 아세안에 소속된 사람들이 느끼는 감사의 정도, 그리고 아세안공동체의 통합과 중심성에 대한 외부 당사자들의 인정.

3 나는 미국 국방부의 후원을 받는 이곳에서 3개월 동안 평화와 안보 관련 과정을 연구하고 졸업했다.

Acharya, Amitav. 1998. "Culture, Security, Multilateralism: The 'ASEAN Way' and Regional Order". *Contemporary Security Policy* 19, no. 1: 55-84.

______. 2017. "The Myth of ASEAN Centrality?" *Contemporary Southeast Asia: A Journal of International and Strategic Affairs* 39, no. 2: 273-79.

Acharya, Amitav and Alastair I. Johnston. 2007. "Comparing Regional Institutions: An Introduction". In *Crafting Cooperation: Regional International Institutions in Comparative Perspective*, edited by Amitav Acharya and Alastair I. Johnston. Cambridge: Cambridge University Press, pp. 1-31.

Anderson, Leon. 2006. "Analytic Autoethnography". *Journal of Contemporary Ethnography* 35, no. 4: 373-95.

Anderson, Leon and Bonnie Glass-Coffin. 2013. "I Learn by Going". In *Handbook of Autoethnography*, edited by Stacy H. Jones, Tony E. Adams, and Carolyn Ellis. Abingdon: Routledge, pp. 57-83.

ASEAN Foundation. 2014. "ASEAN Awareness Survey". http://www.aseanfoundation.org/project/asean-awareness-survey.

ASEAN Secretariat. 2017a. Chairman's Statement of the 30th ASEAN Summit. Manila.

______. 2017b. Chairman's Statement of the 31st ASEAN Summit. Manila.

Barnett, Michael N. 1997. "The UN Security Council, Indifference, and Genocide in Rwanda". *Cultural Anthropology* 12, no. 4: 551-78.

Bleiker, Roland. 2001. "The Aesthetic Turn in International Political Theory". *Millennium* 30, no. 3: 509-33.

Brigg, Morgan and Roland Bleiker. 2010. "Autoethnographic International Relations: Exploring the Self as a Source of Knowledge". *Review of International Studies*: 779-98.

Buensuceso, Elizabeth P. 2019. "The Modern Filipino: One with ASEAN, Better with ASEAN". *The Philippine Star*, 28 July 2019. https://www.philstar.com/lifestyle/business-life/2019/07/28/1938820/modern-filipino-one-asean-better-asean.

Caballero-Anthony, Mely. 2014. "Understanding ASEAN's Centrality: Bases and Prospects in an Evolving Regional Architecture". *The Pacific Review* 27, no. 4: 563-84.

Canagarajah. A. Suresh. 2012. "Teacher Development in a Global Profession: An Autoethnography". *Tesol Quarterly* 46, no. 2: 258-79.

Chang, Heewon. 2016. *Autoethnography as Method*. Vol. 1. New York: Routledge.

Dethloff, Carl. 2005. "A Principal in Transition: An Autoethnography". Unpublished PhD dissertation, Texas A&M University.

Drysdale, Peter. 2017. "ASEAN: The Experiment in Open Regionalism that Succeeded". In *ASEAN@50 Volume 5: The ASEAN Economic Community Into 2025 and Beyond*, edited by Rebecca Sta. Maria, Shujiro Urata, and Ponciano S. Intal, Jr. Indonesia: Economic Research Institute for ASEAN and East Asia(ERIA), pp. 64-86.

Ellis, Carolyn, Tony E. Adams, and Arthur P. Bochner. 2011. "Autoethnography: An Overview". *Forum: Qualitative Social Research*

12, no. 1, Art. 10. https://www.qualitative-research.net/index.php/fqs/article/view/1589/3095 (accessed 20 April 2019).

Emmerson, Donald K. 2007. "Challenging ASEAN: A 'Topological' View". *Contemporary Southeast Asia* 29, no. 3: 424-26.

________. 2008. "ASEAN's 'Black Swans'". *Journal of Democracy* 19, no. 3: 70-84.

Franklin, John K. 2006. *The Hollow Pact: Pacific Security and the Southeast Asia Treaty Organization*. Texas Christian University.

HarperCollins. 2019. "Principle". In *Collins English dictionary*. https://www.collinsdictionary.com/dictionary/english/principle.

He, Kai. 2006. "Does ASEAN Matter? International Relations Theories, Institutional Realism, and ASEAN". *Asian Security* 2, no. 3: 189-214.

Jones, Lee. 2010. "Still in the Driver's Seat, but for how long? ASEAN's Capacity for Leadership". *Journal of Current Southeast Asian Affairs* 20, no. 3: 95-113.

Jones, Stacy H., Tony E. Adams, and Carolyn Ellis, eds. 2016. *Handbook of A Autoethnography*. Abingdon: Routledge.

Kamasa, Frassminggi. 2014. "ASEAN Centrality in Asian Regional Architecture". *Global South Review* 1, no. 1: 63-78.

Katsumata, Hiro. 2004. "Why is ASEAN Diplomacy Changing? From 'Non-Interference' to 'Open and Frank Discussions'". *Asian Survey* 44, no. 2: 237-54.

Katzenstein, Peter J. 1996. "Regionalism in Comparative Perspective". *Sage Journals* 31, Issue 2.

Koga, Kei. 2010. "The Normative Power of the 'ASEAN Way': Potentials, Limitations and Implications for East Asian Regionalism". *SJEAA* 80.

Koh, T. 2014. "Reviewing the ASEAN Charter: An Opportunity to

Reform ASEAN Processes". Singapore: The Singapore Institute of International Affairs(SIIA). http://www.siiaonline.org/wp-content/uploads/2016/10/2014-10-Policy-Brief-Reviewing-the-ASEAN-Charter-An-Opportunity-to-Reform-ASEAN-Processes.Pdf?fbclid=IwAR14s5Hc9RxuNB6UUGbHoaAO4_33jPZRZOwoNC6lwbVEqN_yzoEui4LYGjw (accessed 1 November 2018).

Lee Hsien Loong. 2018. 51st ASEAN Foreign Ministers' Meeting and Related Meetings. Singapore.

Mahiwo, Sylvano. 2014. "ASEAN in the Meta-Nation State Interface". Globalization Seminar. https://www.youtube.com/watch?v=iEdeDJ8ClSo.

Martin, Lisa L. 1992. "Interests, Power, and Multilateralism". *International Organization* 46, no. 4: 765-92.

McIlveen, Peter. 2008. "Autoethnography as a Method for Reflexive Research and Practice in Vocational Psychology". *Australian Journal of Career Development* 17, no. 2: 13-20.

Myrdal, Gunnar. 1968. *Asian Drama: An Inquiry into the Poverty of Nations.* Harmondsworth: Penguin.

Nair, Deepak. 2019. "Saving Face in Diplomacy: A Political Sociology of Face-to-Face Interactions in the Association of Southeast Asian Nations". *European Journal of International Relations* 25, no. 3: 672-97.

Natalegawa, Marty. 2018. *Does ASEAN Matter?: A View from Within*. Singapore: ISEAS-Yusof Ishak Institute.

Ness, Gayl D. 1962. ASA: The First Asian International [Letter to Mr. Nolte, Director of the Institute of Current World Affairs]. Selangor, Malaysia, 1 May 1962.

Neumann, Iver B. 2007. "'A Speech That the Entire Ministry May Stand for,' or: Why Diplomats Never Produce Anything New". *International Political Sociology* 1, no. 2: 183-200.

Permanent Mission of the Philippines to ASEAN. 2017. "Philippine Envoy to Chair CPR During ASEAN'S Golden Anniversary", 27 January 2017. https://jakartapm.dfa.gov.ph/sample-sites/pr/206-philippine-envoy-to-chair-CPR-during-asean-s-golden-anniversary.

_______. 2018. "ASEAN Secretary-General Leads Launch of ASEAN Women For Peace Registry", 13 December 2018. https://jakartapm.dfa.gov.ph/index.php/sample-sites/pr/384-asean-secretary-general-leads-launch-of-asean-women-for-peace-registry.

Pitard, Jayne. 2017. "A Journey to the Centre of Self: Positioning the Researcher in Autoethnography". *Forum: Qualitative Social Research* 18, no. 3. http://dx.doi.org/10.17169/fqs-18.3.2764.

Pollard, Vincent K. 1970. "ASA and ASEAN, 1961-1967: Southeast Asian Regionalism". *Asian Survey* 10, no. 3: 244-55.

Rolls, Mark. 2012. "Centrality and Continuity: ASEAN and Regional Security since 1967". *East Asia* 29, no. 2: 127-39.

Santamaria, R. 2019. "RCEP: Challenging ASEAN Centrality". Lecture presented at ERIA Inaugural Seminar in Indonesia, Jakarta, 21 April 2019.

Scott, Joy D. 2014. "Memoir as a Form of Auto-ethnographic Research for Exploring the Practice of Transnational Higher Education in China". *Higher Education Research & Development* 33, no. 4: 757-68.

Severino, Rodolfo C. 2001. "ASEAN: Building the Peace in Southeast Asia". Jakarta: The ASEAN Secretariat, 6–7 February 2001. https://asean.

org/?static_post=asean-building-the-peace-in-southeast-asia-2.

Sparkes, Andrew C. 2000. "Autoethnography and Narratives of Self: Reflections on Criteria in Action". *Sociology of Sport Journal* 17, no. 1: 21-43. DOI:10.1123/ssj.17.1.21.

Storey, Ian. 2017. "Anatomy of the Code of Conduct Framework for the South China Sea". The National Bureau of Asian Research(NBR), 24 August 2017. https://www.nbr.org/publication/anatomy-of-the-code-of-conduct-framework-for-the-south-china-sea/.

Strategic Comments. 1995. "Vietnam Joins ASEAN". *Strategic Comments* 1, no. 5: 1-2. DOI: 10.1080/1356788950154.

Stubbs, Richard. 2008. "The ASEAN Alternative? Ideas, Institutions and the Challenge to 'Global' Governance". *The Pacific Review* 21, no. 4: 451-68.

______. 2014. "ASEAN's Leadership in East Asian Region-building: Strength in Weakness". *The Pacific Review* 27, no. 4: 523-41.

Tan, See Seng. 2017. "Rethinking 'ASEAN Centrality' in the Regional Governance of East Asia". *The Singapore Economic Review* 62, no. 3: 721-40.

Tay, Simon and Cheryl Tan. 2015. "ASEAN Centrality in the Regional Architecture". Policy Brief. Singapore: Singapore Institute of International Affairs. http://www.siiaonline.org/wp-content/uploads/2016/10/2015-05-Policy-Brief-ASEAN-Centrality-in-the-Regional-Architecture.pdf (accessed 11 May 2018).

Taylor, Alastair M. 1964. "Malaysia, Indonesia — and Maphilindo". *International Journal* 19, no. 2: 155-71.

Tullis, Jillian A. 2016. "Self and Others". In *Handbook of Autoethnography*, edited by Stacy H. Jones, Tony E. Adams, and Carolyn Ellis. Abingdon: Routledge, pp. 244-59.

Wal, Sarah. 2012. "Ethics and the Socio-political Context of International Adoption: Speaking from the Eye of the Storm". *Ethics and Social Welfare* 6, no. 4: 318-32.

Woon, Walter. 2012. "Dispute Settlement: The ASEAN Way", 11 December 2012. https://cil.nus.edu.sg/wp-content/uploads/2010/01/WalterWoon-Dispute-Settlement-the-ASEAN-Way-2012.pdf.

Xinhua. 2018. "Chinese State Councilor Meets CPR to ASEAN Delegation", 10 September 2018. http://www.xinhuanet.com/english/2018-09/10/c_137458644.htm.

부록 A

2017년 아세안 발표 문서 목록

a. 아세안 사이버범죄 예방 및 대응 선언문

b. 아세안 혁신 선언문

c. 아세안 여성의 경제적 역량 주류화에 관한 행동 의제

d. 항생제 내성에 관한 아세안 정상회의 선언문: 하나의 보건 시스템과 단합으로 항생제 내성 문제 해결

e. 자연재해 발생 지역의 보건 관리 문제에 관한 아세안 정상회의 선언문

f. 영양 결핍 문제 종식을 위한 아세안 정상회의 선언문

g. 아세안 청소년개발지수 채택에 관한 아세안 선언문

h. 평화롭고 포용적이며 회복력 있고 건강하고 조화로운 사회를 위한 '예방 문화'에 관한 아세안 선언문

i. 아세안공동체 비전 2025 성평등 실천과 지속가능발전목표에 관한 아세안 선언문

j. 제23차 유엔 기후변화협약 당사국 총회(UNFCCC COP-23)의 기후변화에 관한 아세안 공동성명서

k. 여성과 평화, 안보 증진에 관한 아세안 공동성명서

l. 육상 이동 승객의 국경 통과 편의에 관한 아세안 합의서

다음 문서들 역시 발표 · 서명 혹은 채택되었다.

아세안+3(APT) 문서

- 아세안+3 20주년 기념 마닐라선언문
- 아세안+3 식량 안보 협력 성명서
- 아세안+3 행동계획서 2018-2022

아세안+1 문서

- 아세안-미국 대화상대국 관계 40주년 기념 제5차 아세안-미국 정상회의에 관한 아세안 의장국 성명서
- 아세안-캐나다 대화상대국 관계 40주년 기념 정상회의의 아세안-캐나다 공동 언론 성명서
- 아세안-유럽연합 대화상대국 관계 40주년 기념 정상회의의 아세안-유럽연합 공동 언론 성명서
- 제20차 아세안-중국 정상회의에 관한 아세안 의장국 성명서

동아시아 정상회의(EAS) 문서

- EAS 개발계획 프놈펜 선언(2018-2022) 이행을 위한 마닐라 행동계획
- 2017년 11월 14일 마닐라 개최, 제 12차 동아시아 정상회의에 관한 아세안 의장국 성명서
- 2017년 11월 14일 마닐라 개최, 화학무기에 관한 동아시아 정상회의 성명서
- 2017년 11월 14일 마닐라 개최, 빈곤 퇴치 협력에 관한 동아시아 정상회의 성명서
- 2017년 11월 14일 마닐라 개최, 테러리즘과 그 주장, 선전의 이념적 도전에 대응하기 위한 동아시아 정상회의 성명서
- 2017년 11월 14일 마닐라 개최, 자금 세탁 및 테러 자금 조달 방지에 관한 동아시아 정상회의 성명서
- 2017년 8월 7일 마닐라 개최, 제7차 동아시아 정상회의를 위한 외교장관회의에 관한 아세안 의장국 성명서

2017년에 아세안은 대화상대국들과의 관계에서 다음과 같은 사건들을 기념했다.

(i) 미국, 캐나다, 유럽연합과의 대화상대국 관계 수립 40주년

(ii) 인도와의 대화상대국 관계 수립 25주년

(iii) 아세안+3 20주년, 아세안 의회연맹(AIPA) 40주년

부록 B
공동자문회의 운영세칙

I. 역할과 기능

공동자문회의(JCM)는,

1. ACC가 고위 공직자 수준에서 각 부문과 각 공동체 관련 문제를 해결할 수 있도록 지원하는데, 이를 위해
   a. 전방위적 전략 문제와 아세안공동체 구축 문제, 그 과정에서 발생하는 도전/장애물 해결을 위해 아세안공동체 위원회, ACC 및 아세안 정상회의에 권고 사항을 제공한다.
   b. 각 공동체에 대한 적절한 협조를 위해 부문별 기구를 이끄는 일을 포함하여 아세안공동체들 사이에서 정책의 일관성과 효과적인 조정을 추구하며 특정 문제들에 대한 조정자 역할을 하는 아세안 회원국들과 긴밀하게 협력한다.
   c. 각 부문과 각 공동체 관련 문제에 대한 아세안공동체 위원회와 ACC 및 아세안 정상회의 결정의 이행에 대한 후속 조치를 확인한다.
2. ACC가 아세안 정상회의를 준비할 수 있도록 다음의 측면들을 지원한다.
   a. 관련 아세안 기관들과 협의하여 ACC 및 아세안 정상회의의 논의, 결정을 위한 전방위적 전략 문제와 아세안공동체 구축 문제를 확인하고 우선순위를 지정하며 필요한 문서를 준비한다. JCM은 아세안공동체의 3대 중심축 사이에서 조정과 공동 결정이 필요한 특별한 경우에만 ACC에 권고 사항을

제출할 수 있다.

b. 아세안 정상회의에서 언급되거나 발표, 채택 혹은 서명된 문서를 포함하여 ACC 및 아세안 정상회의에 제출할 최종 문서를 작성하는 데 지원한다.

c. 아세안 회원국의 AEC 및 아세안 ASCC 관리들을 자카르타 주재 아세안 대표부에 파견 및 배치하여 서로 다른 각 부문과 각 공동체 관련 문제에 대한 조정을 증진한다.

d. 앞서 언급한 바와 같이, CPR과 아세안 사무국은 각 부문 및 각 공동체 관련 문제에 대한 지도부의 결정을 이행하고 확인하는 데 있어 JCM을 지원한다.

II. 구성과 의장직

3. JCM은 아세안 SOM과 SEOM, SOCA 및 CPR의 모든 참여자들로 구성된다.

4. JCM은 아세안 SOM의 의장직을 수행한다.

5. JCM 의장 부재 시, 아세안 의장직을 맡은 회원국은 이를 대체할 고위급 관리를 의장으로 지명해야 한다.

III. 의제

6. JCM 의장은 특정한 문제에 대해 SEOM, SOCA, CPR을 비롯해 필요하다면 아세안 조정 담당자와 협의하여 의제를 준비한다. 의제는 ACC 및 아세안 정상회의의 논의, 결정을 위한 준비와 관련된 각 부문과 각 공동체 관련 문제 및 기타 문제에 초점을 맞춘다.

7. 의제는 JCM 시작 최소 30일 전에 공지되어야 한다.

IV. 회의 개최 빈도

8. JCM은 아세안 정상회의 전에 회원국과 협의하여 의장에 의해 결정된 시기에 열려야 하며 이 회의는 아세안 의장국이 주관한다.

9. 특별 회의는 의장의 발의 또는 회원국의 요청에 따라 다른 모든 회원국의 동의를 얻어 소집될 수 있으며 모든 회원국이 이런 회의를 요청할 수 있다.

10. JCM은 실질적인 논의를 위해 전자 방식(온라인 회의)을 포함한 회기 간 회의를 필요에 따라 조정할 수 있다.

V. 참여

11. 모든 회원국은 JCM 회의 중에 SOM, SEOM, SOCA 및 CPR에 대해 적절한 대표를 파견해야 한다.
12. JCM은 관련 부문별 기구의 의장을 상황에 맞춰 회의에 초청할 수 있다.

VI. 보고 체계

13. JCM은 보고서와 권고 사항을 ACC에 제출한다.

VII. 절차에 따른 규칙

14. JCM은 자체적으로 절차에 따른 규칙을 정한다.

VIII. 수정

15. 이상의 운영세칙(TOR)들에 대한 수정은 협의와 컨센서스를 거쳐 이루어져야 하며 그후에 JCM이 채택한다.
16. 아세안 SOM, SEOM, SOCA, CPR 및 개별 아세안 회원국은 본 TOR에 대한 수정안을 제시할 수 있다.

부록 C
아세안 연계성조정위원회 운영세칙

I. 배경

1. 아세안 연계성조정위원회(ACCC)는 2010년 10월 28일 제17차 아세안 정상회의의 결의에 따라 아세안 조정이사회(ACC) 소속으로 설립되었으며 아세안 연계성기본계획 채택에 관한 하노이 선언문의 내용을 따른다.

II. 목표

2. 아세안 연계성조정위원회는 아세안 연계성기본계획의 효과적인 이행을 위해 노력한다.
   - 경제발전 추진
   - 발전 격차 해결
   - 아세안 통합 및 공동체 구축 과정 강화
   - 아세안 경쟁력 강화
   - 더 깊은 사회문화 이해와 자유로운 이동 추진
   - 역내 아세안 회원국들과 외부 세계의 연결 주도

III. 역할과 기능

3. 아세안 연계성조정위원회는
   a) 아세안 연계성기본계획의 전략, 이행, 구현을 정기적으로 적절히 확인하고 평가하며 검토한다.

b) 국가 조정기관, 아세안 상주대표위원회(CPR), 그 밖의 아세안 각 부문별 기구와 협력하고 산하 지역 협정에 맞춰 전략과 이행, 구현이 아세안 연계성 기본계획과 일치하도록 확인한다.

c) 아세안 연계성기본계획의 이행에서 발생하는 문제와 어려움을 확인하고 아세안 조정이사회를 통해 아세안 정상회의에 적절히 권고한다.

d) 아세안 대화상대국, 다양한 국제 및 지역 금융기관을 포함한 다자간 개발은행과 함께 협력한다. 2011년 1월 17일 아세안 조정이사회에서 승인한 두 국제기구를 비롯해 민간 부문과 기타 관련 이해당사자가 아세안 연계성기본계획의 이행을 추진하고 가능한 모든 자금원을 동원할 수 있도록 돕는다.

e) 아세안 조정이사회를 통해 아세안 정상회의에 대한 추가 전략, 조치 및 우선순위 계획을 평가하고 권고한다.

f) 원조 활동 및 협의를 이끌어내기 위하여 이해당사자들과 국가 조정기관을 연결하고, 이를 통해 아세안 연계성에 대한 인식을 높인다.

g) 아세안을 비롯한 동아시아와 기타 지역들 간의 연계성을 강화하기 위한 전략을 모색한다.

h) 아세안 조정이사회의 지시에 따라 기타 활동을 진행한다.

IV. 위원회 구성

4. 아세안 연계성조정위원회는 아세안 상주대표 혹은 아세안 회원국이 임명한 특별 대표로 구성된다.

V. 의장직

5. 아세안 연계성조정위원회의 의장은 아세안 의장국이 맡는다.

VI. 보고 체계

6. 아세안 연계성조정위원회는 정기적으로, 또 아세안 조정이사회 회의가 열리기 전에 아세안 조정이사회에 아세안 연계성기본계획의 이행 경과를 보고해

야 한다. 아세안 조정이사회는 아세안 정치안보공동체위원회, 아세안 경제공동체위원회, 아세안 사회문화공동체위원회와 협의하여 아세안 정상회의에 적절한 권고를 한다.

VII. 의사결정

7. 아세안 연계성조정위원회의 모든 결정은 2011년 1월 17일 아세안 조정이사회에서 결의한 것처럼 컨센서스에 의해 이루어진다.

VIII. 참여

8. 아세안 연계성조정위원회는 국가 조정기관, 각 부문별 기구, 아시아개발은행(ADB), 세계은행, 아세안·동아시아경제연구소(ERIA), 유엔 아시아태평양경제사회위원회(UNESCAP)를 비롯해 민간 부문 혹은 대화상대국과 대외 파트너 대표들을 초청하여 필요한 경우 회의와 관련 활동에 참여하도록 한다.

IX. 소위원회 구성과 조정 과정

9. 아세안 연계성조정위원회는 필요한 경우 관련 대화상대국 및 대외 파트너와 의견을 조정하고 업무를 촉진하기 위한 소위원회를 설치할 수 있다.

X. 회의 간격 및 장소

10. 아세안 연계성조정위원회는 매년 최소 2회 이상 회의를 소집한다.
11. 아세안 연계성조정위원회의 모든 회의는 아세안 사무국 혹은 위원회가 합의한 기타 장소에서 개최된다.

XI. 아세안 사무국의 역할

12. 아세안 사무국은 아세안 연계성조정위원회가 효과적으로 기능을 발휘할 수 있도록 필요한 자원과 지지를 제공한다.

XII. 검토

13. 아세안 연계성조정위원회의 운영세칙(TOR) 필요에 따라 아세안 조정이사회가 컨센서스를 통해 검토한다.

부록 D

아세안 평화화해연구소 운영세칙

아세안 평화화해연구소(AIPR, 이하 '연구소')는 아세안 정치안보공동체 청사진 규정 B.2.2.i에 따라 설립되었다. 2011년 5월 8일 채택된 아세안 평화화해연구소 설립에 관한 아세안 정상 공동성명서의 후속 조치를 통해 이 연구소는 아세안 헌장 제16조에 따라 아세안 연계 기관이 되었다.

연구소는 다음과 같은 운영세칙(TOR)을 따른다.

1. 본부

연구소 본부는 "주최국" 인도네시아의 수도 자카르타에 설치된다.

2. 법인격

연구소의 법인격은 주최국과 연구소 간의 양해각서에 따라 만들어진다.

3. 원칙

연구소는 아세안 헌장에 따라 운영되며 다음과 같은 동남아 우호협력조약(TAC)의 원칙을 따른다.

a. 모든 아세안 회원국의 독립과 주권, 평등, 영토 보전 및 국가 정체성을 존중한다.

b. 역내 평화와 안보 및 번영을 증진하기 위한 공동의 약속과 공동의 책임을

따른다.

c. 아세안 회원국에 대한 내정 불간섭 원칙을 지킨다.

4. 의무와 기능

4.1. 의무

연구소는 아세안 회원국의 요청에 따라 평화와 분쟁 관리 및 분쟁 해결에 관한 연구 활동을 하는 아세안 소속 기관이 된다. 연구소의 활동에는 특히 아세안 정치안보공동체 청사진에서 합의된 활동과 아세안 회원국들이 합의한 추가 활동이 포함된다.

4.2. 기능

연구소는 다음과 같은 활동을 수행한다.

연구

- 아세안 회원국의 요청에 따라 아세안 기구에 적절한 권고안을 제공하기 위해 평화와 분쟁 관리 및 분쟁 해결은 물론, 분쟁 후 평화 구축에 대한 아세안의 경험과 모범 사례들을 연구하고 하나로 정리한다.
- 평화 구축 및 갈등 해결 과정에서 성평등을 추진하기 위한 연구를 수행한다.
- 분쟁의 평화적 해결을 위한 지역 구조를 강화하기 위해 아세안의 기존 분쟁 해결 과정을 연구하고 분석한다.

역량 확보

- 평화, 갈등 관리 및 갈등 해결에 관한 회의를 개최한다.
- 종교 간 대화 영역에서 성과를 이루고 세계온건주의운동에 기여하기 위해 온건한 주장에 힘을 실어줄 수 있는 세미나/워크숍/훈련을 주최한다.
- 갈등 관리 및 해결에 관한 관련 공무원, 학자 혹은 정책 연구소 사이에서 필요한 지식을 구축한다. 아세안 기구들을 위한 전문가들을 모은다.

전문 지식의 공동 이용과 아세안 기구들에 대한 지원

- 아세안 회원국들로부터 전문가를 모아 갈등 관리 및 해결을 위한 활동을

지원한다.

• 필요한 경우 아세안 회원국 정부의 요청에 따라 아세안 정부에 자체 연구를 기반으로 한 평화 및 화해 증진, 평화 협상 추진과 관련된 정책 권장 사항을 제공한다.

• 아세안 회원국의 요청에 따라 평화, 화해, 분쟁 관리 및 분쟁 해결과 관련된 활동과 계획에 대해 아세안 기구들을 지원한다.

소통

• 평화적 문화 증진을 목표로 유사한 목표를 가진 아세안 회원국뿐만 아니라 기타 지역 및 국제 기관, 기구와 연계하고 소통하며 지식의 허브 기능을 수행한다.

• 평화와 갈등 관리, 해결에 대한 경험과 전문 지식을 교환하기 위해 관련 UN 기관, 지역 기구, 국제 정책연구소들과 연계한다.

정보 공유

• 모범 사례와 교훈, 관련 정보를 아세안 회원국들과 공유한다.

• 평화, 화해, 갈등 관리, 갈등 해결과 평화 구축을 추진하기 위해 시민사회 및 기타 이해당사자들과 함께 활동한다.

• 일반 대중에게 연구소의 활동을 알린다.

5. 예산 및 자금 조달

• 아세안 회원국은 매년 연구소의 운영을 지원하기 위해 분담금을 내야 한다. 아세안 회원국은 같은 연도에 연구소 운영을 위한 추가 지원을 고려할 수 있다.

• 연구소는 필요하다면 아세안 회원국에 임시로 추가 자금 지원을 요청할 수 있다. 다만 어느 정도 그 시기가 맞아야 한다.

• 연구소는 연구 활동 자금 조달을 위해 아세안 대화상대국, 이해당사자, 국제 및 지역 기구, 금융 및 기타 기관, 기업, 재단 혹은 개인에게 추가 지원을 부탁할 수 있다.

• 다만 연구 활동을 위해 조달된 자금이라 하더라도 연구소 운영을 지원하는

데 적절하다고 판단되는 경우에만 할당이 가능하다.

6. 구조

연구소는 운영위원회와 사무국, 운영자문위원회로 구성된다.

6.1. 운영위원회는 다음과 같이 구성된다.

a. 각 아세안 회원국에 의해 임명되고 파견하여 각각의 정부를 대신하는 대표

b. 아세안 사무국의 사무총장은 자동으로 위원회에 참여한다.

c. 연구소 소장은 자동으로 위원회에 참여한다.

6.2. 운영위원회 위원들은 다른 직책을 가지고 자동으로 참여한 인원을 제외하고 3년 임기를 채운 후 재임명될 수 있다.

6.3. 위원장은 아세안 의장국의 대표가 맡는다.

6.4. 운영위원회 위원들은 다른 직책을 가지고 자동으로 참여한 인원을 제외하고 1년 임기의 부위원장 2명을 위원들 안에서 선출한다.

6.5. 운영위원회는,

a. 연구소의 활동 범위와 절차를 결정한다.

b. 연구소 예산 조달 방법 및 사용처에 대한 정책을 결정하는 전반적인 책임을 맡는다.

c. 매년 연구소 운영 예산을 승인한다.

d. 연구소 운영 목표에 부합하는 다른 기능을 수행한다.

e. 1년에 2회 이상 소집된다.

소장

6.6. 연구소 소장은 아세안 회원국 소속 국민으로 공개 모집을 통해 운영위원회에서 임명하며 3년 임기에 연임은 불가하다.

6.7. 소장이 아세안 회원국에 대한 업무를 수행할 때는 소속 국가가 아닌 오직 연구소만을 대표한다.

6.8. 소장은,

a. 연구소를 대표하여 모든 행정 및 운영 문제에 참여하며 기타 활동을 관리하고 이사회에서 수시로 지정하는 여러 기능을 수행한다.

b. 연구소에 필요한 전문가와 사무, 행정 직원을 임명할 권한이 있다.

c. 이사회가 정한 지침과 절차에 따라 연구소 활동을 위한 기금 마련 활동을 수행한다.

6.9. 소장은 운영위원회에 대한 책임을 진다.

운영자문위원회

6.10. 운영자문위원회는 다음과 같이 구성된다(이하 '위원회').

a. 각 아세안 회원국이 파견하여 각각의 정부를 대신하는 대표(이하 '대표').

b. 연구소 소장은 자동으로 위원회에 참여한다.

6.11. 위원회의 각 대표는 3년 임기를 채운 후 재임명될 수 있다.

6.12. 각 대표는 평화와 화해 분야의 저명인사여야 하며 여기에는 학계, 정계, 고위 또는 퇴직 공무원과 시민사회 대표가 포함되지만 그 밖에 다른 인사도 가능하다.

6.13. 위원회의 각 대표는 소장을 제외하고 운영위원회 위원을 겸할 수 없다.

6.14. 위원회는 연구소 활동의 우선순위와 관련하여 운영위원회에 조언을 할 수 있다.

7. 의사결정

연구소의 의사결정은 아세안 헌장 제20조에 따른 협의와 컨센서스에 기초하여 이루어진다.

8. 보고 절차

연구소 소장은 관련 고위 관리를 통해 아세안 정치안보공동체위원회에 연구소 업무를 정기적으로 보고한다.

9. 검토 절차

이 운영세칙(TOR)은 연구소가 공식 출범한 후 5년이 지났을 때 처음으로 재검토되며, 후속 검토까지 포함하여 아세안 정치안보공동체위원회가 관련 고위 관리의 지원을 받아 수행한다.

| 찾아보기 |

| ㄱ |

| ㄴ |

| ㄷ |

| ㄹ |

| ㅁ |

|ㅈ|

|ㅊ|

|ㅋ|

|ㅌ|

|ㅍ|

|ㅎ|

|기타|

아세안 중심성

1판 1쇄 인쇄 2024년 1월 5일
1판 1쇄 발행 2024년 1월 10일

지은이 엘리자베스 P. 부엔수세소
옮긴이 우진하

펴낸이 임지현
펴낸곳 (주)문학사상
주소 경기도 파주시 회동길 363-8, 201호 (10881)
등록 1973년 3월 21일 제1-137호

전화 031)946-8503
팩스 031)955-9912
홈페이지 www.munsa.co.kr
이메일 munsa@munsa.co.kr

ISBN 978-89-7012-577-0 (93340)

* 잘못 만들어진 책은 구입처에서 교환해 드립니다.
* 가격은 뒤표지에 표시되어 있습니다.